第六版

小学校の体育授業づくり入門

鈴木秀人・山本理人・杉山哲司・佐藤善人　編著

学文社

執　筆　者

＊鈴木　秀人　　東京学芸大学
＊山本　理人　　北海道教育大学
＊杉山　哲司　　日本女子大学
＊佐藤　善人　　東京学芸大学
　小松　恒誠　　山形大学
　越川　茂樹　　北海道教育大学
　稲垣　良介　　岐阜聖徳学園大学
　中村　有希　　九州共立大学
　樺山　洋一　　元　鹿児島県鹿児島市立星峯西小学校
　米川　浩司　　東京学芸大学
　武山　有香　　岐阜県美濃加茂市立下米田小学校
　菅井　詩織　　東京学芸大学附属小金井中学校
　安達　光樹　　武蔵野大学
　松元　優彦　　鹿児島県鹿屋市立西俣小学校
　山里　拓哉　　沖縄県教育庁那覇教育事務所
　北村　雅之　　東京都世田谷区立池之上小学校
　田島　宏一　　昭和女子大学
　伊藤　久善　　東京都葛飾区立高砂小学校
　楢山　聡　　　元　北海道七飯町立大沼岳陽学校
　石川　賀崇　　岐阜県海津市立東江小学校
　渡辺　あかね　愛知県大治町立大治西小学校
　押領司なおみ　鹿児島県鹿児島市立星峯東小学校
　島田　左一郎　元　文化学園長野専門学校
　大庭　紀之　　山口県岩国市立東小学校
　今井　茂樹　　山梨学院短期大学

（＊は編者　執筆順　所属は2023年1月現在）

まえがき

　本書の編者らは，それぞれが勤務する大学で小学校教員の養成に関わっている。とくに「体育科教育法」に関する講義や実技を担当し，学部の学生が教育実習に臨むに当たり，体育の授業づくりをどのように考えていったらよいかを指導してきたのだが，その中で，「もう少しやさしく，学生たちにとってわかりやすい体育科教育法のテキストがあれば……」という思いを共通に抱くようになったのである。

　というのも，教員養成の場で使用されてきたこれまでの体育科教育法のテキストは，生まれて初めて教師という立場から体育の授業づくりについて考え，教育実習において体育の授業を行おうとする学生からすると，やや専門的で詳細すぎて難しく，役立てにくい面が少なくなかったからである。これは，すでに教壇に立っている教師であっても，体育について詳しく勉強する機会に恵まれなかった小学校教師にとっては同様であり，体育の授業づくりに明るくない者が，言わば一から学ぶことができる入門書は意外に少ない。

　しかしながら，もう少しやさしいテキストが求められるからといっても，編者らは，実際の授業の具体をいわゆるハウツー本のような形で示すことが，体育授業づくりの初学者たちにとって必要なこととは思わない。授業を支える理論的な背景をもたないまま，マニュアルのような知識をいくら集めてみたところで，授業者自身が考えたものではない，しかも方法に限定された知識の寄せ集めは，それらの模倣の繰り返しが促されることはあっても，そこからよりよい授業づくりの主体者へ自ら成長していくことは難しいと考えるからである。

　そこで本書では，まず理論的な内容は，初めて体育の授業づくりについて考える学生や経験の浅い教師にとってとりあえず必要なものに精選したうえで，できるだけわかりやすく解説することに努めた。次に，授業づくりの実際については，運動領域や種目ごとに学習指導案や実践報告を羅列するといった従来のような形はとらず，領域や種目の範囲を越えて体育の授業づくりを方向づけ

るいくつかのテーマをあらかじめ設定し，それぞれのテーマの下に工夫された実践例を紹介した。それらを手がかりに，どのような領域や種目の授業であっても，各自が取り組む授業と関わりをもちやすいテーマから授業づくりに入ってゆくことで，自立的に考えていけるように仕組んでみたのである。

　また，それぞれの項の終わりでは「さらに学習を深めるために」と題した参考文献の紹介を行った。そこで紹介する文献は，初めて体育の授業づくりについて学ぶ者にとって基本的なもの，できるだけ入手しやすいものになるよう配慮し，外国の文献については邦訳書があるものに限定した。各々の文献の中身も簡単に記してあるので，本書で提示した内容と対応させながら，まさに，各自の学習をさらに深めていってもらえたらと思う。

　このような構成によって本書は，体育の授業を行う際に必要となる理論的にも実践的にも基礎となる専門的な知識を学びつつ，その後の勉強をさらに深めていくための出発点を各自の中に築いてもらうことをめざしたのである。

　そんな本書を世に送り出してから，早いもので12年の月日が過ぎた。その間には，2度の学習指導要領改訂があり，学習指導要領解説とそれをさらに詳しく「解説」する指導資料や具体的な指導方法ばかりに焦点を当てたハウツー本が書店に並ぶという光景がくり返されている。本書は初版から一貫してそれらと明確に一線を画するものであるが，この第六版もこれまでと同じように多くの方々に役立ててもらえると信じている。

　新型コロナウィルス感染症の世界的広がりという未曾有の事態の中で，今まで当たり前にしていた運動・スポーツを当たり前にできなくなった昨今，改めて私たちはそれを取り上げる体育という教育が有する意味を再確認させられつつあるのではないだろうか。それは決して体力をつけるためや技術を教え込むためにあるのではなく，私たちがより豊かな生活を営む文化を学ぶ場としてあるということである。これは，初版以来本書を根底で支えてきた認識であり，コロナ禍の今だからこそ，よりいっそう必要な理解だと思うのである。

　2021年3月　　　　　　　　　　　　　　　編者代表　鈴木　秀人

目　次

まえがき　i

　　序　章　体育の授業を行う教師に必要なこととは？

1.「逆上がり」ができないと体育の授業はできないか ················· 2

2. 工夫された体育授業との出会い ································· 4

3. 体育の授業づくりのために学ぶ ································· 8

4. 体育の授業を行う教師に必要なこと ···························· 11

　　第Ⅰ章　体育は何をめざすのか？ ── その目標について考える

はじめに　14

1. 体育の過去 ·· 17

　1.1　産業社会における体育　17

　　① 社会変化との関わりから体育の変遷をみる意義と視点　17

　　② 戦前の体育──「身体の教育」としての体育　19

　　③ 戦後の体育──「運動による教育」としての体育　23

　　④ 戦前・戦後の断絶的把握に伴う問題　27

　1.2　産業社会の体育に見出された諸問題　30

　　① 運動嫌いの発生　30

　　② 超時代的な体育実践の残存　33

　　③ 人間と運動の関係のとらえ方にみられる限界　36

2. 体育の現在そして将来 ··· 41

　2.1　人間と運動の関係を考える視点　41

　　① 現代社会における運動・スポーツ　41

　　② 文化論　48

　　③ プレイ論　52

　2.2　現在の子どもと運動の関係をみる視点　57

　　① 社会の変化と子どもたち　57

　　② 環境との関わりから子どもをみる　61

　2.3　体育の社会的役割と目標　64

①体育の社会的役割　64

②体育の目標　67

　　　第Ⅱ章　体育は何を教えるのか？──その内容について考える

はじめに　74

1. 運動の特性と分類 ··· 75

　1.1　運動の特性　75

　　　①なぜ運動の特性が問題にされるのか　75

　　　②機能的特性というとらえ方　77

　1.2　運動の分類　79

　　　①機能的特性にもとづく運動の分類　79

　　　②ボールゲームの分類論　83

　　　③ボールゲームの分類論からの示唆　89

2. 体育の内容 ··· 93

　2.1　体育の学習内容　93

　　　①教材と学習内容をめぐる議論　93

　　　②体育の内容　97

　2.2　カリキュラムの検討　102

　　　①カリキュラムとは　102

　　　②カリキュラムをめぐる問題　105

　　　③子どもの発達と文化としての運動の学び　107

　2.3　体育カリキュラムの検討　113

　　　①年間指導計画の検討　113

　　　②その他の体育カリキュラムの検討　122

　　　③潜在的カリキュラムという視点からの検討　125

　　　第Ⅲ章　体育ではいかに教えるのか？―その方法について考える

はじめに　132

1. 体育学習の心理学的基礎 ··· 133

　1.1　体育の授業づくりと動機づけ　133

　　　①運動に対する動機づけ　133

　　　②運動への自律的な動機づけ　134

　　　③フローモデル　137

④ 達成目標と動機づけ雰囲気 138
1.2 運動の上達 141
① 運動の上達がもたらすこと 141
② 運動上達のモデル 142

2. 単元計画の立案 ·· 145
2.1 体育の授業づくりと単元 145
① 単元計画に関わる問題状況 145
② 単元計画の必要性 146
2.2 学習過程の考え方 148
① 学習過程の基本的な考え方 148
② 運動の機能的特性から考える学習過程の具体化 150
2.3 作成の手順と実践例 153
① 代表的な単元計画例とその考え方 153
② 運動の機能的特性を大切にした単元計画 156

3. 体育の方法 ·· 163
3.1 学習指導のあり方を考える視点 163
① 子どもの自発性と教師の指導性 163
② 体育の方法 164
3.2 学習環境を整える 167
① 学習形態の検討 167
② 学習の場づくり 173
③ 学習資料の提供 177
3.3 体育における安全指導 180
① 体育授業の負傷状況 180
② 水泳の学習からみる安全指導 185
3.4 体育の学習評価 190
① 体育の学習評価とは 190
② 学習評価の実際 192
③ 評価から評定に至る手順 197

4. 授業づくりの実際 ·· 200
4.1 子どもに人気のない運動の授業づくりを考える 200
① なわとびの実践例 201

②長い距離を走る運動の実践例　205

③ラジオ体操の実践例　210

4.2　準備運動の工夫から授業づくりを考える　216

①マット運動の実践例　217

②跳び箱運動の実践例　223

4.3　学習の発展を視野に入れて低学年の授業づくりを考える　229

①保育園・幼稚園と小学校をつなぐ実践　230

②鬼遊びの実践例　234

③跳び箱を使った運動の実践例　238

④マットを使った運動遊びの実践例　244

4.4　個人差への対応を工夫した授業づくりを考える　249

①走の運動と陸上運動の実践例　250

②ボールけりゲームの実践例　253

③投の運動遊びの実践例　259

4.5　ルールの工夫からボールゲームの授業づくりを考える　264

①ポートボールの実践例　265

②サッカーの実践例　269

4.6　学習の場や学習資料の工夫から授業づくりを考える　278

①バスケットボールの実践例　279

②走り高跳びの実践例　283

4.7　今もっている力で踊ることから始まるダンスの授業づくりを考える　289

①模倣表現運動の実践例　290

②リズムダンス(ロックのリズムの踊り)の実践例　294

4.8　新しい運動の授業づくりを考える　299

①タグラグビーの実践例　300

②テニピンの実践例　306

参考資料

小学校学習指導要領(抄)　314

小学校における体育科の領域構成及び内容　323

中学校における体育分野の領域及び内容の取扱い　324

索　引　325

序 章

体育の授業を行う教師に 必要なこととは？

1. 「逆上がり」ができないと 体育の授業はできないか

■ 小学校の先生になりたい……でも

　小学校の教師は，教科担任制ではなくて学級担任制を基本的な形態としている。つまり，教師として小学校の教壇に立つということは，国語も算数も理科も社会も，そして体育，音楽，図工等々も含めたすべての教科の授業を教えるということを意味するわけである。

　そんな小学校の先生をめざす学生の中から，体育の授業と関わって次のような質問が出されることがある。「私は小学校の先生になりたいんです。でも，今だに逆上がりができません。こんな私でも体育の授業ができるでしょうか？」。似たような問いかけもしばしば耳にする。それは，「跳び箱が跳べないんです。」「水泳で 25 メートル泳げないんです。」……「それでも体育の授業はできるのでしょうか？」といった類のものである。

■ 暗黙の前提

　もちろん，こういった質問をする学生たちは運動が得意ではない者である。自分自身は運動が上手にできないから，それで体育の授業を教えることができるのか，不安に感じざるをえないということであろう。反対に，運動が得意だと自認している学生たち，たとえば中学・高校時代に運動部で活躍していた者や体育を専門とするような者は，小学校教員をめざす勉強をしていても，子どもたちの前に立って体育の授業をすることにそれほど不安を感じていない場合が多いようである。不安がないばかりか，自分は運動ができるので体育の授業ぐらいはできそうだと，何となく自信をもっている者さえいる。

　体育の授業をすることに対して不安を感じている者と自信をもっている者というこの 2 つの集団は，全く対照的な人々の集まりのようにみえる。しかし，それぞれが抱く不安と自信は，実は全く同じ前提によって支えられている

と言ってよい。なぜならば，片や運動が「できない」から体育の授業は「できない」のではと不安に思い，一方は運動が「できる」から体育の授業は「できる」と自信をもつということは，何れにせよ，体育の授業というものは，運動ができれば教えられるという認識が暗黙の前提にされているからである。

　この前提は，さらに分析的にみてみると次のように理解することもできるかもしれない。それは，運動ができるから体育の授業ができると考えるのは，「できる」＝やって見せることが「できる」がゆえに，授業をすることが「できる」と考えるということである。ここには，体育の授業では教師がそこで教える運動をやって見せればよい，あるいはやって見せる必要があるというもうひとつの認識も見え隠れする。だからこそ，運動ができない者はやって見せることができないから授業はできないと考え，運動ができる者はやって見せることができるから授業はできると考えるのである。

■ **体育の授業を行う教師に必要なことを考える**

　このような思考の道筋が，多くの人々にとってあたかも当然のことのようにもなっている。だが，運動ができれば本当に体育の授業はできるのだろうか。もしそうならば，体育の授業を行う教師に必要なことは必然的にそこで教える運動ができることになるだろうから，たとえば「逆上がり」ができない人には体育の授業はできないということになるし，反対に，授業で取り上げる運動ができさえすれば，体育の授業は誰にでもできるということにもなってしまう。

　かかる見方がいかにおかしなものであるかは，少し考えてみればすぐにわかるだろう。運動ができれば誰にでも体育の授業ができるのなら，授業で取り上げられる運動ができさえすれば，小学生でも小学校の体育授業をできることになるからだ。そんな主張を肯定できる人はまずいないはずである。

　したがって，運動が「できる」ということと体育の授業が「できる」ということをオートマチックに結びつけるのはこの辺で止めにしよう。そして改めて考えてみてほしい。運動ができないから不安を感じていた者も，運動ができるから自信をもっていた者も，体育の授業を行う教師に必要なこととは何かを。

2. 工夫された体育授業との出会い

■ 思い出の中のドッジボール

　さて，体育の授業を行う教師に必要なこととは何かを考えるに当たり，誰もが経験したことがあるであろうドッジボールの授業を手がかりにしてみようと思う。小学校の低学年や中学年の頃を中心に盛んに行われる代表的なボールゲームだから，日本で小学校生活を送った者なら皆，体育の授業で経験したことがあるはずである。

　その思い出の中のやり方は，クラスを2つのチームに分け，相手チームにボールを当てられた人はコートの外へ出るが，コートの中の相手チームの誰かにボールを当てたら再び中へ戻ってくることができるというものであり，コート内のプレイヤーが皆当てられてしまったら負けというのが一般的であろう。

　昔から行われてきたこのルールでは，勝敗は最後までボールを当てられずにコート内に生き残った人の数で決まるから，ゲームはさしずめサバイバル・

伝統的なやり方でのドッジボール。ボールに1回も触ることができない子も多い

ゲームの様相を呈することとなる。その結果，運動が得意な子は最後までコートの中に頑張り続けてヒーローとなる一方で，運動が得意でない子はゲーム開始早々に当てられて外野へと追い出され，その後は二度とボールに触ることもできないままゲームが終了するという悲しい姿が見られるのも，ドッジボールの言わば現実であった。

■ 問題意識は希薄

けれども，こういった子どもの姿を前にしてもなお，これまで行われてきたドッジボールのやり方を改善しようと考える教師の数はそう多くはなかったと言えそうである。現在，大学に学ぶ学生たちが回想する小学校時代のドッジボール経験の大半は，先に紹介した数十年も前から行われていたやり方そのままだからであり，それ以外のやり方が語られるとしても，ゲームの大筋は変わらずに，せいぜいボールを2個使ったとか，特定の子が当てられるとそのチームが負けとなる王様を決めたとか，男子のコートは狭くして女子のコートは広くして男女対抗でやった……といった程度の工夫に止まるからである。

もっとも，問題意識が希薄なのは教師の側だけでなく，こういったドッジボールの授業を受けてきた当の学生たちも，そこに何らの問題も感じていないことが多い。たとえそれが小学校教員をめざし，体育の授業についてあれこれ考えようとしている学生たちであっても，その状況はあまり変わらないと言ってよい。

運動が得意であった者は最後まで生き残ってヒーローとなった輝かしい思い出になっているわけだから疑問をもちにくいのは当たり前としても，運動が得意ではなかった者，つまり開始早々に当てられたが最後，後は一度もゲームに参加できなかったという経験をした者でさえも，「体育のドッジボールなんてそんなもの」ぐらいの発想しかなく，そこに検討の余地を見出すことなどほとんどないのである。

■ 思い出とのギャップから気づく

そのような学生たちも，自らの経験を改めて見つめ直す中で，体育の授業づくりをめぐる自身の発想の貧しさに気がつくことがある。多くの教師たちは，

これまでの旧態然としたドッジボールのやり方を繰り返していたとしても，なかには伝統的に継承されてきたそれに問題を感じて改善に挑戦する先生もいて，そういった先生がつくる工夫された体育授業と出会うことは，学生たちに上記のような筋道で恰好の勉強の機会を提供することになる。

　たとえば，小学校1年生を対象としたある授業では，小さなコートがたくさん作られていて，各コートの中には1人だけプレイヤーが入り，相手コートを囲む三方の外野にいる3人の味方と協力しながら，向かい合った2人が互いにボールを当て合うというやり方でドッジボールをしていた。どのコートでも，ボールを投げる，受ける，あるいはボールを当てられないように身をかわす嬉々とした姿が見られ，子どもたちの歓声は絶えることがない。自分の思い出の中のそれとはあまりにも異なるゲームの様相に，最初は「これがドッジボール？」と少々戸惑っていた参観者の学生たちにも，そこで見られる子どもたちの活発で楽しそうな姿は，自身が経験した体育授業のドッジボールのやり方とは大きく異なるがゆえに導かれているものであることが，だんだんとみえてくる。

工夫したやり方のドッジボール。どの子も順番にコート内に入ってプレーできる

ボールは少しだけ空気が抜いてあり，当たっても痛くないので，どの子もボールから逃げるだけでなく，それを受けることにも積極的になれる。しかもコート内にいるのは1人だから，ボールを手にする機会は自然と多くなる。コートは小さく，投げる力が弱い子でも相手にボールを当てるチャンスがあるし，外野の味方へボールをパスすることもできる。何よりもこの授業で子どもたちを前向きにしているのは，当てられても外野へ追い出されるのではなく，時間制で進められているこのゲームではどの子も順番にコート内に入ることができ，その時間内は何回当てられてもコート内でプレーし続けることができるというルールである。勝ち負けは，相手を全員当てることによって決まるのではなくて，1回当てると1点とした得点の合計で決まるのである。

　これら，ここでの子どもたちの姿を導いている教師のさまざまな工夫がわかってくると，学生たちは思い出の中のドッジボールに対して初めて批判的な眼差しを向けるようになる。目の前で展開されている工夫された授業と思い出との大きなギャップが，自分が受けたドッジボールの体育授業がいかに工夫に乏しいものであったかを容赦なく暴き出すからである。

　そして，自らのドッジボール経験が先にみたような悲しいものであった学生ほど，目の前の授業のような工夫があれば自分でもドッジボールを楽しめたのではないかという思いを抑え難くなってくるし，最後まで生き残ってヒーローとなった経験を有する学生も，少なくとも自身が活躍したドッジボールには，自分とは異なる運動が得意ではなかった友達がゲームに参加できるような工夫がなされていなかったことは認識するようになる。

　つまりどちらにせよ，教師の工夫次第で体育の授業は大きく変わるということに気づかされた学生たちは，「体育のドッジボールなんてそんなもの」と片づけてしまっていた，体育の授業づくりをめぐる自分自身の発想の貧しさにも気がつくことになる。たかがドッジボールであっても，教師が工夫をすればいろいろなやり方が考えられる。逆に，教師が工夫をしなければ，何十年も前から行われてきたやり方をただ繰り返すだけなのである。

3. 体育の授業づくりのために学ぶ

■ ドッジボールの授業はこうすればよい

　こうして授業づくりに新たな視界が開かれた学生たちからは，運動ができれば体育の授業は教えられるといった単純な思考は消えていくことだろう。よく工夫された授業を観察すると，教師の運動能力などは，体育の授業づくりを進めていくうえでもはや必要不可欠なものとは思われず，授業を行う者が身につけるべきことは，むしろ他の次元にあることは誰の目にも明らかなのである。

　しかしながらこういった授業の具体との出会いは，授業づくりのために学ぶ者の学びを，ある方向に閉じ込めてしまう危険性も孕んでいる。その工夫された授業の中身が具体的であればあるほど，観察者は「なるほど，ドッジボールの授業はこうすればよいのか。小さいコートにして，人数を少なくして，ボールをやわらかくして，時間制でローテーションにして……」と共感し，それをそのまま自らの授業の中に再現しようとしがちになるからだ。これは学生だけに生じることではなく，まだ経験の浅い教師にも同様にみられる傾向である。

　教育現場で日々行われている研究授業に参集する少なくない教師たちは，そこから，自分が行う授業のより具体的なヒントを得ようとする。体育の授業でドッジボールをやることになったからドッジボールの研究授業を見に来た，という教師の姿は日常よく見られる光景であるが，そのような教師たちが囁く参観した授業に対する感想には，明日からの授業に「すぐ使えるお土産があった」とか「なかった」とかといった言葉がしばしば聞かれるのである。

小学校における研究授業の様子。教師たちはそこから何を学ぼうとしているのだろうか？

ここには，授業づくりのための学びを授業の具体的なやり方＝方法の習得に集中させ，習得したそれを，自身の授業に使っていくという方向で授業づくりを進めようとする授業者のスタンスがみえる。それゆえ，参観した授業の中に「すぐ使える」具体的な方法が「あった」か「なかった」かが問題になるのである。

■ 授業の「ネタ」を仕入れる

　実際のところ，こういったレベルの学びが体育の授業づくりのために学ぶことだと考えている人は少なくない。研究授業への参加をめぐる光景だけではなく，大型書店の教育書のコーナーには授業の具体を紹介したハウツー本の類書が所狭しと並べられている現実からも，授業づくりに取り組む人々の中に，このような知識を求める者がいかに多いかを確認できるだろう。

　だが，授業づくりのための学びをここに閉じ込めてしまうことは，授業を行う本人がその授業づくりを主体的に考えるよりも，他人がつくった授業を模倣し，それを反復する道へと授業者を誘い込むことになる。もちろん，他者の行う授業を参考にし，時にそれを模倣してみることがすべて否定されるわけではないが，授業づくりのために学ぶべきこととは決してそれだけではない。

　ドッジボールの授業をすることになったのでドッジボールの授業を参観し，そのやり方を真似て授業を行う。今度は跳び箱運動の授業をやることになったので跳び箱運動の授業を参観し，そのやり方を真似て授業を行う。そして次は鉄棒運動，次はサッカー，次は……と繰り返されるこの授業づくりのメカニズムでは，授業者は常に具体的な授業のやり方を，実際の授業からあるいはハウツー本のようなものから習得しようとすることへ駆り立てられていく。

　卑近な言い回しでは，この作業は授業の「ネタ」を仕入れるとよばれることもある。体育授業づくりの初学者にとっては，このネタの仕入れが体育授業づくりのための学びにみえてしまうこともあるだろう。しかし，ネタの仕入れをいくら繰り返してみても，そこでつくられる授業は他人の考えた授業の模倣と反復，せいぜいそれの部分的な修正に止まらざるをえないのであり，いつになっても，自らの授業を自らで考えて自らでつくるということができない厳しい現実に，やがては直面することになるのである。

■ 具体的な方法を支えているもの

　それでは，ネタの仕入れのレベルの学びを超えて，体育の授業づくりのために学ぶべきこととは一体何なのだろうか？再び，先に取り上げたドッジボールの工夫された授業実践の例に戻って考えてみよう。

　この授業でみられた教師によるさまざまな工夫，たとえばコート内でのプレーの機会をローテーション制で保障するといったルールは，授業を観察する者たちの眼前にドッジボールの授業の具体的なやり方＝方法のひとつとして立ち現れる。もちろんそれは，伝統的に行われてきたドッジボールのやり方を批判的に検討し，どの子にもドッジボールの楽しさを味わわせたいという先生の願いがあって考えられたものであることは間違いない。しかしそれらは，そういった言わば情緒的な思いだけから考え出されたものではなく，ボールを投げ，受け，あるいは当てられないように逃げながら勝敗を競い合うというドッジボール特有の楽しさの学習をすべての子どもに保障しようとする，この体育の授業で何を子どもに教えるのかという，体育の内容についての授業者の明確な考えがあって考え出された工夫でもある。

　そしてこのような内容をなぜ教えていこうとするのかというと，スポーツ全体への好意的態度を形成し，生涯にわたりスポーツと親しんでいく人間を育てていくことをめざす現在の体育の目標があるがゆえ，ドッジボールの楽しさを学習することは体育の内容として位置づけられるからなのである。つまり，授業のさまざまな方法は，体育で何を教えるのかという内容についての考え方と，体育が何をめざしているのかという目標についての考え方に支えられているのである。思いつきの域を超えたよりよい体育の授業づくりは，この目標・内容・方法の相互に関連づけられた検討を通して初めて可能になってくる。

　このようにみてくると，体育の授業づくりのために学ぶべきことが次第に鮮明になってきたことと思う。それは決して具体的な方法を個別的あるいは断片的な知識として習得することではなくて，まず体育とは何をめざし，何を教えようとする営みなのかを明確にすることなのであり，そのうえで，それらと一貫性をもった方法の在り方について自らが根拠をもって考えることなのである。

4. 体育の授業を行う教師に必要なこと

■ 暗黙の前提が成立する背景

　今なお，学生たちを含めた多くの人々の中に残る，運動ができれば体育の授業は教えられるという暗黙の前提は，体育授業の目標や内容を真剣に問わないからこそ成立する。体育では運動をするのだから，運動ができることが何となく授業の目標であり内容でもあるかのような曖昧な押さえで片づけてしまう，まさに体育の目標と内容については不問のままに放置する姿勢が，運動ができるのだから体育の授業はできるという極めて無責任な認識を生み出す根源にみえるからである。

　そもそも，子どもたちの前に立って体育の授業を行う教師は，その営みが何をめざした営みなのか，そして何を教えようとする営みなのかについて，自ら明確になっていなければ授業を行うことなどできないはずである。考えてみれば当たり前のことなのだが，実際にはこれらが欠落したまま，いかなる方法で教えるかを知っていることだけが体育の授業を行う教師に必要なことのように考えられてしまう現実があることは，ここまでに指摘してきたとおりである。

■ 方法の模倣と反復を超えた学びを

　本書ではこのような問題意識の下，体育の授業を行う教師に必要なことを，体育は何をめざすのか(目標論)，体育は何を教えるのか(内容論)，体育ではいかに教えるのか(方法論)の大きく3つの領域にわけてとらえ，解説していくことにする。第Ⅰ章，第Ⅱ章，第Ⅲ章は，各々この3つの領域に対応するものであり，とくに方法論を取り上げた第Ⅲ章の後半では，それまでに述べられてきた目標論と内容論をもとにつくられた授業の実践例を紹介する。

　体育授業づくりの初学者にとっては，どうしても実践例で紹介される授業の具体に関心が向きがちになるかもしれないが，まずは第Ⅰ章と第Ⅱ章を手がかりにしながら，これから自分が取り組もうとする体育の授業という教育的な営

みについてじっくり考える機会をもってみてほしい。そこでの勉強の深まりこそが，自身の中で明確にされた目標と内容を拠り所に，自分なりの授業の方法を自身で考え出す基盤を形成するからである。

　そしてそれは，他の教師が行う授業の具体に向き合う時にも，そこで目にした授業の方法の習得のみに閉じ込められた学びではなく，目の前の具体的な方法を背後で支える授業者の体育についての考え方を読み取りながらその授業のあり方について検討することにより，方法の安易な模倣と反復を超えた，主体的な学びを可能にする力にもきっとなることであろう。　　　　　　（鈴木秀人）

【さらに学習を深めるために】

1) 永島惇正「学習指導の理論と実践」宇土正彦・高島稔ほか編著『新訂体育科教育法講義』大修館書店，2000 年，pp.180-185
体育の授業実践を行う教師に必要なことを学習指導の理論に求め，それと実践との関係について論じている。とくに，「教育的タクト」という概念を用いた理論と実践の結びつきのあり方についての解説は，しばしば対立的に語られることがあるこの両者の関係を考える際に参考になる。

2) 松田恵示「『体育を教える』ということ」松田恵示・鈴木秀人編『体育科教育』一藝社，2016 年，pp.10-20
教師の本当の意味での「力」は，教師の各教科に関する「懐の深い」理解に由来するという立場から，体育の授業をする教師に必要なことを示してくれている。

3) 高橋健夫「体育科教育学でなにを学ぶのか」高橋健夫・岡出美則ほか編『新版体育科教育学入門』大修館書店，2010 年，pp.1-8
体育授業づくりを支える学問的背景である「体育科教育学」の性格と領域について論じている。3 つの層に分けて示された体育授業をめぐる研究領域は，体育授業の目標論・内容論・方法論の研究的な位置づけを考えるうえで参考になる。

4) 岡出美則「体育科教育学研究のオーバービュー」杉本厚夫編『体育教育を学ぶ人のために』世界思想社，2001 年，pp.300-324
諸外国を含めたこれまでの体育授業と関連した研究成果を概観し，それらを体育授業づくりへと結びつけていく研究のあり方を論じている。研究成果を知るために紹介された文献リストも，初学者にとって役に立つだろう。

第Ⅰ章

体育は何をめざすのか？

——その目標について考える

はじめに

　これから，体育は何をめざすのか，すなわちその目標について考えていくことになるが，その最初は，体育の過去を振り返る作業から始めることにしたいと思う。そこで，次のような疑問をもつ人もいるだろう。「我々が知りたいのは現在の体育が何をめざすのかであって，過去の体育は何をめざしていたかではない。現在の体育の目標について考えるのに，昔のことを知る必要があるのか？」……と。

　これは体育の授業づくりだけに限って生じる疑問ではなく，教師になるための勉強をしていく過程で教育の過去について学ぶ時，「なぜ過去について知らなければならないのか？」「過去について知ることが現在の教育の在り方を考えるうえで本当に必要なのか？」といった疑問を抱く学生はきっと少なくないことだろう。学生だけではなく，すでに教壇に立つ教師たちの中にも，大学で学んだ理論的なことは教育現場の実践には役に立たないと批判する者がいて，その例として槍玉に挙げられるのは，教育史のような講義が多かったことも事実である。授業を行う教師にとって重要なのは今現在の子どもたちの現実であって，遠い昔の話などではないということかもしれない。

　確かに，目の前の子どもに対して具体的にどうするかだけに自らの関心を限定してしまう教師にとっては，その授業実践の過去について知る必要性はほとんど感じることができないだろう。このような姿勢は，授業づくりのための学びを授業の方法の習得のみに閉じ込めてしまう姿勢とも重なり合うものだが，かかる作業の繰り返しの中に，その実践のこれまでを知識として知らなければならない必要性は決して生まれることはない。

　しかしすでに序章でみたように，授業を進めていく方法とは授業の目標と内容についての考え方に支えられるべきものであり，そのことを理解したうえで目標や内容と一貫性をもった方法を考えていこうとするならば，その授業実践の過去について知ることはむしろ必然となるだろう。なぜならば，この授業では何をめざし何を教えるかを考え，それに相応しい方法を考えようとすると，

授業者自身がなぜそのような目標と内容のとらえ方をするのかを必ず考えることになるはずであり，そして授業の実践が常にそれまでの実践の積み重ねの先に位置づくものである以上，現在の授業を支える考え方を理解するためにはそこに至るまでの経緯，すなわちその授業実践の過去について学ぶことは，授業を行う教師にとって不可欠の作業となるはずだからである。

　もちろんこれは，どの教科の授業づくりを考えるうえでも同じように言えることであるが，とくに体育についてその過去を学ぶ意味を確認しようとする時，アメリカの体育研究者であるシーデントップ(Siedentop, D.)は，それとはまた別の視点を我々に示してくれている。彼によれば，学校体育プログラムの作成において「多くのプログラムが，まず哲学を論じ，次にその哲学から目標を抽出することによってつくられていることは間違いない」(Siedentop, 1972：p.61)が，その一方で，偶然の思いつきであるように思われるプログラムも数多くみられるという。つまり，多くの体育授業はその目標や内容に関する哲学的な理論構築から成る一定の考え方をもってつくられているものの，それらを全くもたないままに「偶然の思いつき」でつくられ実践されているように見受けられる体育授業も，現実には多々存在するとシーデントップは言うのである。

　そしてシーデントップは，こういった「偶然の思いつき」で生み出されたように思われる体育の授業について，「たとえ，ある特定の立場に立ってプログラムをつくろうとする意図的な企てがなかったとしても，それぞれのプログラムは，体育についての何らかの信念や思想を，暗黙の内に反映させているものである」(Siedentop, 1972：p.61)と興味深い指摘を行っている。一定の考え方を前提としない体育授業でも，その中身は，これまでに存在した過去の体育のある考え方に規定されているという，ここでシーデントップが見出した体育の現実は，日本の体育授業にも同様にみられるものと言えよう。我が国で今なお広くみられる，体育と体力づくりが何の疑問もなく結びつけられ，そのためのトレーニングと化した体育の授業と身体の鍛錬を主たる目標とした過去の体育の考え方との関係性や，日々の体育授業で何気なく行われている「気をつけ」「右向け右」といった号令と戦前の軍事教練との関わり等々，彼の指摘が当てはま

戦前の中学校で行われていた軍事教練
出所）成田十次郎ほか，1988：p.85 より

る具体的な事例を探し出すことはそれほど難しくはないからである。

　本書で強調している，体育の授業づくりのためにまず体育の目標と内容を考えることとは，シーデントップの言う「まず哲学を論じ」ることに通ずる。そして現在の体育の哲学を論じるためには，そこに至る過去について学ぶ作業が不可欠となることはすでにみたとおりであるが，さらに，哲学を論じない授業が過去の考え方に規定されてしまう現実をシーデントップから学ぶのならば，哲学を論じることなく方法の習得だけに走る授業づくりは，それが目標や内容との一貫性がない思いつきの授業であるということのみで否定されるのではなく，そういった授業が過去の考え方に規定された体育授業を，そこに解決すべき問題が横たわっていたとしても無批判なままに再生産する危険性を孕むという意味で厳しく戒められることになる。その愚を避けるためにも，日々の授業実践に暗黙の内に反映されるという過去の体育の考え方そのものについて，授業者自身は知っていなければならないはずである。

　したがって，体育の目標について考える第Ⅰ章の前半は体育の過去を理解する作業に当てられる。そこでは，社会の変化との関わりに注目しながら各々の時代の体育が有した意味を読み解くとともに，過去の体育に見出された諸問題が明らかにされることになる。次に後半では，それらを乗り越えていくための現代的な視点を社会の変化も視野に入れつつ検討することを通して，現在，そして将来の体育がめざす目標を導くという作業を進めていくことにしよう。

（鈴木秀人）

1. 体育の過去

1.1 産業社会における体育

① 社会変化との関わりから体育の変遷をみる意義と視点

■ 社会と結びついた営みとしての体育

　日本における体育授業の歴史は，1872(明治5)年の学制発布に始まる。当初「体術」と名付けられたこの教育実践はその後すぐに「体操」とよばれるようになり，そして戦時下の一時期に「体錬」と名称を変更した直後に第二次世界大戦の敗戦を迎え，戦後は「体育」となって現在に至っている。この間，体育はずっと同じ姿のまま存続したわけではなく，実際の授業に見出される特徴やそれを支えた考え方の違いから，これまでの150年近くにわたる体育の歴史は大きく3つの時期に区分してみることが一般的である。

　それは，まず学制発布から第二次世界大戦に敗れるまでの時期の体育，次に敗戦後から1970年代頃までの時期の体育，そしてそれ以降現在まで続く時期の体育という3つである。

　さて，このような体育の変遷をたどる際には，社会変化との関わりに注意しながらみてみると，各々の時代の体育がどうしてそれぞれの姿で存在したのかについて理解しやすくなる。社会はその維持や発展のために多様な機能をもっていて，教育もその機能のひとつであることから，そこにはその社会のあり方や当面する課題が反映されるという特性がある。もちろん，体育もそういった教育の中に含まれる。したがってこれまでの体育の存在様式には，必然的にその時代の社会のあり方や当面していた課題が反映されるという形で，体育は社会の変化と密接な関連をもつものだからである。ここで述べられた体育と社会の関係を明らかにしたのが，図表1-1に示された竹之下休蔵による体育の社会的構造である。ここから我々は，変動していく社会における文化の中から選

択された運動が教師によって指導され，それを学習していくことで子どもたちが社会の成員になってゆくという体育の授業が，社会全体と深く結びついた営みであるということを理解できるだろう。

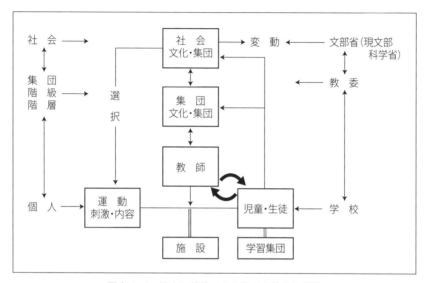

図表1-1　竹之下休蔵による体育の社会的構造
出所）佐伯年詩雄，2006：p.6 より

■ 体育の変遷をみる意義と視点

　社会変化との関わりから体育の変遷をみるということは，単にこれまでの体育についてよりよく理解するためだけに求められるのではない。現在の，そしてこれから将来に向かって体育が担う社会的役割を明らかにしつつ体育がめざすべき目標を考えるためには，現在まで社会はどのように変化してきたのかを見据えたうえで，これからの社会はどう変化していくのか，あるいは変化していくべきなのかを検討し，それとの関わりの中で体育のあるべき姿を見通すことに，さらに大きな意義が見出されるのである。

　この作業は，体育が「人間」とその人間が身体を動かすことで発現する「運動」との関係を問題にする教育であることから，社会変化と体育の変遷をとら

える視点を「人間と運動」の関係に定めて進めるとよい。各々の時代の社会では人間と運動の関係がどのようにとり結ばれ，そのことが体育における子どもと運動の関係をめぐる考え方にどのように反映され，体育の授業としてどのように具体化されていったのかを検討する。そしてそのうえで，これからの社会では人間と運動の関係がどのようにとり結ばれていくのか，あるいはいくべきなのかを展望することにより，体育における子どもと運動とのよりよい関係のあり方を探り，そこから体育授業のあるべき姿を導くのである。

■ 社会の変化を区切る指標

かかる視点から社会変化と体育の変遷をとらえようとする時に，社会の変化を区切る指標としての「産業社会」と「脱工業社会」という分け方は極めて有効なものとなる。産業社会とは，個人の価値の中心を仕事に，それらの総体として社会全体の価値の中心を産業に置く社会を，また脱工業社会とは，仕事や産業ばかりではなく，レジャーや遊びも人間にとって価値があるものと考える社会を言う。社会における人間と運動の関係のあり方はこの両者の間で大きく相違せざるをえないと言えるが，その相違は，人間と運動の関係を問題にする教育である体育の考え方の違いを導く基礎となるものだからである。

冒頭で紹介した体育の歴史にみられる3つの時期区分は，この産業社会と脱工業社会という指標に従って行われている。すなわち，学制発布から第二次世界大戦に敗れるまでの時期は産業社会の前半，敗戦後から1970年代頃までの時期は産業社会の後半，それ以降現在まで続く時期は脱工業社会と考えられ，これらの社会に対応しながら，体育はそれぞれ異なる姿として存在したととらえられるのである。

（鈴木秀人）

② 戦前の体育―― 「身体の教育」としての体育

■ 小説に描かれた戦前の体育授業

それでは，産業社会の前半に位置づく戦前の社会における体育についてみていくことにしよう。1872年から第二次世界大戦に敗れる1945（昭和20）年までの期間がここでの対象になるわけだが，本書では，この時期の体育を「戦前の

体育」とよぶことにする。この戦前の体育がどのようなものだったのかを知る恰好の資料に，1922(大正11)年に発表された藤森成吉の短編小説「ある体操教師の死」がある。体育の当時の教科名は「体操」であるから，主人公はその体操の授業を教える木尾先生という名の体操教師である。

　そこに描かれた木尾先生が行う授業は，およそ次のようなものであった。「器械体操の時でも，何でも，先生はまず自分からやって見せた」。「鉄棒へつかまってクルクル廻ること一つでも，先生は自分で模範を示さないことはなかった」。そして，「自分がそうであるとおり，生徒達にも，出来なければ何度でもやり返させた」。また，「生徒を厳格に，規律的に，軍隊式に叩きあげるつもりだった」先生は，「時間は一時間必ずキッチリ，どうかもすればベルが鳴っても，まだ教練をつづけ」，自分の言うことをきかない生徒は裸足にさせたうえで「一面ぶっかきの小石を敷きつめた道路の上を，号令で駆け足させ」たり，「大きな声を更に大きくしてどなりつけた」が，それでも従わない生徒は「頬を掌ではたきつけ」ることもあったという。

　ここには，教師の模範とそれに反応する生徒の模倣・反復という形式で進められる強力な一斉指導によって，時には体罰の行使も辞さず，身体訓練としての体操や教練を教え込んでいた戦前の体育授業の姿が鮮明に描かれている。もちろん，こういった授業が現代社会における教育として肯定されるはずもない

戦前の体操の授業。スウェーデン体操という外国から輸入された体操を行っている
出所)成田十次郎ほか，1988：p.82 より

が，今を生きる者の立場から過去の教育実践を批判することにはそれほど大きな意味を見出すことができないように思われる。教育には社会のあり方や当面する課題が反映されるのだから，現在からみると批判される戦前の体育も，当時の社会の中ではそれなりの正当性や妥当性をもっていたとみることができるからである。したがって，体育の過去につい

て学ぶ者にとってより大切なことは，人間と運動との関係が，なぜこのような体育授業として具体化されたのかを，戦前の社会と関連づけて理解することなのである。

■ 戦前の社会における運動の価値

　戦前の社会は，近代国家の形成において遅れをとった日本が西欧の列強諸国に伍していかなければならない必要から，「富国強兵」「殖産興業」という二大国家政策を掲げて，天皇制絶対主義の下，軍事力の強化とその基盤となる産業の振興に邁進した時代として把握される。このような社会を支配した基本的な価値観とは，働くことは善いことでありそれに反することは善くないことという，まさに典型的な産業社会型の価値観であった。さまざまなスポーツ種目はこの時期に外来文化として我が国に輸入されたものの，それらを生活の中で楽しむことは働くことに反する時間となるわけだから，旧制高等学校や大学で熱心にスポーツが行われたことにみられるような一握りのエリートたちを除けば，運動をすることはその他多くの一般大衆にとって，日々の生活の内容として享受しうるものではなかったと言える。

　しかしながらエリート以外の人々も，主に2つの場所で運動をする機会をもったことを見逃してはならない。それは学校と軍隊であり，これらの場所で大衆にも運動をする機会が与えられたという事実から，我々はこの時代の人間と運動の関係がどのようにとり結ばれていたのかを知ることができる。つまり戦前の社会においては，人間は産業社会を支える労働力や兵力としてその存在が位置づけられたのであり，その不可欠な資質となる強健な身体を鍛え上げる直接的な手段として，運動は人間にとって価値づけられたということである。

小学校で行われていた教練の様子

出所）成田十次郎ほか，1988：p.85 より

■ 戦前の体育の目標・内容・方法

　こういった人間と運動の関係を前提に，将来の労働力や兵力を育てる場とされた学校で行われた戦前の体育は，主たる目標を身体の育成に置き，その内容は，限られた時間の中で身体を効率的に鍛えるために最も適当と考えられた体操を中心にしながら，それに軍事訓練である教練とその他の運動種目を加えて構成され，さらに方法は，画一的な体操と教練を教えるうえで都合のよい教師中心の一斉指導が採用されたのである。体育授業の構成要素を論じた高島稔は，「与えられた運動を教師に言われる通りに実行していればよく，そこには，児童・生徒の『学習』があるのではなく，からだの『トレーニング』があればよい」(高島，2000：p.11) という授業を図表1-2のように表しているが，戦前の体育はまさにこの図式に当てはまる。

　体育授業の歴史の中で，「身体の教育」としての体育とよばれるこの戦前の体育には，学習，学習活動，学習内容，単元といった，体育の授業を構想する際に現在では当たり前に使われている諸概念は存在しえなかった。それは，心身二元論による人間理解を前提に成立した知育・徳育・体育という三育論の中で身体を鍛える役割のみを担った体育であり，そこで必要になったものは1回の授業時間内でいかに運動させるかに着目したトレーニングのプランではあっても，学習＝ラーニングの計画は無用だったということなのである。

　そして，この戦前の「身体の教育」としての体育は，天皇を頂点とする国家体制を維持していくうえで，上長への服従の精神を身体活動の徹底的な反復を通して叩き込むという重要な役割も担っていた。大きな声で号令をかけ，命令を下し，それに子どもたちを繰り返し従わせるというこの時代の授業において

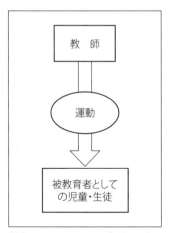

図表1-2　トレーニングがあればよい体育授業の構成要素
出所) 宇土正彦ほか編，2000：p.11 掲載の図を一部修正

教師が採った方法は，この役割を果していくこととの関係で採用された方法でもあったと理解できる。そういった意味からも，「ある体操教師の死」に描かれたような戦前の体育授業の姿は，戦前の社会のあり方や戦前の社会が当面していた課題を直截反映する教育の姿だったのであり，当時の社会の中だからこそ，正当性や妥当性をもつ教育実践になりえたと言えるだろう。　　（鈴木秀人）

③ 戦後の体育── 「運動による教育」としての体育
■ 戦後の体育のはじまり
　第二次世界大戦の敗戦により，「身体の教育」としての体育は終わった。それまでの天皇制絶対主義国家から民主主義国家への再生を余儀なくされた日本は，戦後の新たな社会に相応しい教育のあり方を模索しなければならなかったが，体育の場合それは，労働力や兵力としての人間に必要とされた強健な身体をつくることと上長への服従の精神を体得させることをめざした，戦前の「身体の教育」としての体育に訣別することを意味したからである。

　社会が民主主義社会へ移行したということは，教練に代表されるような軍国主義的体育実践の否定を導き，また，日本の教育全体がアメリカの近代教育学の影響を受ける中で，体育は，運動の経験を通して子どもの全人的な発達をめざすという，経験主義教育にもとづくアメリカの「新体育」とよばれた考え方を拠り所にすることとなる。1947(昭和22)年に出され，戦後の体育のあり方を初めて公に示すことになった「学校体育指導要綱」は，体育を「運動と衛生の実践を通して人間性の発展を企図する教育である」(文部省, 1947：p.2)と定義づけて，身体の鍛練に明け暮れた戦前の体育からの転換を宣言した。この体育の変遷は，一般に「身体の教育」から「運動による教育」としての体育への転換と言われるものであり，これ以降およそ1970年代頃まで，「運動による教育」としての体育は我が国における体育授業の主流を形成したのである。ここでは，この時期の体育のことを「戦後の体育」とよぶことにする。

■ 戦後の体育の目標・内容・方法
　目標が身体から身体を含みつつも全人的発達へと変わったことに伴い，内容

は，戦前の体操や教練に偏ったものからさまざまなスポーツを中心としたものへ変化して，方法についても，教師からの一方的な運動の教授という形態から児童・生徒が主体になった学習活動を組織しようとする指導形態が研究されるようになり，やがて，学級を少人数の学習集団に分け，子どもたち相互の関わり合いを基軸にしながら，自主的で協力的な学習を導く「グループ学習」という全く新しい体育の学習指導形態が生み出されることになる。

　宇土正彦(1983)は，現代的な体育授業の構造を図表1−3のように表している。ここに示された，学習の主体者としての子どもが，学習内容としての運動を学ぶ学習活動を中核に，教師が授業を計画するという体育授業の構造は，戦後の「運動による教育」としての体育を出発点に作られるようになったものと言ってよい。戦前の体育には見出すことができなかった学習，学習内容，学習活動，あるいは単元といった教育の諸概念が体育の授業づくりを考えるうえでも不可欠のものとなった事実に，「身体の教育」としての体育からの脱却を図り，体育という教育の民主化と科学化を進めた戦後の体育授業研究の大きな成果をみることができるだろう。

　「運動による教育」という考え方は，もともと20世紀初頭に「身体の教育」としての体育を超克することをめざして主張された「新体育」に思想としての源流を求めることができるが，我が国にはそれが第二次世界大戦後に導入されたということになる。この考え方をアメリカで主張したイデオローグの一人であるビュッチャー(Bucher, C.)は，そのめざすところを「身体的な発達の目標」「運動の発

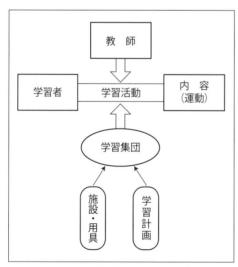

図表1−3　体育授業の構造モデル
出所) 宇土正彦ほか，1983：p.9 より

達の目標」「精神的な発達の目標」「社会的な発達の目標」という4つの面から
とらえたが，ここで言う「身体的な発達の目標」とは「身体の多様な器官系の
発達を通して，各人の身体的な力を形成する諸活動のプログラムを取り扱う」
もの，「運動の発達の目標」とは「身体運動を有能に，そしてできるだけエネ
ルギーの無駄なく行うことや，そこでの動きをより熟達した優雅で美しいもの
にすることと関わっている」もの，また「精神的な発達の目標」とは「ある知
識の体系を獲得することと，その知識について思考したり，解釈したりする能
力を扱う」もの，「社会的な発達の目標」とは「各人における個人的な適応や
集団的な適応，そして，社会の一員としての適応を促す援助をすることと関係
する」ものと定義されている(Siedentop, 1972：pp.87-88)。

■ 戦後の社会と体育

　この「運動による教育」としての体育が，第二次世界大戦後の約30年間に
わたる戦後の体育の主流となったことは先に述べたとおりであり，したがっ
て，この間の我が国における体育の学習指導要領を根底で支えた理論は，この
「運動による教育」とみることができる。たとえば，1968(昭和43)年に改訂さ
れた小学校の学習指導要領では，体育科の目標が「1　運動を適切に行わせるこ
とによって，強健な身体を育成し，体力の向上を図る。2　運動のしかたや技
能を習得させ，運動に親しむ習慣を育て，生活を健全にし明るくする態度を養
う。3　運動やゲームを通して，情緒を安定させ，公正な態度を育成し，進ん
できまりを守り，互いに協力して自己の責任を果たすなどの社会生活に必要な
能力と態度を養う。4　健康・安全に留意して運動を行う能力と態度を養い，
さらに，健康の保持増進についての初歩的知識を習得させ，健康で安全な生
活を営むために必要な能力と態度を養う。」(文部省, 1968：p.169)といったように
4つに分けて示されているが，これらがビュッチャーの設定した4つの目標と
ほぼ等号で結ばれることは容易に理解されるところであろう。

　ただし，この時期の学習指導要領を検討してみると，常に全人的な発達を大
きな目標とし，それを4つの観点から達成しようとしていることはほぼ共通
しているものの，各々の時期の社会的な要請とも関連しながら，4つの観点の

何れかが強調されていることにも気がつくのである。1958（昭和33）年から，学習指導要領は「基準」として法的な拘束力をもつものとなったが，この時期の学習指導要領は，それ以前に盛んに試みられた経験主義にもとづく実践に向けられた，学習すべき内容がそれぞれの教科の系統に従って十分に教えられていないという批判を踏まえ，系統主義教育の立場の主張を反映したものになったと言われている。体育の場合はその主張を運動技術の問題として受け止めたがゆえに，各種の運動技能を高めることが学習指導要領の目標として明示されることになった。また，1968年から1970（昭和45）年にかけて改訂された小・中・高等学校の学習指導要領は，第1章の総則3に体育を取り上げて，児童・生徒の体力向上については体育の授業時間以外においても積極的に取り組むよう求めたために，いわゆる「業間体育」を舞台にした体力づくりの実践を広く促すこととなった。これは，高度経済成長を進める産業界を中心に社会から逞しい子どもを求める声が強かったこととともに，1964（昭和39）年に開催された東京オリンピックが，国民の「体力論議を刺激して平和時の体力問題を提起した」ことにより，「学校体育はスポーツの大衆化に備える方向でなく体力中心の方向に転じた」（竹之下，1978：p.12）ものでもある。

　これらのことからも確認できるように，戦後の体育も戦前の体育と同様，そこでの社会のあり方や当面していた課題を反映する教育の姿としてとらえられるのである。戦争で破綻した経済の復興と発展という課題は，依然として戦

1960年代に行われた体力づくりの実践
出所）『学校体育』22巻11号，1969：p.2 より

後の社会を産業社会として存続させることとなり，それはまた，民主的な社会の建設という新たな国家的課題とも結びつきながら，戦後の社会における人間と運動の関係を規定した。人間は戦前と同じく産業社会を支える労働力として，またそれだけではなく戦後の民主社会のメンバーとしてもその存在が位置づけられ，

運動はそういった戦後の社会が必要とする，心身ともに健康でかつ民主社会の担い手に相応しい社会性をもった国民の資質を育てる手段として，人間にとって価値づけられたのであり，かかる人間と運動の関係を前提に，「運動による教育」としての体育は，その存在を根拠づけられたわけである。 　　（鈴木秀人）

④ 戦前・戦後の断絶的把握に伴う問題
■ 体育・スポーツ史における戦前・戦後の断絶的把握

　ここまで戦前と戦後の体育を，それぞれ天皇制絶対主義下における「身体の教育」と民主主義国家における「運動による教育」と類型化して論じてきた。ここで気をつけなければならないのは，両者が全く異質なものとは言い切れないということである。

　なぜ，このような指摘をするのか。私たち日本人には，第二次世界大戦に対する反省の念から戦前という時代を否定的にとらえ，一方で民主主義に転じた戦後を肯定的に把握しようとする心性が少なからずあり，戦前・戦後という両画期を，暗い「軍国主義」の時代と明るい「民主主義」の時代といったように，隔絶したものとして考える傾向がある。しかしこの心的傾向は，私たちが歴史を正確に認識することを妨げる場合もある。それは，これまでの体育・スポーツ史における研究動向からも示唆される。

　たとえば，大正期においては，大正デモクラシーの風潮のもとで欧米諸国のさまざまな思想が流入し，その影響を受けて子どもの自発性や個性を尊重しようとした自由主義的な教育，いわゆる大正自由主義教育が流行する(中野光，1968)。その影響は体育にも波及し，いくつかの学校では大正自由主義教育思想にもとづいた体育の実践が行われていた。

　そして，こうした戦前からの取り組みが，敗戦直後，学校体育復興の足がかりとなったのである。だが，戦前を否定的にとらえるあまりに，これまでの体育・スポーツ史では「この否定の中に大正自由主義教育における体育も含められ」てしまい，「戦後の復興という具体的な連続した事実が存在するにも関わらず，見失」われてきたのである(鈴木，1997：p.810)。

このように，これまでの体育・スポーツ史における戦後改革期の研究では，「形式的な図式化によって戦前と戦後を分割する傾向が強」く，「戦前の全面否定と戦後の全面肯定」に陥ってしまう場合が少なくなかった(高津，1982：p.381)。悲惨な戦争に対する真摯な反省にたってのこととはいえ，このような戦前・戦後の断絶的把握は歴史像の言わば単純化であり，正確な歴史理解を妨げる要因となる。

■ アメリカによる影響の過大評価

　こういった歴史把握は，戦後の体育改革におけるアメリカの影響を過大評価することにもつながりやすい。なぜならば，否定すべき戦前から継承するものは少なく，改革はほとんど白紙状態からアメリカを模倣することで出発したと考えがちだからである。しかしながら，現実はそう単純ではない。

　この問題を考えるため，敗戦後，文部省視学官として日本における学校体育の改革に多大な役割を果たし，戦後の体育の礎を築いた人物であるとされている竹之下休蔵(1909-1988)に注目したい。これまで竹之下は，混迷を極める状況の中で「ともかくもアメリカ体育を模倣しながら」(友添，1997：p.126)，現代のグループ学習論に連なる B 型学習論を生み出したとされてきた。

　だが，戦前の動向に目を向けると，竹之下は東京文理科大学で大正自由主義教育の先達であった篠原助市のもとで学び，その思想に多大な影響を受けながら，従来の体操中心の体育が身体のみをその対象として精神を対象に含めなかったこと，また，児童の生活から遊離し，その興味や自発性を無視していることを批判する体育論を展開していた。この体育論は敗戦直後，民主主義国家における体育のあり方を方向づけるために援用されている(小松，2017)。

　また，竹之下(1960：p.28)は，大正期から敗戦までの体育について，「計画の必要の強調，学習者と学習者への関心，班別と子どものリーダー，計画への学習者の参与，など多くの点で今日の考え方と共通である」という認識ももっていた。これは，竹之下が方法論的な面についても，戦前の体育からヒントを得ていた可能性を示唆するのである。これらを勘案すると，戦前において，戦後の体育改革への理論的基盤がある程度準備されていたといえよう。

たしかに，戦後の体育改革においてアメリカの影響は絶大であったと思われ
る。しかし，それが戦前からの積み重ねの上にあった事実を見落としてはなら
ない。混迷の時代に奮闘した先人たちが，戦前から何を受け継ぎ，何を断とう
としたのか。そして，その結果として成された体育改革の意義や限界がどこに
あるのか。戦後70年を経て，戦後教育の総決算がいわれる現代を生きる私た
ちは，自らの位置を再確認するためにも，この問いに向き合う必要がある。

（小松恒誠）

【さらに学習を深めるために】

1) Siedentop, D., *Physical Education Introductory Analysis*, W. C. Brown Company Publishers, 1972.（前川峯雄監訳，高橋健夫訳『楽しい体育の創造』大修館書店，1981 年）
　本書で紹介したシーデントップの見解は，上記の邦訳書で手軽に読むことができる。現代の代表的な体育思想が整理された部分も，体育についての歴史的理解の前提となる基礎知識を提供してくれる。
2) 佐伯年詩雄『これからの体育を学ぶ人のために』世界思想社，2006 年
　この中の「運動の学習指導と社会」(pp.2-8)において，体育授業で運動を指導するということと社会とのつながりが論じられており，本書で紹介した竹之下が提示した体育の社会的構造についても解説されている。
3) 成田十次郎ほか『スポーツと教育の歴史』不昧堂出版，1988 年
　スポーツと教育の歴史が，豊富な写真資料によって紹介されている。本書で述べられている体育の過去を視覚的に理解するうえで役に立つ。
4) 永島惇正「体育の立場からみた社会」宇土正彦・高島稔ほか編著『新訂 体育科教育法講義』大修館書店，2000 年，pp.25-32
　竹之下が示した産業社会と脱工業社会という社会を区切る指標を用い，社会変化と体育の変遷について論じている。人間と運動の関係のあり方が社会によって規定されるということがよく理解できる。
5) 竹之下休蔵「戦後学校体育の歩みと当面する課題～産業社会から脱工業社会へ」『体育科教育』26 巻 12 号，1978 年，pp.9-13
　産業社会から脱工業社会へという社会変化の展望を軸にして，戦後の体育を乗り越えていく新たな体育のあり方を提起している。第二次世界大戦後の我が国における体育の特質を理解するうえでも有益である。

1.2 産業社会の体育に見出された諸問題

① 運動嫌いの発生

■ 運動嫌いとは

　幼稚園や小学校にいくと，夏の暑い時でも，冬の寒い時でも，休み時間の校庭で子どもたちが活発に動きまわる様子をみることができる。しかしながら，そのような運動が好きな子どもがいる一方で，運動が嫌いでなるべくしたくないという子どもがいることも事実である。運動が嫌いな個人あるいは態度は「運動嫌い」とよばれる。「運動嫌い」は，運動することに価値を見出せず，運動におもしろさを感じない，積極的に取り組まないといったネガティブな運動への考え方，感情，行動によって特徴づけられる。運動嫌いは，運動に対する意欲の低下によって消極的な参加となり，運動の楽しさを味わいにくい。体育の授業はしかたなくやることとなり，運動嫌いの子どもにとって体育の授業は苦痛の時間ということになる。

　運動が嫌いになるきっかけは，苦痛や恐怖の経験，一生懸命やったがうまくならないと感じた経験，不適切な指導に対する不満，友達から運動が下手だと指摘された経験，などさまざまである。何らかのきっかけから，ひとつの運動に対してネガティブな態度が形成され，やがて嫌いな対象が特定の種目にとどまらず，多くの運動種目にまで広がり，その結果，「運動嫌い」が形成される。

　「運動嫌い」とは運動全般に対する態度を意味するのに対し，持久走やマット運動などの特定の種目だけが嫌い，体育だけが嫌いというパターンも存在する（鹿島・杉原，1994）。

■ なぜ運動嫌いになるのか

　2014年度の文部科学省の全国調査では，運動を嫌いになったきっかけが明らかにされている（文部科学省，2014）。運動が嫌いになったきっかけを，「その他」を除いて割合の多い順にみると，男子では「小学校入学前から苦手だったから」50.0%，「授業でうまくできなかったから」24.6%，「友達の前で恥ずかしい・冷やかされた」16.1%，「授業以外でうまくできなかった」12.6%，「先

生や親にしかられた」4.3%となっている。女子についてみると，「小学校入学前から苦手だった」59.9%，「授業でうまくできなかった」33.9%，「友達の前で恥ずかしい・冷やかされた」17.9%，「授業以外でうまくできなかった」10.1%，となっている。この結果から，小学生の運動嫌いには，幼児期からの苦手意識，体育授業や授業以外でうまく運動できないという経験，人前での恥ずかしい経験が影響していることがわかる。運動嫌いになる原因は人それぞれ異なり，具体的には多くのきっかけが存在する。そのような運動嫌いの具体的理由をあげた報告がいくつかなされている（たとえば，杉原，2003など）。

　これらから，運動嫌いの形成に関わるプロセスが考えられる。1つめは，運動がうまくできないため，自分が有能な存在であるという有能さ（コンピテンス）が得られないことがあげられる。逆にいくら練習してもできるようにならないだろうという無力感が形成されている場合がある。運動嫌いの子は，授業を通じて有能さを感じられず，自分はダメな人間だ，といった否定的な自己概念を形成してしまう可能性が指摘されている（杉原，2003）。2つめは，クラスメートから低い評価を受けるのではないかという不安が生じていることである。さらに，低い評価によって友達とよい関係が保てなくなると感じることにつながる。運動の出来，不出来については，自己評価だけでなく他者からの評価も気になるところである。3つめは，受けた授業の形態や指導方法がその子どもに運動を強制する感覚を与え，運動に主体的に取り組む姿勢を欠如させていることである。これは，自分の能力にあわない授業や理不尽な指導で運動を強制される感覚と考えられる。これら3つをまとめると，すべての子どもは，有能でありたい，仲間から認められてよい関係をもちたい，主体的に関わりたいと思っているが，それが否定されること，変えることができないと考えているから体育において運動嫌いが生じると考えることができる。

■ 運動嫌いはつくられる

　運動嫌いの子どもたちについて考える時，きっかけや理由を考えることも大事であるが，その子どもたちは本当に運動が嫌いなのかを考えてみる必要もある。体育の授業で運動嫌いと思われる子どもたちの中には，運動は好きだが体

育は嫌いという子どもがいる。また，運動嫌いだった子どもが大人になり，好きなスポーツと出会い，熱心に打ち込むという例は数多くある。このような例から，運動嫌いの形成は，個人の性格によるものではなく，生得的でもないと考えられる。体育や運動を取り巻く環境，目標から内容，方法に至る体育の構造が運動嫌いをつくり出すといえる。

　運動嫌いをつくり出す体育の構造は，産業社会における体育において，より顕著であったと考えられる。産業社会における体育では，体力の有無，運動の出来，不出来がより重要と考えられ，それらの点から，よい−悪いという価値基準が生み出される。そのような価値基準は，授業の目標や内容，先生の指導に反映され，さらに子どもたちにも共有される。体育の授業は，運動の出来，不出来が目に見えてわかりやすく，そのような価値基準によって評価されやすいという特徴がある。そのため，運動ができないこと，そのように見られることに対する不安が生じ，運動嫌いにつながりやすい。体力や精神力の向上，技術の習得が授業の目標となれば，運動の魅力を感じることなく運動嫌いになる子どもが生じる状況であったといえる。

　運動を手段とするのではない現在の体育では，目標，内容，方法のそれぞれについて，すべての子どもが運動好きになるよう工夫がなされている。めざす方向が異なることが最大のポイントであり，そのために個人差やレディネスを考慮した計画，学習過程が提案されている。しかしながら，「運動嫌い」は現在でも存在し，さらなる授業改善への取り組みが期待される。2016年度の小学5年生，中学2年生それぞれ男女を対象に行われた全国調査では，運動やスポーツの好き・嫌いについての質問に対する回答が報告されている（スポーツ庁，2016）。回答形式は「好き」「やや好き」「ややきらい」「きらい」の4つである。「ややきらい」と「きらい」に回答した児童・生徒が運動嫌いの傾向をもっていると考えられる。この2つを選択した人数のそれぞれの集団における割合をみると，小学生では男子6.6%，女子12.3%，中学生では男子11.2%，女子21.7%である。運動が嫌いな子どもは小学校よりも中学校において，女子は男子に比べて2倍という傾向がみられる。運動嫌いを発生させな

いためには，こういった体育の全体の構造をよく理解したうえで，それぞれの
クラスでの生徒の状態に応じた授業づくりが必要とされる。　　　　（杉山哲司）

② 超時代的な体育実践の残存
■ 体育授業にみられる超時代性

　戦前の体育，そして戦後の体育といったように体育の過去を詳しく追ってみ
ると，そこにみられた各々の体育授業のあり方は，その背景にあったそれぞれ
の時代の社会と密接に関わりながら存在したということは，もはや誰にも理解
されるところであろう。しかしながらその一方で，そういった時代に強く規定
された体育の変遷とは奇妙なほど対照的に，時代を超え，すなわち，いついか
なる時代においても，言うならば「超時代的」とでも表現すべき姿が，我が国
における体育の授業にはみられるということも，また事実なのである。

　それは，日々の体育の授業において，ごく当たり前のように教師が行う指導
方法の中に見出すことができる。小学校でも中学校でも高等学校でも，授業の
始まりには横隊に整列をさせたうえで「気をつけ！」と大きな声で号令をか
け，子どもたちにある種の身体的な拘束を加えてから体育の授業を始める教師
の姿は決して珍しくないし，また授業の中でも，大きな声での号令や指示だけ
でなく笛による合図も頻繁に用いながら，子どもたち全体を整然と強力に統制
することを指導の常としている教師も少なくない。このように我が国の体育授
業では，多くの教師が，「気をつけ」「休め」「前へならえ」等々の特定の言語
や笛の合図を頼りに指導を進めているのが現実である。

　言うまでもなく，こういった実践のルーツは戦前の体育に求められる。かか
る行動様式が今なお学校教育の場に残る現実を厳しく批判した岡崎勝は，「気
をつけ」をはじめとするいわゆる集団行動の起源が，明治時代に定められた歩
兵操典やその流れを汲む兵式体操にあることを明らかにしている（岡崎, 1987：
pp.97-103）し，人間の身体を規律・訓練化する道具として体操をとらえた清水
諭も，「『気をつけ』の姿勢や号令のかけ方」は明治から大正期の実践に始まる
ものとしている（清水, 2001：pp.89-92）。すでにみたとおり，戦前の体育は当時

の社会の中だからこそ正当性や妥当性をもつものであったのだから，戦前に発する実践が，その後，幾多の時代を超えてもなお現在に至るまで行われ続けている現実があるのならば，それがはたして現代社会における教育として相応しいものなのかを，改めて問う責務が我々にはあるように思われるのである。

■ 戦前の体育からの転換？

　戦前の「身体の教育」としての体育は，富国強兵という当時の社会が当面していた課題への教育的対応から，軍事予備教育としての性格を強く有していたことをここでもう一度思い起こすと，教練はもちろんのこと，体操をはじめとするその他の運動を教えていく際にも，軍隊にならう行動様式がそこでの指導方法として採用されたのはむしろ自然なこととも言えるだろう。だからこそ，第二次世界大戦の敗戦によって軍事予備教育であった「身体の教育」が終わったのならば，それを支えた方法についても一新されなければならなかったはずである。確かに，「身体の教育」から「運動による教育」への転換には劇的なものがあり，体育においても民主的な人間の形成がめざされることになったし，教練は体育の内容から排除され，体操の地位は戦前の絶対的なものから大きく後退して，子どもたちはスポーツやダンスなど多様な運動を学ぶことになった。そして授業の方法についても，子どもの主体的な学習が重視されるようになったことから，グループ学習に代表される新しい学習指導の形態が開発されたことは事実である。けれども，こういった戦前の体育からの転換が，授業を行う教師の実際の指導方法においても十分進んだのかに関しては，冒頭で指摘した「超時代的」な体育実践がみられる以上，疑問をもたざるをえないのである。

　敗戦後は，授業における指導の方法も「徒手体操で，ヒザを水平まで上げちゃいけない。ヒザを上げるのは軍国主義の体育だ」と言われた(竹之下・宇土ほか，1987：p.124)といったように，これまでのやり方に修正が迫られる中，教育の現場には大きな混乱がもたらされた。当時の様子は，次のような回想にみることができる。「それまでの大事な道具であった号令，命令，指示，これらが全部捨てさせられた。」「道具を全部捨てさせられたんで，先生たちはどうし

ていいか全くわからない。しょうがな
いから，大きな声で号令かけてたのを
小さくしたり，『こうやれ』といって
たのを，『こうやったほうがいい』と
かということでごまかしてました」（竹
之下・宇土ほか，1987：p.123）。

1970年代の授業。戦後生まれのグループ
学習が行われている

ここには，敗戦に伴う外圧による変
革の渦中で，新しい体育の目標に対
応する何らの方法ももっていなかった
当時の日本の教師たちの惨状が鮮明に示されている。つまり，それまでの体育
授業の指導方法は体操や教練の指導法だったのであり，これらに代わって新た
に体育の内容として大きく取り上げられることになったスポーツやダンスを教
えるやり方は，そこにはなかったということなのである。こういった状況の中
で，グループ学習という新しい学習指導形態が生み出されたわけだが，その一
方で，慣れ親しんだ過去の方法を頼みにする教師も少なくはなかったのであろ
う。やがて戦後も10年を過ぎる頃には，各地で体育授業における集団行動の
指導充実を求める動きが活発になっていく。

そのような動きを受けて，1964年には文部省から集団行動の手引き草案が
出され，1967年の学習指導要領では，「体操」の内容の一部に「横隊の集合・
整とん，方向変換，列の増減などをすること」（文部省，1968：p.183）が明記され
るようになるが，こういった内容が，教師の号令とそれに対する子どもたちの
反応という形で具体化されていったことは容易に察しがつく。こうして戦前に
始まったかかる行動様式は，名称を「集団行動」と変えながらも戦後の「運動
による教育」としての体育の中に生き残る。そして，子どもたちの自主的な学
習を導こうとするグループ学習などの戦後生まれの方法とパラドキシカルに共
存しつつ，今日に至ったというわけである。

■ 授業づくりの姿勢における問題

このようにみてくると，ここで改めて批判的な眼差しを向けなければならな

いのは，授業がめざす目標や内容と一貫性をもった方法を採用するということに不誠実とも言える，少なくない教師にみられた授業づくりをめぐる安直な姿勢である。「身体の教育」から「運動による教育」へというドラスティックな転換があったにもかかわらず，過去からあり続けた方法が新しい目標に向かう時に適切なものかどうか検討されることなく受け継がれたという問題は，形を変えながらも今なおみられるように思われる。1998（平成10）年に学習指導要領が改訂された際に，体育には新しく「体ほぐしの運動」という，言わば身体の癒しとかリラクゼーションをめざす運動が登場したが，癒しの経験をさせようとするその授業のはじめに，子どもたちの身体を拘束する「気をつけ」の号礼をかけてもその矛盾に気がつかない教師も多いのである。

　そしてこういった姿勢は，単に目標に対して方法の一貫性を欠くということに止まらず，癒し等々を目標とする運動を体育授業の内容とすることの是非について議論することがないという点でより深刻である。それは，体育の授業を行う教師自身が，その授業では何をめざして，何を教えようとしているのかを不問に付したままで，子どもたちに向かい合っているということを意味するからである。我々は，産業社会の体育がこうした問題をどうして導いたのかを，先に検討の俎上にのせた「運動嫌い」の問題と併せて，よく考えてみる必要がありそうである。

（鈴木秀人）

③ 人間と運動の関係のとらえ方にみられる限界
■ 戦前・戦後の体育にみられる共通性

　ここで，戦前の「身体の教育」としての体育と戦後の「運動による教育」としての体育の考え方を振り返ってみると，そこでの人間と運動の関係のとらえ方にある共通性がみられることに気がつく。それは，戦前は労働者や兵士に必要となる逞しい身体をつくる「手段」として，戦後は民主社会を形成するメンバーであるとともに高度経済成長を支える労働者であることも期待された人々に必要とされた，心身の発達や社会性の育成のためのやはり「手段」として，運動は子どもたちとの関係をとり結んでいたという点である。

この関係は，これら産業社会においてはいずれにせよ社会が尊ぶ価値の中心が産業の振興にあったため，その中で仕事を第一とする生活を送らざるをえなかった人々にとって，運動は日々の生活の内容としてそれ自体を楽しむものととらえることは困難であったという，社会における人間と運動の関係を背景に成立していた。運動は，何かの目的を達成する手段としてしか，この時期の社会の中ではその存在を正当化することが難しかったのであり，それが体育という教育における，子どもと運動との関係のあり方を規定したのである。

　こういった運動を手段とする発想は，体力をつけるために運動を行う，努力すればできることを学ぶために運動を行う，礼儀やチームワークを身につけるために運動を行う……といった，伝統的な運動をめぐる教育実践を根底で支えてきた認識であり，現在もなお，それを体育の授業づくりの基底に据える教師も少なくはない。運動を手段にしたこれらの実践がめざすところは，「身体の教育」の目標を包含しつつ，結局は「運動による教育」が目標として掲げた全人的な発達に集約されることになると言えるだろう。それらの実践は，一般に「運動手段論」の体育とよばれる。

■ 運動手段論の限界

　「運動による教育」は，単なるトレーニングの次元にすぎなかった「身体の教育」を乗り越え，教育の一般目標である全人的な発達という目標を他の教科と共有したことにより，教科としての体育の地位を他教科と同じ地位にまで引き上げることには大きく貢献した。しかしながら，4つの多様な目標を追求することになった「運動による教育」では，必然的に「多くの種目を浅く学習することになり，学習者の興味を深めることができず，所期の効果をあげることもできなかった」(竹之下・宇土, 1982：p.22)と言われている。我々は，ここに手段としたがゆえに運動の本質を十分に伝えることができなかった，運動手段論の体育の限界をみるのである。

　また，1968年から1970年にかけて改訂された学習指導要領によって広く促された体力づくりの実践が，少なくない数の運動嫌いの子どもたちを生み出したという歴史的事実からも，運動手段論の体育の限界を指摘することができる

だろう。波多野義郎らによる「運動嫌い」の子どもに関する研究では，自身の体力や運動能力にもともと不安感や劣等感を抱いている子どもたちが，それらが増幅されてしまうような教師の指導に出会うことによって，運動場面での楽しさ経験を知ることができずに，運動嫌いの状態に陥っていくというメカニズムの存在が指摘されている（波多野・中村，1981：pp.177-187）。このメカニズムを視野に入れながら分析してみると，体力をつけるために，あるいは努力すればできることを学ぶために，と運動を行うことになる運動手段論にもとづく実践での経験が，体力や運動能力に不安感や劣等感を抱いている子どもたちのそれらを増幅してしまう危険性があることは明らかに予測できることである。

　だが，体育の授業を行う教師がそこでの運動を手段として扱うならば，その実践の中から運動を嫌う子どもが生まれても，それが授業者である教師には深刻な問題としては受け止められにくいのではないだろうか。なぜならば，体力をつけさせるために運動を教えるかぎり，体力づくりというその目標が達成されてしまえば，そこで子どもが運動を嫌いになったとしても，教師にとってそれは重大な関心事にはなかなかならないし，同じように，努力すればできることを学ばせるために運動を教えるかぎり，逆上がりや開脚跳びといった目標とする運動ができてしまえば，そこで子どもがそれらの運動を嫌いになってしまっても，教師にとってそれは大きな問題にはならないであろうからである。

■ 超時代的な体育実践が残る理由

　体育の学習において子どもが運動を嫌いになってしまうということが深刻な問題として把握されるのは，人間にとっての運動を学校期における手段に閉じ込める発想を超えて，運動が生涯にわたる大切な生活の内容として価値づけられた時である。佐伯年詩雄は，産業社会の体育授業にみられた問題点を「学習の手段化，そこから必然化する外在的報酬による動機づけと強化の指導法」が「学習という営みからの疎外を生み出し」てきたと押さえたうえで，そのような体育の学習は，「『学習からの引退を求めて学習に励む』という逆説的学習経験を蔓延させてきた」と指摘する（佐伯，2006：p.205）。ここで運動という「学習からの引退」が問題とされるのも，運動が生涯にわたってまさに学習され続け

ていくものと価値づけられるからなのである。

　そして，先にみた体育の「超時代的な体育実践」は，運動を規律訓練のための手段として考える認識によって導かれるものであることはもちろん，佐伯が言う，手段としての運動の学習に必然として生じる「外在的報酬による動機づけと強化の指導法」のひとつの具体化としてみることもできるのである。つまり，「身体の教育」における方法が時代を超えて引き継がれるのは，運動のとらえ方が依然として教師の中ではかつてと同じく手段の次元に留められているからなのである。

　運動に対する教師のかかる認識は，体育授業の指導だけに止まることなく，その他の場面においても見いだされる。2015 年に大阪府の中学校で起こった事故をきっかけに，運動会や体育祭で伝統的に行われてきた組体操が物議を醸しているが，そこで聞かれる組体操賛成派の教師たちによる主張は，「達成感がある」「頑張ることの大切さを教えることができる」「見ている者も感動する」といったように，運動を手段

物議を醸す組体操
出所) hap / PIXTA（ピクスタ）

という次元から捉えた認識によって支えられている。これを前提としてしまうかぎり，体育の授業やその他の運動の指導を行う教師が，改めてその目標や内容を問い，それと一貫した方法を採ろうとする道は開かれてこないのではないだろうか。

（鈴木秀人）

【さらに学習を深めるために】

1) 波多野義郎・中村精男「『運動ぎらい』の生成機序に関する事例研究」『体育学研究』26 巻 3 号，1981 年，pp.177-187
　　運動嫌いがどのようなメカニズムで生成されるのかについて明らかにした論文。教師が，そのメカニズムにどのように関わるのかについて考えさせられる。
2) 岡崎勝『身体教育の神話と構造』れんが書房新社，1987 年
　　体力づくりや集団行動等々，過去の体育に起源がある教育実践がもつ問題に対

し，現場教師の立場から厳しく批判した書。体育授業の中に当たり前のように残るそれらの実践について，改めてその意味を考え直す機会を与えてくれる。

3) 田端真弓「保健体育科における集団行動の位置づけとあり方：戦後の論説にみる集団行動の必要・不要論の位相と論理」『大分大学教育福祉科学部研究紀要』37巻2号，2015年，pp.225-240

体育授業に見られる集団行動がどのような理由で現在まで続いているのか，その歴史的経緯がよくわかる。

4) 竹之下休蔵・宇土正彦ほか「戦後体育実践の成果と展望」『体育科教育』35巻9号，1987年，pp.123-133

竹之下と宇土の対談によって，戦後の体育の姿が詳しく語られている。また，その後の体育の展開についても，その主張に至る経緯を理解しやすい。

5) 鈴木明哲・鈴木秀人「組体操の是非を問う 「組体操の歴史」と「体育の変遷」から考える」『コーチング・クリニック』30巻2号，2015年，pp.21-29

伝統の名の下に行われてきた組体操について改めて考える手がかりを与えてくれる。組体操だけでなく，多くの伝統的な体育実践の是非を問うためには，本書で学ぶような理論的知識が不可欠であることを理解できるだろう。

6) 内田良『教育という病 子どもと先生を苦しめる「教育リスク」』光文社新書，2015年

この中で述べられている「巨大化する組体操」という章は，組体操の何が問題なのかを理解しやすい。

7) 鈴木明哲「戦後日本体育・スポーツにおける自由主義教育者をめぐる問題：ミリタリズムの連続」『体育学研究』47巻6号，2002年，pp.593-606

第2次世界大戦後の日本において，それ以前の体育を支配したミリタリズムがなぜ残ったのかについて，歴史研究の立場から分析した論文。初学者にとってはやや難しいかもしれないが，過去に関する研究が現在の問題を考えるうえで有益であることを改めて実感させてくれる。

8) 佐伯年詩雄『これからの体育を学ぶ人のために』世界思想社，2006年

「『楽しい体育』における『今もっている力で楽しむ』ことの意義～生涯学習の意味との関わりから～」(pp.203-211)で述べられている，これまでの体育の学習が，学習からの引退を導いていたという指摘は，今後の体育学習のあり方を考えていくうえでさまざまなことを考えさせられる。

9) 鈴木秀人「『教育技術法則化運動』に見られる体育の授業づくりについての検討：過去の体育授業論との関係性に関する検討を中心に」『体育学研究』40巻4号，1995年，pp.221-233

本書でも取り上げたシーデントップの見解を援用し，過去の考え方に規定される体育実践の例をわが国に求めて検証している。教育実践を構想する時，目標・内容・方法の一貫性がなぜ必要となるのか考え直す契機となるだろう。

2. 体育の現在そして将来

2.1　人間と運動の関係を考える視点

① 現代社会における運動・スポーツ

■ これまでの体育における人間と運動の関係

　前節では，これからの体育を考える基礎として，我が国の「体育の過去」について整理してきた。そこではそれぞれの時代における社会的な背景から「身体の教育」「運動による教育」という体育の姿が存在したことを確認できた。ここではそれらの流れを踏まえながら，現代社会の特徴とそれを背景とする体育の「これから」について，「人間と運動の関係」を整理しながらみていくことにしていきたい。

　ところで，これまでの体育では，「人間」についてはどのようなとらえ方をしてきたのだろうか。「身体の教育」の時代においては，兵力・労働力として滅私奉公が求められたという社会的背景から，個人を尊重するという考え方はほとんどみられなかった。極端な言い方をすれば，一人ひとりの人間は，社会を構成する「部品」としてみなされ，「社会」から一方的にその「性能」の向上が求められる存在であった。ここでは，自分自身の意志や欲求の充足という視点はほとんどなく，ひたすら従順に，自分の身体を鍛錬することだけが求められたのである。

　「運動による教育」が展開された時代においては，「教育の民主化」の旗印の下，全人的形成に向かい主体的に学ぶ存在としての「個人」が明確に示された。ここでは，民主的な視点から，社会を構成するのは一人ひとりの人間であり，学校教育全体において個人の自由や学ぶ権利を保障するという視点が強調された。体育においても人間と運動の関係が見直され，個人としての子ども一人ひとりが運動を通してどのように成長できるかという視点から，体育の授業

が展開されることになる。しかしながら，これらの試みも，運動を「手段」としてとらえているために運動の意味や価値を矮小化させることとなり，「体を動かすことは何か別の目標(健康，仲間づくり)などを達成するために役に立つ」という視点から脱却することはなかったのである。

■ 現代社会の特徴とライフスタイルの変化

　脱工業社会とよばれる現代社会は，産業構造の変化(サービス産業化)だけがその特徴ではない。今日の我が国は，「少子・高齢(長寿化)」「成熟化(低成長)」「高度情報化」「国際化の進展(グローバリゼーション)」「地球環境問題と自然志向の高まり」「格差の拡大」など，これまでにない新たな特徴が顕在化してきており，個人のライフスタイルにも大きな変化をもたらしてきている。とくに，「高齢(長寿化)」という特徴は，個人に「生涯自由時間」の増大をもたらすと同時に，それを主体的にデザインし，自分自身の人生をどのように豊かに過ごすかということを明確な課題として浮き彫りにした。現代の我が国は，国民一人ひとりが，生活の質の向上を求めることが可能な社会であり，学校教育や体育の学習においてもそのような視点に立った学びのあり方が求められているのである。

　豊かな「生き方」とは，心身ともに健康であると同時に，主体的に物事に取り組むこと，とりわけ「文化」を主体的に享受することと密接に関わっている。これは，映画や音楽，演劇や小説など自分自身の人生をより豊かにする工夫であるさまざまな文化と出会い，それらを自分自身の生活(生涯)の中に位置づけ，主体的に享受することと言い換えても良い。いうまでもなく，スポーツも身体や運動と深い関わりをもつ文化として人類がつくり上げてきたものであり，その役割は大きい。スポーツは，「行うもの」「観るもの」「支えるもの」「つくるもの」などさまざまなかたちで，生涯にわたって人々の豊かな生活に大きく貢献する「内容」としての可能性を秘めているのである。

■ 「人間と運動の関係」の変化

　豊かな生き方は，スポーツを含めた文化の享受と深い関わりがあると述べたが，ここで「スポーツは文化である」という表現に違和感がある人もいるので

はないだろうか。我が国では部活動などにおいて「文化系」「体育系」という分類が一般的であり，サッカー部を「文化系」であると考える人は少ないであろう。真木は，「文化(狭義の文化)」を「欲求を満たす工夫」としてとらえながら，「生命体にとっての必要を超えた(有効性のかなたにあるもの，生きていくことに直接貢献しない)欲求」を満たす工夫として「芸術」「スポーツ」などをあげている(真木, 1973 : p.125)。絵を描くことやそれをみること，音楽を演奏することやそれを聴くことなどは，直接的に「生きること(空腹を満たしたりすることなど)」には貢献しない。しかしながら，感動することなど，他の動物は生きることに直接的でないので行うことがない，極めて「人間的な」経験を提供してくれる。これらの「文化」は，適切な環境で学んだ場合，人間的で豊かな生活を支える重要な内容となるのである。

　スポーツも「サッカーでシュートを決めた瞬間」「応援したチームが優勝した瞬間」など行うものとしても観るものとしてもさまざまな経験を提供してくれる。これらは，他のものに置き換えることができず，スポーツという文化からしか味わうことができないものであり，芸術などと同様に固有の意味や価値があるものなのである。現代社会においてスポーツは，「何か別の目的(健康や仲間づくりなど)を達成するための手段」としての価値だけではなく，「そのもの自体」にも人間を人間らしくするという「内容」を有していると考えることができる。

　このようにみてくると，脱工業社会とよばれる今日の社会においては，人間と運動の関係において，「生涯にわたる生活内容(文化)としての運動」という新たな視点を見出すことができる。また同時に，社会を構成する一人ひとりが生涯にわたって運動という文化を主体的に享受し，発展させることができる社会のあり方が求められており，その枠組みの中で学校体育が果たすべき役割が問われているのである。

■「生涯スポーツ」という理念

　生涯スポーツという言葉は，わが国ではすでに広く認知されている。しかしながら，この言葉の基本的な考え方が正確に理解されているかということにな

ると必ずしもそうとはいえない。わが国においては，「競技スポーツ」と「生涯スポーツ」を明確に切り分けるような解釈の仕方が浸透しており，「生涯スポーツ」を「高齢者のスポーツ」や「軽スポーツ」「ニュースポーツ」のことであると限定的に理解している人たちも少なくない。生涯スポーツという理念は，生涯学習（生涯教育）という理念と「Sports for All」という理念をその中核としており，性別，世代，志向性（初心者からトップアスリートまで），障がいの有無を問わず，すべての人が，いつでも，どこでも，だれとでもスポーツという文化に関わることをめざすものである。

　生涯学習（生涯教育）という考え方は，比較的古い時代から存在している。この言葉は文字通り「生涯にわたって学び続けること」を意味するものであるが，近代以降は，産業構造の変化に伴う労働力の確保などの社会的な要請によって，新しい知識や技術を身につけるための成人教育として政策化される。その後，1965年にパリで行われたユネスコの成人教育に関する国際会議において，「lifelong integrated education（生涯にわたって統合された教育）」という考え方が提唱された。この中では，「生涯教育」の基本コンセプトである「人間の全生涯にわたる教育機会の確保と調和的な統合」という理念が明確に示されている。ここで重要なことは，この「生涯教育」というコンセプトが，「学校期と学校期以降」「学校と社会」というような時間的にも空間的にも分断された仕組みを克服し，教育システム全体の統合をめざすものであったということである。

　ユネスコの会議が生涯学習（生涯教育）の枠組みづくりに寄与したとすれば，生涯学習（生涯教育）の内容に「個人の学習する権利」という視点を提供したのがハッチンス（Hutchins, R. M.）の学習社会論である。ハッチンスの考え方は，生涯学習（生涯教育）の枠組みの中で，「文化を個人の権利」として学ぶ，「人間らしく生きる」ために学ぶ（内在的価値の重視）という視点を提供するものであった。今日の生涯学習（生涯教育）は，「変化の激しい社会を生き抜くための必要を満たす」という側面をもちながら，「個人の人生をより豊かにするための欲求を満たす」という側面をその中心にして展開されていると考えられる。生涯

学習（生涯教育）は，「学校期中心であった学びからの脱却」「学びへのユニバーサルな（いつでも，どこでも，だれとでも）アクセスの保証」「学習内容の内在的価値（そのものの価値）の重視」という共通の理念をもちながら，「必要を満たすこと」と「欲求を満たすこと」という2つの側面を視野に入れながら展開されているのである。

「Sports for All」という理念は，「すべての個人に身体活動を」という目標をもつ社会的ムーヴメントである。山口は，「Sport for All ムーヴメントは，一種のスポーツの民主化という近代思想的な特徴をもっている。すなわち，年齢，ジェンダー，体力レベル，社会経済的地位などに関わらず，すべての個人に身体活動の平等な機会を提供しようと努めている」（山口，2002：p.21）と指摘している。この

女性がラグビーをするのも珍しくなくなった

ムーヴメントは，近代以降，一部の人間（主に青年期の男性アスリート）に独占されていたスポーツという文化を年齢，性別，志向性，障がいの有無などに関係なく，すべての人々に提供しようという試みなのである。

図表1-4に示したように，生涯スポーツは生涯学習（生涯教育）という理念と「Sports for All」という理念をその中核としている。したがって，生涯スポーツは，「スポーツの内在的価値（そのものの価値）を重視し，学校期中心から脱却した生涯にわたる（制限や垣根のない）スポーツの経験（学び）」をその理念の中心とする言葉であると考えられる。また，具体的には，社会的要請（「医療費の削減」など）に対応した展開事例を含みながらも，「スポーツを個人の権利として学ぶ」「スポーツという文化の享受能力の育成とその発揮に寄与する」という方向性を理念の中心に据えながら展開されている。生涯スポーツは，「学校

図表1-4　生涯スポーツという理念

挑戦にもさまざまな形がある

や地域で日常的に行われているスポーツ」から「オリンピックやパラリンピック」に至るまで，「すること」「みること」から「ささえること」「つくること」に至るまで，人々のスポーツへの多様な関わりを有機的に包摂する（インクルーシブな）イメージをもった理念なのである。

■ 学校期と生涯スポーツ

　学校期は，単なる将来への「準備期間」ではない。前述したとおり，生涯学習は，学校期も含めて「人生のすべての時間（生涯）」において学びを継続するという考え方である。つまり，学校は「いつか役に立つかもしれないもの」を単純に蓄積する（させられる）場ではなく，「現在（いま）」「ここ」で，社会とつながりながら，主体的に学び続ける場である。学校教育が生涯学習の一部であるのであれば，当然，学校体育は生涯スポーツ実践の一部であると見なすことができる。学校体育における運動の学びは，生涯にわたるスポーツ実践の一場面であり，それぞれのスポーツ固有の楽しさや喜びを味わうことを核としながら展開されることが重要なのである。

　このような文脈の中で，2006（平成18）年，教育基本法の改正が行われ，「生涯学習」が法律の条文として明確に位置づけられた。また，現在の中学・高等学校の学習指導要領の保健体育の目標の中にも「生涯にわたって」という文言が明記してある。これからの学校教育においては，学校での学びが「生活知（生活文化の学び）」になっているのか，学校文化が地域文化と乖離していないかということに注意を払いながら，生涯学習という枠組みの中で展開されていくことになる。学校体育や運動部活動においても，運動という文化を大切にしながら，単に「医療費の削減に寄与すること」や「スポーツ消費者の育成」に陥ることなく，主体的，自立的な「文化享受能力」の育成と発揮を展望しながら，展開されることが期待されているのである。

■ スポーツ基本法の成立と生涯スポーツ

　2011(平成23)年6月，スポーツ振興法(昭和36年)が50年ぶりに全面改正され，スポーツ基本法が成立した。スポーツ基本法では，その前文において「スポーツは，世界共通の人類の文化である」と宣言するとともに，スポーツを通じて「幸福で豊かな生活を営むことがすべての人々の権利」であることを明記している。また，青少年のスポーツが「国民の生涯にわたる健全な心と身体を培い，豊かな人間性を育む基礎となるものであるとの認識の下に，学校，スポーツ団体，家庭及び地域における活動の相互の連携」が必要であること，それに伴って求められる諸事項についても言及している。

　およそ50年の間，わが国のスポーツ政策を支えてきたスポーツ振興法は，その先見性を評価する声がある一方で，その限界を指摘する声も多かった。スポーツ振興法は，1964年に行われた東京オリンピックの根拠法としての性格が強かったこともあり，義務法としてではなく奨励法として解釈されたこと，訓示的・教示的な性格が強く具体性に欠けることなどの指摘がなされていたのである。スポーツ基本法では2010(平成22)年に文部科学省から示された「スポーツ立国戦略」を踏まえながら，より具体的な内容に改正されている。とくに青少年のスポーツに関しては，スポーツ振興法において「国及び地方公共団体は，青少年スポーツの振興に関し特別の配慮をしなければならない」(第8条)と記されているだけであったのに対して，スポーツ基本法第2条(基本理念)の2において「スポーツは，とりわけ心身の成長の過程にある青少年のスポーツが，体力を向上させ，公正さと規律を尊ぶ態度や克己心を培う等人格の形成に大きな影響を及ぼすものであり，国民の生涯にわたる健全な心と身体を培い，豊かな人間性を育む基礎となるものであるとの認識の下に，学校，スポーツ団体(スポーツの振興のための事業を行うことを主たる目的とする団体をいう。以下同じ。)，家庭および地域における活動の相互の連携を図りながら推進されなければならない」とされ，生涯スポーツとの関係から学校の役割が明文化されるとともに，学校，スポーツ団体，家庭および地域における活動を相互に連携させることの必要性が示された。

学校体育については，スポーツ基本法第17条において「国及び地方公共団体は，学校における体育が青少年の心身の健全な発達に資するものであり，かつ，スポーツに関する技能及び<u>生涯</u>にわたってスポーツに<u>親しむ態度を養う</u>上で重要な役割を果たすものであることに鑑み，<u>体育に関する指導の充実</u>，体育館，運動場，水泳プール，武道場その他のスポーツ施設の整備，<u>体育に関する教員の資質の向上</u>，地域におけるスポーツの指導者等の活用その他の必要な施策を講ずるように努めなければならない」とし，生涯スポーツという視点から，指導，施設の充実ならびに指導者の資質向上と地域連携の必要性を指摘している。スポーツ基本法は，「スポーツが文化であること」「すべての人がスポーツという文化を享受できる権利を有すること」を明記するとともに，生涯スポーツという視点から，学校体育の充実と地域連携の重要性を示しているのである。 (山本理人)

② 文化論
■ 人間にとって運動＝スポーツとは何か

　体育が，人間と運動の関係を問題にする教育である以上，そこでの運動が人間にとって何なのかについて教師が知らなければ，体育の授業をすることはできないはずである。それを知らないままでは，一体，どのような子どもと運動との関係を授業の中で問題にしていけばよいのかがわからないからである。ここで言う「運動」とは，楽しみや健康を求めて行われる身体活動の総体を指すものだから，最も広い意味での「スポーツ」と同義と考えてよいだろう。したがって，そもそも人間にとってスポーツとは何かを明らかにする作業が，体育の授業づくりを考えていくうえで求められるということなのである。

　もっとも，この問いに対して答えることは，実はそれほど難しくはないのかもしれない。現在では，先に見たスポーツ基本法をはじめさまざまなところで，「文化としてのスポーツ」とか「スポーツ文化」といった言葉を見かけるのは日常茶飯のこととなったし，何よりも，多くの人々が日々の生活の中で，音楽や美術や文学等々の文化と同じようにスポーツを楽しんでいるからであ

る。つまり，自由時間における任意選択的な活動として行われているスポーツ
は，人間にとって，音楽や美術や文学などと同様の文化と言えるのである。

■ スポーツを文化として語るということ

　ただし，こういった認識は古くからあったものではなく，むしろ，スポーツ
は文化として語られてこなかった歴史の方が長かった。というのも，伝統的な
文化の概念は，心身二元論にもとづく人間理解を前提に，その精神的な活動を
文化としてとらえることで音楽や美術などを文化の範疇に囲い込む一方，精神
と切り離された身体だけが関与する活動と見なしたスポーツは，文化の外へと
追い出してきたからである。そういった意味では，かつてスポーツが文化とし
て理解されなかった最大の理由は，そこに音楽等々とは異なるレベルでの身
体活動を伴ったことにあると言ってよい。そして，そのことを根拠にスポーツ
を文化から区別したラベリングは，運動部と文化部といった課外活動の分類の
仕方や体育祭と文化祭といった学校行事の名称に今なおその痕跡を残している
し，我が国の文化の発展に顕著な功績を残したとされる人に授与される文化
勲章の対象に，アマチュアスポーツの発展に尽力した一人の政治家を除けばス
ポーツ関係者は選ばれたことがなかったという事実も，スポーツが文化として
十分には認知されていない面があることの証左とされてきた。

　だが，文化勲章の受賞者とともに選ばれてきた文化功労者にはスポーツ関係
者が選ばれるようになってすでに久しく，2008 年には元水泳選手の古橋広之
進が文化勲章を受賞したことからもうかがえるように，文化とスポーツの関係
をめぐる状況は確実に変化してきた。スポーツを文化として語るのは，多くの
人々にとって当たり前のこととなりつつある。けれどもそれは，スポーツが身
体だけでなく精神も深く関わる活動であることが一般に理解され，伝統的な文
化の範疇にスポーツも入ることが許されたというわけではないのである。

　確かに，メンタル・トレーニングの重要性などが話題になる今日，スポーツ
に精神活動が関与していることを否定できる人はもはやいないだろうから，
たとえ心身二元論を前提にみたとしても，スポーツは従来からあった文化の枠
組みの中に入ることができるはずである。しかしながら，新たにスポーツが文

化として語られる際にそこで用いられている文化の概念とは，心身二元論を背景とする伝統的な狭いそれではなくて，「社会を構成する人々によって習得・共有・伝達される行動様式ないし生活様式の総体」(大辞林, p.2264)と言われるような，より広い文化概念の下でスポーツは文化として語られているのである。この辺りの経緯については，ドイツのスポーツ教育学者であるグルーペ(Grupe, O.)が詳しく論じている。彼によれば，「すべてが文化になり，したがって文化は一定の生活領域ならびにその特殊性を表す一種のおおまかな方向づけの尺度であることにより，スポーツも文化の一部，ないしは文化的な(日常)生活の一部」(グルーペ, 1997：p.30)になったというわけなのである。

■ スポーツの文化的性格

　そうは言っても，これだけの把握では，体育の授業においてどのような子どもと運動との関係を問題にしていくべきなのかが，まだみえてはこない。佐伯(1981：pp.208-213)は，文化人類学が示すより広い文化概念に依拠したうえで，文化を，人間が生存を維持するために必要な工夫として形成してきた文化と，そういった直接的な実用性をもった手段的工夫のレベルを超えて，それ自身の中に喜びや楽しさを求めて行われる自己目的的な活動の工夫として生み出されてきた文化に大別し，スポーツは後者に属する文化であると指摘する。つまりスポーツとは，「競争や挑戦の性格を持つ運動の様式を通して，人間の身体的諸能力と諸資質が自己目的々に，自立的に展開される工夫として創られ，育てられてきた文化」(佐伯, 1981：p.212)ととらえられるのである。

　かかるスポーツの文化的性格は，その歴史を逆上ることによっても確認することができる。現在ある種々さまざまなスポーツは，古くから人々の生活の中にあった何かを投げたり蹴ったりする遊びが，たとえばサッカーをはじめとするボールゲームに発展していったようなものと，戦闘や狩猟に象徴されるような生きていくうえで必要であった技術が，ある時期にその必要性は失われたにもかかわらずその身体操作自体が目的化して，たとえばレスリングや柔道や剣道などの格闘技あるいはアーチェリーや弓道などの射的競技に発展したといったようなものの，大きく2つにわけてみることが可能である。このようなス

ポーツの発生論から明らかにされることは，何れにせよスポーツとは，自らの身体を動かしてそれを行うこと自体が目的となった活動だということである。

■ 文化としてのスポーツを教える体育授業

　さて，このような理解をもつことで初めて，スポーツを文化としてとらえるという認識は，体育の授業において教師が，どのような子どもと運動との関係を問題にしていけばよいかを考えるうえでの明確な指針となる。スポーツを文化としてとらえ，そういった文化としてのスポーツを子どもたちに教えていこうとするならば，体力をつけるため，努力すればできることを学ぶため，あるいはまた集団行動の訓練のために行われるといった体育授業は，スポーツという文化を教える授業にはならないのであり，そういった子どもと運動との関係ではなく，子どもにとってそこでの運動は，それ自身の中に喜びや楽しさを求めて行われる自己目的的な活動になるべきであるという，授業づくりの核となる子どもと運動との関係がそこから導かれるからである。

　そして，そのように結ばれる子どもと運動との関係は，それぞれの運動に固有の楽しさを求めて進められる自発的な学習によってつくられるから，そこでの学習は，スポーツという文化を習得し継承していくものであると同時に，文化の担い手としての自己を変革していく契機ともなる。競争や挑戦の性格をもつスポーツの学習は，強制ではなくてそれが自立して行われる時，そこに人間を形成する可能性が拓けるからである。スポーツという文化が人間にとってもつ意味を追求してきたグルーペは言う。「スポーツ場面で達成向上を目指すこと，それ自体が自己の向上を目指して努力することなのである。スポーツ場面において達成向上を目指すことは，人間としての『向上』を目指すことなのである。他人に打ち勝つことや記録を打ち立てることは，これに比べれば二次的なものと見なされるべきである。」(グルーペ，1997：p.84)

ボールゲームの楽しさへ向かう子どもたち

こういったスポーツという文化を子どもに教えていく教育的な営みが体育の授業なのであり，小学校は，音楽や美術や文学等々のさまざまな文化を前にした子どもたちに，それぞれの教科の授業で，それぞれの文化が人間にとって有する文化的性格の本質を伝えていこうとする教育を営む場なのであり，体育もそういった教育の中のひとつに位置づけられるのである。したがって，小学校教育の場において文化としてのスポーツの大切さを主張するということは，決して子どもたちの生活内容の多くをスポーツで埋めてしまうような主張をすることではない。学校は，多種多様な文化を仲間とともに共有しつつ学びながら，それぞれの文化のよさを学ぶ場なのであり，それぞれの文化の学びを大切にする中のひとつに，体育の授業は位置づかなければならないからである。

（鈴木秀人）

③ プレイ論
■ 人間にとって運動＝スポーツとは何か，２つめの答え

　人間にとって運動とは何か，すなわち，最も広い意味でのスポーツとは何かという問いに対しては，すでに明らかにした「文化」であるという答に加えて，さらに２つめの答を用意することができる。それは，人間にとってスポーツとは，身体を大きく動かして行う遊び，言いかえれば「プレイ」であるというものである。かかる見方の根拠は，ホイジンガ(Huizinga, J.)やカイヨワ(Caillois, R.)らによる，人間にとって遊びがもつ意味を探究したプレイ論とよばれる一連の見解に求めることができる。

　ホイジンガは，その考えを主張した書を自ら「ホモ・ルーデンス（遊ぶ人）」と名づけたことからも理解されるように，人間という存在の根源を遊ぶ存在という一点に集約した。そしてそこでの人間にとっての遊びを，「本気でそうしているのではないもの，日常生活の外にあると感じられているものだが，それにもかかわらず遊んでいる人を心の底まですっかりとらえてしまうことも可能な一つの自由な活動である，と呼ぶことができる。この行為はどんな物質的利害関係とも結びつかず，それからは何の利得も齎されることはない。それは規

定された時間と空間のなかで決められた規則に従い，秩序正しく進行する。また、それは，秘密に取り囲まれていることを好み，ややもすると日常生活とは異なるものである点を，変装の手段でことさら強調したりする社会集団を生み出すのである。」(ホイジンガ，1973：p.42) といったように描き出してみせた。

　この見解を継承したカイヨワは，より明確に遊びを次のように定義する。「(1)自由な活動。遊ぶ人がそれを強制されれば，たちまち遊びは魅力的で楽しい気晴らしという性格を失ってしまう。(2)分離した活動。あらかじめ定められた厳密な時間および空間の範囲内に限定されている。(3)不確定の活動。発明の必要の範囲内で，どうしても，或る程度の自由が遊ぶ人のイニシャティヴに委ねられるから，あらかじめ成り行きがわかっていたり，結果が得られたりすることはない。(4)非生産的な活動。財貨も，富も，いかなる種類の新しい要素も作り出さない。そして，遊ぶ人々のサークルの内部での所有権の移動を別にすれば，ゲーム開始の時と同じ状況に帰着する。(5)ルールのある活動。通常の法律を停止し，その代りに，それだけが通用する新しい法律を一時的に立てる約束に従う。(6)虚構的活動。現実生活と対立する第二の現実，あるいは，全くの非現実という特有の意識を伴う。」(カイヨワ，1970：pp.13-14)。

■ プレイの特徴とスポーツ

　これらを踏まえてスポーツを眺めてみるならば，ホイジンガやカイヨワがあげた遊びの特徴の多くをスポーツが備えていることに誰もが気がつくことだろう。最後にあげられている虚構性は，その前の規則やルールの存在と「相互に殆ど排他的なものとして現れる」(カイヨワ，1970：p.14) ということだから除くとして，多くのスポーツに特有のルールの存在はもちろんのこと，それ以外の自由，分離，不確定，非生産的といったプレイ論が言うところの遊びの諸特徴も，我々が行うスポーツの中には一般的に見出されるからである。

　なかでも，遊びとは非生産的な活動であるとした指摘には注意を払っておく必要がある。というのもこの裏には，人間がなぜ遊ぶのかを考える時，遊ぶことで何か利益が得られたり遊ばないと何か損失を被るから人間は遊ぶのではなくて，遊びがもつ「面白さ」が人々を遊びに夢中にさせるのだという重要な解

釈が準備されているからである。ホイジンガは『ホモ・ルーデンス』の中で，それ以前からあった「遊びは遊び以外の何ものかのために行われる」という伝統的な解釈に疑問を提示し，遊びとは何かのためではなく，遊びにある面白さを求めて行われる活動であると述べている（ホイジンガ，1973：pp.16-21）。つまり，人間は面白いから遊ぶのであって，遊ぶことそれ自体が人間にとって目的となっているということなのである。

　このようにみてくると，先にスポーツを「文化」としてとらえる際に把握された，自らの身体を動かしてそれを行うことそれ自体が目的となった活動というスポーツの文化的性格は，プレイ論を根拠に，スポーツを人間が生み出してきたさまざまな遊びの1つととらえることによって，再び確認されることになる。そこから，プレイとしてのスポーツを子どもたちに教えていこうとする体育の授業は，そこでの子どもと運動との関係を，運動が子どもたちにとってそれ自身の中に喜びや楽しさを求めて行われる自己目的的な活動になることをめざして構築していくという点で，文化としてのスポーツを教えていこうとする授業のあり方と完全に一致するのである。

■ プレイの消失した体育授業がもたらすもの

　ところで近年，かつての子どもたちには異なる年齢で構成された集団で日々行われる路地裏や空き地での外遊びがあったのに，それらが崩壊したことにより，遊びの中で自然に保障されていた子どものさまざまな面での発達が欠落してしまった，という指摘があちこちで聞かれる。具体的には，子どもたちの体力，運動能力，そして社会性の発達が犠牲になったと言われることが多い。もちろん，遊びにはこれらの発達を促す機能があることは確かだから，その崩壊が子どもたちの発達に大きなダメージを与えたことは間違いないだろう。

　けれども，このような問題把握を根底で支えているのは，子どもの遊びがもちうる機能を，ほとんど無意識の内に手段的な効用性から語ることを導いてしまう，人間の遊びをその次元でしかとらえていない大人による遊び観である。つまり，子どもにとっての遊びの大切さを語ろうとしながら，それは，ホイジンガが探究した人間存在の根源に関わる遊び理解とは相容れるものではなく，

したがって，教師がそのような遊び観を授業づくりの前提に据えるならば，子どもたちが学ぶ体育授業でのスポーツは，プレイの世界から遠ざかってゆくことにならざるをえない。

半世紀も前に，イギリスの体育・スポーツ研究者であるマッキントッシュ（McIntosh, P.C.）は，「大人のある者がスポーツを嫌うのは，疑いもなく，彼ら

小さい子どもは鉄棒で遊ぶのが大好き。いつから，なぜ，鉄棒を嫌いになってしまうのだろう。

が受けた児童期や青年期の体育においてプレイの要素が消失していたことに起因する」(McIntosh, 1968：p.118) と指摘していた。体育で学ぶスポーツが魅力あるものになっていない，それゆえそこでの経験は，学校卒業後のスポーツに結びついていない現実を「プレイ」という視点から問題にしたこの指摘は，生涯スポーツとのつながりを謳いながら，その理想との間に短くはない距離が横たわる我が国の体育授業の現状を省みる時，今なお示唆に富むものである。

（鈴木秀人）

【さらに学習を深めるために】

1) 金崎良三『生涯スポーツの理論』不昧堂出版，2000 年
   生涯スポーツの背景に触れながら，生涯スポーツの理念から生涯スポーツの具体的なシステム構築のあり方まで広範に解説している。とくに，生涯スポーツの理念については，これまでの研究者の成果をレビューしながら，丁寧に解説している。
2) 永島惇正編著『生涯学習生活とスポーツ指導』北樹出版，2000 年
   生涯学習という視点から，イギリスやドイツにおける事例を紹介しながら，各発達段階におけるスポーツ指導のあり方について詳述している。
3) 西岡正子『生涯学習の創造アンドラゴジーの立場から』ナカニシヤ出版，2000 年
   古典的な生涯教育論からハッチンスの学習社会論に至るまで，生涯教育，生涯学習の系譜について丁寧に解説されている。生涯学習と体育授業の関係を理解するうえで重要な手がかりを与えてくれる。
4) 佐々木正治編著『21 世紀の生涯学習』福村出版，2000 年
   生涯学習に関わるこれまでの議論を整理しながら，わが国における生涯学習の現

状と今後の展望について解説している。
5) グルーペ, O.(永島惇正・岡出美則ほか訳)『文化としてのスポーツ』ベースボール・マガジン社, 1997 年
   非文化とされていたスポーツが文化として理解されるようになった歴史的経緯や，文化としてのスポーツに見出される多様な意味が明らかにされている。また，スポーツとプレイとの関係についても論じられている。
6) 佐伯聰夫「文化としてのスポーツとその指導」勝部篤美・粂野豊編『コーチのためのスポーツ人間学』大修館書店, 1981 年, pp.203-242
   スポーツが文化としてとらえられなかった背景，スポーツの文化的性格，スポーツという文化の構造，文化としてのスポーツの学習のあり方等々がわかりやすく述べられている。スポーツという文化を理解するうえで必読の文献。
7) 中村敏雄『近代スポーツの実像』創文企画, 2007 年
   スポーツという文化を批判的に検討した書。日本人にとっては外来文化であるという視点から，改めてスポーツについて考えるきっかけを与えてくれる。
8) ホイジンガ, J.(高橋英夫訳)『ホモ・ルーデンス』中公文庫, 1973 年
   人間にとっての遊びについて，それまでの伝統的解釈に異議を唱えた歴史的大著。人間にとってのスポーツを，プレイという視点から考えてみるうえで重要な理解を提供してくれる。
9) カイヨワ, R.(清水幾太郎・霧生和夫訳)『遊びと人間』岩波書店, 1970 年
   本書を読んだ後にホモ・ルーデンスを読むと，カイヨワがホイジンガの見解の何を継承し何を批判したのかわかるため，難解なホモ・ルーデンスを理解しやすい。
10) 竹之下休蔵『プレイ・スポーツ・体育論』大修館書店, 1972 年
   ホイジンガらによるプレイ論を，我が国において体育授業のあり方を構想していく際の理論的根拠として導入した竹之下の見解を集めた書。
11) 鈴木秀人「運動・スポーツの『面白さ』とは？」『コーチング・クリニック』29 巻 5 号，ベースボール・マガジン社，2015 年，pp.58-61
   感情や情緒の問題と誤解されやすいプレイ論がいう面白さについて，遊びや運動種目の具体例を示して説明している。
12) 菊幸一「ホイジンガを読み直す～『ホモ・ルーデンス』を対象に～」『子どもと発育発達』3 巻 5 号，2005 年，pp.140-144
   スポーツを遊びとしてとらえていくうえで，ホモ・ルーデンスにおいて提起された重要な示唆を改めて明確にした論文。
13) 杉原隆・河邉貴子編著『幼児期における運動発達と運動遊びの指導』ミネルヴァ書房, 2014 年
   遊びとしての運動に，なぜ教育的な価値があるのかを心理学の視点から明確にしている。幼児期が対象だが，小学校の体育を考えるうえでも有益である。

2.2　現在の子どもと運動の関係をみる視点

① 社会の変化と子どもたち

■ 子どもたちの生活

　現在の日本の特徴として少子高齢化，経済格差，情報化，国際化があげられる。少子化によって家庭においては，一人の子どもにかけられる教育費も高くなるが，逆に親からの期待も高くなりやすい。しかし現実には，家庭間における経済格差も生じており，子どもたちにも多大な影響を及ぼしている。親の経済格差がさらなる子どもたちの格差を生み出す可能性があり，今後の大きな課題といえる。また情報化は，家庭や学校における子どもたちの生活に多大な影響を及ぼしている。生活が便利になる一方で，スマートフォン，インターネットの普及に伴い，これらをいじめに利用する，犯罪やトラブルに巻き込まれる，といった問題が深刻化している。子どもたちと保護者が情報ツールの適切な利用方法を学ぶ必要がある。また国際化の進行に伴い，多くの小学校において日本国籍をもつ子どもと外国人の子どもとの異文化交流などの新たな展開がみられているが，外国人の子どもの不就学の問題も生じてきている。

　以上のように現在の子どもたちの生活は，家庭，学校，地域社会の3つの活動区域とそれらを取り巻く日本社会全体の影響を受けている。このような影響は世代によって異なる。

■ 子どもを取り巻く問題

　就学前の子どもは遊びを中心とした生活を送り，その中で多くのことを学び，小学校に入学してくる。遊びは一人遊びの時期もあるが，次第に仲間と一緒に遊ぶようになり，一緒に楽しく遊ぶためにはどうしたらよいかを考えるようになる。一緒に遊ぶ中でコンピテンス，自尊感情，自己肯定感，コミュニケーション能力，自制心などの諸能力の基礎を身につける。これらが基盤となり，小学校のさまざまな活動に専念することができると考えられる。

　しかしながら近年では，いじめ，不登校，学級崩壊，小1プロブレムなど多くの教育問題が指摘されている。また産業構造の変化に伴い，日本人の多く

が都市に住む都市型社会となっており，その住居の形態は，密室型の集合住宅が多く，隣の部屋や同じ建物内に住んでいる者同士でも顔をあわせても挨拶さえしないケースもある。そのため同じ学校の同じ学年の子どものいる家庭どうしのつきあいを除くと，子どもが地域の人たちと交流する機会は少なくなってきている。このような状況では，子育ては閉鎖的になり，仮に虐待があっても近隣の人が気づくことは少ない。子どもたちが生活する場である地域社会では，空き地が減り，魅力的な遊び場は少なくなっている。公園や人口的な遊び場はつくられているが，有効に利用されているとはいいがたい。少子化により，公園等で遊ぶ子どもたちは少なく，子どもたち自身も塾，習い事のために自由に遊ぶ時間が減少してきている。外で遊ぶ子どもが少なく，安全面を考慮し，公園等で遊ばせるよりもスイミングなど習いごとに参加させる親も出てきている。これらにより，従来，子どもたちが社会性を養う貴重な経験ができた異年齢集団が減少するに至っている。

■ 運動遊び・スポーツ

スポーツ庁（2015）によると，小学5年生は，平日に男子が1時間，女子は約40分，土日はそれぞれ倍以上の時間，運動やスポーツを行っている。なかでも家族と運動する頻度をみると，週1回以上が36％であり，全体的に家族と運動する時間は少ない状況となっている（スポーツ庁，2015）。一方，子どもの遊び方は，1999年の時点ですでに伝承的な路上遊びはあまり行われず，外で遊びながらも友達と話すことが最も多いという報告がされている（井上，1999）。この調査では，子どもたちが放課後に家の外ですることの第1位は，「友だちとしゃべる」で36％を占めている。性別ごとにみると，男子が「ボールで遊ぶ」(42.6％)，「友だちとしゃべる」(30.9％)，「自転車に乗ってうろうろする」(24.4％)という順になっている。女子については，「友だちとしゃべる」(40.8％)，「ペットと遊ぶ」(17.9％)，「おにごっこやかくれんぼをする」(11.9％)となっている（井上，1999：p.14-24）。この結果からは，子どもの運動やスポーツの経験はもとより外遊び自体が変化していることがわかる。

仙田（1992）は，建築家の立場から子どもにとっての遊び環境の重要性を唱

今では絶滅してしまった「馬のり」という遊び

え，遊び環境の要素として，遊び時間，遊び空間，遊び集団，遊び方法という
4つをあげている。また遊び環境は，社会構造，文化構造，都市構造の影響を
受け，それらの変化とともに，遊びが変化していることを指摘している。仙田
によれば，戦後の日本では大きく2つの変化があり，第1の変化は1975年前
後で，遊び集団が減少していったことが特徴としてあげられている。第2の
変化は1990年前後で，遊び空間が限界まで小さくなり，さらに何でもできる
総合的な空間がなくなったことにより，遊びの機能分解が生じたことが特徴で
ある。子どもたちは機能が限定された小さな空間を求めて歩きまわり，テレビ
ゲームの出現による遊びの閉鎖化も伴い，遊びに質的な変化が生じている（仙
田，1992，図表1-5）。

　仙田（1992）が指摘した4つの遊び環境の要素は，現在も改善されていない。
このような遊び環境の変化は，生活の質を低下させ，心身の健康に影響を及ぼ
す可能性がある。また，遊び時間の減少，遊び方法の変化は運動能力の低下を
招いている。

■ 子どもと運動

　幼児期から低学年までは多様な運動の経験が必要である。特に10歳前後の
時期はゴールデンエイジと呼ばれ，複雑な運動スキルを習得しやすいと言われ
る。運動スキルとは特定の環境で巧みに身体を動かすことのできる能力であ
り，効率のよい練習によってより高められる。練習を繰り返すと脳内における
神経の結びつきが回路を形成し，練習量につれて回路が定着するようになる。
運動の神経系への影響について宮口らが行った調査によると，鬼ごっこ，縄跳

図表 1-5 日本の子どものあそび環境の変化

	第1の変化	第2の変化
あそび空間	縮小。1955 年ごろにくらべ 75 年ごろには都市部で 1/20，郊外部で 1/10	1975 年にくらべ 1/2 小さく機能分解化している
あそび時間	縮小化。1965 年ごろに内あそび時間が外あそび時間より長くなった(それまでは外あそび時間＞内あそび時間)	内あそび時間が外あそび時間の 4 倍も長くなった(1990 年) あそび時間の分断化
あそび方法	テレビの影響大	ファミコン・テレビゲーム(1983 年〜)の影響大
子ども部屋	個室化が進行	完全個室化に近くなった(90% 以上の子どもたちが個室をもっている)
子どもの数	少子化傾向はそれほど顕著ではない	少子化傾向が進行 都市部での児童数は 1975 年ごろの 1/2
親の世代	戦中・戦後時代	戦無時代
都市と田園	子どものあそび環境の悪化は，まだ都市部だけで，田舎はまだまだ昔ながらのあそびがあった	子どものあそび環境の変化が地方都市，田園地域までおよび，かえって田舎の方が都市よりも遊び環境が貧しくなった
経　済	高度経済成長期	安定〜バブル経済期
住宅の形態	まだまだ和式の住宅が多かった	洋式化
あそび集団	ガキ大将集団から同学年同年齢集団に移行	同学年同年齢集団も解体化へ
都市部の緑	農地が開発されているが斜面緑地はかろうじて残っている	都市部の斜面緑地も北側斜面まで開発され，個人の林も，相続や土地高騰により開発されてきた

出所) 仙田満，1992：p.174

びなどの動的遊びを好む子どもの方は，静的遊びを好む子どもよりも全身反応時間が速かったことが明らかにされている(Miyaguchi, et al., 2013)。全身反応時間は選択反応時間とは異なり運動に関わる神経系の指標となる。一方で 3, 4 歳の幼い時から親の影響などにより特定のスポーツに相当の時間を費やす子どもがおり，中には成果をあげている者もいるが，必ずしも成功するわけではない。

　運動の身体的効果として筋力，筋持久力の向上があるが，効果が得られやす

いのは中学生以降であり，低学年まではあまり効果がない。神経系の発育が盛んな幼児期から低学年では多様な運動を経験する方がよいと考えられている。身体の発達には適度な運動刺激が必要であることが明らかにされているが，年齢に応じた内容の運動と実施方法が重要な課題となる。

② 環境との関わりから子どもをみる

■ 子どもを取り巻く環境改善の取り組み

　これまで述べてきたように子どもたちの生活，運動，遊びの環境を変えてきたのは大人社会であるといえる。それゆえ子どもたちの生活を充実させるような遊びや遊びとしての運動あるいは遊びの発展であるスポーツを楽しめるような環境づくりが大人社会に求められている。

　現在，子どもの遊びを充実させるために，さまざまな取り組みがなされている。公共および民間の団体や施設において子どもに運動遊びやスポーツが指導されている。幼稚園・小学校の教師，インストラクター，プレイリーダー，コーチなどさまざまな立場の人が指導にあたっている。このような取り組みにおいては，子どもの発達段階に応じたプログラムが実施される必要がある。

　しかしながら発達段階や楽しさの状態を考慮せずに体力向上や忍耐力の向上を目的に子どもたちに過度な運動を実施していると思われるケースもみられている。その中には，子どもたちが普通の大人でも負担となるくらいの運動量をこなす活動が行われることがあり，マスコミ等でもとりあげられている。海外では親が子どもに100キロマラソンに挑戦させ，関係者が困ったといったケースがある(朝日新聞，2006年10月13日)。優れた実践や考え方を広く得ようとせずに独自の偏った判断で行われる実践には危険が伴う。子どもの運動能力について考えると，体力は子どもが遊んだ結果としてついてくるものであり，運動が体力を高めるための手段として実践されている運動指導やプログラムは，逆に子どもたちの遊び，運動スポーツ環境を悪くする可能性がある。やり方によっては，運動が苦痛になり運動嫌いになってしまうかもしれない。

　それゆえ子どもたちに遊び・運動との関わり方を伝えていくことは子どもを

取り巻く環境改善の重要な側面となる。そのためには，目的，内容，方法において適切に考えられた実践を行う必要がある。また，子どもと関わる大人や関わらない大人も含めて，多くの大人が，偏った知識や経験ではなく，子どもにふさわしい実践に関する知識をもつことも重要だと考えられる。

　体育の授業についても低学年の遊びにはじまり，中学年，高学年に進むにつれて内容が発展的なものとなる。幼児期，小学校低学年の子どもに対し，優れた成績を残そうと練習させること，大人と同じルールでスポーツをさせること，大人と同じような整ったフォームを求める指導などは子どもの特徴から考えてやる意味がない。子ども自身の主体性を運動の継続につなげることが重要である。

■ 子どもと運動環境

　最後に子どもの運動をとらえる複合的な視点について述べる。子どもの生活は，家族，友達，先生といった身近な人はもちろんのこと，経済，文化，宗教，政策などの影響も受ける。こうした子どもの生活を取り巻く環境についてとらえる視点の１つに生態学的発達理論がある（Bronfenbrenner, 1979, 図表1-6）。４つのシステムは子どもに直接関わり，相互作用が最も多いマイクロシステム，それに含まれる２つ以上の行動場面の間のつながりであるメゾシステム，さらに子どもは直接参加しないが子どもが直接参加している行動場面に影響を及ぼすエクソシステム，文化・宗教・政策・子育てについての価値観など社会や文化に固有の信念やイデオロギーを含むマクロシステムとされている。

　たとえば子どもと運動との関係を考えると，子どもが直接運動する場やその運動をともにする人がいる（マイクロシステム）。所属するサッカークラブと家庭との関係など，マイクロシステムに含まれる２つ以上の要素のつながりはメゾシステムである。そうした地域や学校でのスポーツクラブは各々のオリジナルの方針や特性をもって運営される一方で，その地域や学校の実情の影響も受ける（エクソシステム）。さらにその国や地域ごとに健康やスポーツに対する価値観や文化が存在しており，それらが家庭や学校，スポーツクラブでの子ど

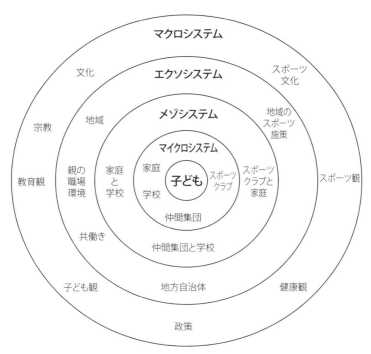

図表 1-6　生態学的発達理論にもとづく子どもの環境
注)右側に健康・スポーツに関わる例をあげている

もの運動経験に影響を与える(マクロシステム)。

　教師は，こうした子どもと多様な環境との相互作用をふまえ，学校における子どもの運動についてとらえる必要がある。　　　　　　　　　　　(杉山哲司)

【さらに学習を深めるために】

1)　仙田満『子どもとあそび──環境建築家の眼──』岩波書店，1992 年
　　建築家の立場から，1992 年までの遊び環境の変化について具体例とともに問題点が指摘されている。
2)　恩賜財団母子愛育会愛育研究所編『日本子ども資料年鑑 2018』KTC 中央出版，2018 年

人口動態，家族・家庭，発育・発達，保健・医療，栄養・食生活，福祉，教育，生活・文化，行動問題，生活環境の各領域別に子どもたちに関わるデータがまとめられている。年度ごとに出版されており，出版年前年の子どもたちに関わる状況を知るうえで参考になる。

3) 教育アンケート調査年鑑編集委員会編『教育アンケート調査年鑑　2008 年版　上』創育社，2008 年
　　子どもたちの教育や文化についてのアンケート調査結果が数多くのせられており，具体的な調査から子どもたちの実態を知るうえで参考になる。

4) 日本経済新聞社編『ジェネレーション Y』日本経済新聞社，2005 年
　　青年の特徴を中心に取り上げられており，世代について考えるうえで参考になる。

5) 深谷和子ほか編『児童心理』62 巻 14 号，2008 年
　　子どもとスポーツについて，さまざまな視点から論じた特集が組まれている。

2.3　体育の社会的役割と目標

① 体育の社会的役割

■ 社会的役割から導かれる体育の目標

　先に体育の過去についてみた際に，教育とは社会がその維持や発展のためにもっている多様な機能のひとつであり，体育もその一部を成すものであるということを確認した。ここで改めてそのことを想起するならば，体育の授業が学校教育制度の中に公的に位置づけられているのは，それぞれの社会の維持や発展において，一定の社会的な役割を果たすことが体育に期待されているからだと考えることができる。

　そこで，小学校教育の場において体育授業の指導にあたろうとする教師は，まず，それらがどのような社会的役割を期待されて学校教育制度の中に位置づいているのかを理解しておくことが必要となる。なぜならば，それが担うべき社会的役割を理解することから体育授業のめざす目標が導き出され，その実現に向けて，授業の実際を計画していくことになるからである。

■ 体育に期待される社会的役割

　さて，ここで我々が考えていこうとしている現在，そして将来における体育

授業のあり方は，これまでの実践の積み重ねのうえに構想されるものであることは今さら言うまでもない。しかしながらそれは，過去の実践をそのまま無批判に継承することでつくられるものでもない。むしろこれまでの実践は，そこにみられた諸問題の把握とその解決へ向けての努力を通し，今後のよりよい実践を生み出していくうえで，言わば乗り越えられていく対象として位置づくものとも言えるのである。

そういった意味で，すでにみてきたような産業社会における人間と運動の関係を基礎に共有されてきた体育の社会的役割は，今後の体育が担うべき役割としてはもはや相応しいものとは言いがたい。複雑な様相を呈してはいるものの，大きな流れとしては脱工業社会への移行がさらに進んでいる現在，人間は自らが手にしている多大な自由時間を主体的な学びによって意味のあるものにつくりあげていく生涯学習の主体者なのであり，そういった人間にとって，本来，文化でありプレイである運動は，まさにその文化・プレイとしての本質を享受することそれ自体が，人々の生涯学習の内容そのものとなるのである。つまり運動は，生涯にわたる大切な生活内容として人間にとって価値づけられ，かかる人間と運動の関係を前提に小学校を含めた体育の社会的役割を考えてみるならば，運動，すなわち最も広い意味でのスポーツの，文化的な享受能力を育むことが体育には期待されているということになる。

こういった観点から構想される体育の授業には，スポーツという文化の人間にとって固有の価値を伝えていく役割が自覚されていなければならない。文化論やプレイ論のところでも詳しく述べたように，人間にとってスポーツが有する固有の価値とは，生物として生きていくために必要であるというレベルを超えた，より豊かな生活を営む工夫として存在するところにある。たとえスポーツがこの世からなくなったとしても，生物としての人間は生きていくことはできるが，他の活動では味わうことのできない喜びや生きている実感をスポーツの中で経験することは，ただ単に生きていくということを超越した豊かな生活を実現するがゆえに人々はスポーツを生み出し，今日に至るまで継承してきたはずである。体育授業は，まずこのスポーツ固有の価値をすべての子どもたち

に教えていかなければならないのである。

■ もうひとつの役割

　そして，大きくは先の役割の中に含まれることになるが，運動の文化的享受に伴って促される心身の発達も，体育に期待される社会的役割として忘れることはできない。現代社会において，人々が運動を行うことを求める要求の総体として生じているいわゆる運動需要は，運動をすることから得られる喜びを求めてそれ自体を楽しもうとする面と，心身の健康を維持し改善する必要性から運動を求めるという面の，2つの観点からとらえることができる。

　都市化や機械化やオートメーション化といったキーワードによってその特徴が描かれる現代の社会では，人々はただ普通に毎日の生活を送っているだけでは運動不足に陥り，精神的なストレスも増大し，その結果，健康が脅かされてしまうという，人類がかつて経験したことのない難しい環境の中に生きざるをえないのが現実である。さまざまな運動は，生活の中に定期的に位置づけられ，文化的に豊かな享受という形態を大切にして行われるのならば，健康や体力の維持・改善に役立てることが十分にできるし，また，自らの身体を動かすことから生まれる直接的な経験や他者との交流，自分を取り巻く自然的環境との関わりなどは，現代社会に特有の精神的ストレスを解消させることに対しても貢献しうるであろう。人々は，このような心身の健康をめぐる問題を解決していく有力な手がかりとしても，日常的に運動することを求めているのである。

　もちろん，このように健康をめぐる問題を解決する手がかりとして運動を行うことは，学校卒業後の生活に限られるわけではない。現在の子どもの生活のところでも述べられているように，子どもたちを取り巻く現在の環境は，残念ながら，子どもたちの健やかな心身の発達を促すことに対してマイナスに働く場合が少なくない。学校における体育の授業は，このことに関しても大きな役割を期待されているのであり，子どもたちの運動への深い関わりは，彼らの心身の多様な発達に貢献できる可能性があることは誰もが認めるところであろう。過去の体育が運動を手段として果たそうとしてきたこういった面は，これからの体育授業においてもその役割から短絡的に排除したりする必要はなく，

運動の文化的な享受の中で配慮されるべきものと考えられるのである。

（鈴木秀人）

② 体育の目標
■「スポーツによる教育」と「スポーツにおける教育」

　このように，現在そして将来の体育に期待されている社会的役割が大きく2つに整理された。第1に，人間にとってスポーツが有する固有の価値を伝えていくことを核にした，運動の文化的な享受能力を育むという役割，第2に，そのような学習が進められていく中で，子どもたちの心身の健やかな発達を促すという役割である。これらは，どちらも人間にとって運動がもちうる価値を伝えていく教育的営みを導く出発点となるが，とくに前者は運動の本質的な価値の学習に関連が深く，後者は運動の本質ではないがその行い方によって期待できる成果，すなわち手段的な価値の学習と関連が深いものと言えるだろう。

　こういった見方は，社会が脱工業社会へと移行し，しかもそれが生涯学習社会という姿で具体化されつつある我が国や欧米諸国において広くみられる考え方である。たとえば，多くのスポーツ種目を生み出したスポーツの母国とよばれるイギリスでは，学校体育について次のような説明が国家レベルで行われている。「学校体育のプログラムの中で取り上げられる競争的ゲームや水泳，陸上競技のようなスポーツ活動は，教育のための手段である－これはスポーツによる教育（Education through Sport）。そしてこれらのスポーツ活動はまた，それ自体が行う価値のある活動として取り上げられる－これはスポーツにおける教育（Education in Sport）」（Department of Education and Science, 1991：p.12）。

　先に整理した体育の2つの社会的役割に対応させれば，ここで言

イギリスの小学校の体育授業
サッカーやホッケーなど，イギリス生まれの競争的ゲーム＝ボールゲームが授業では重視されている

われる「スポーツによる教育」は，子どもたちの心身の発達を促そうとする運動の手段的な価値の学習と，そして「スポーツにおける教育」は，運動の文化的な享受能力を育もうとする運動の本質的な価値の学習と，それぞれ向かい合うことは容易に理解される。だが，この2つは言わば異なる次元の教育と言えるので，それらを個々に抽出しただけでは1つの体育授業がめざす目標を導き出すことは難しい。したがって，次に明確にされなければならないのは，この「スポーツによる教育」と「スポーツにおける教育」をどのように関係づけて，体育の目標として設定していくのかということになる。

■2つの教育の関係をめぐって

この点については，学問的な立場からすでに相当な議論の蓄積をみることができる。その中からここでは，早くから「～による(through)」「～における(in)」という視点を提示し，この議論において積極的に発言してきたイギリスのスポーツ哲学者であるアーノルド(Arnold, P. J.)の見解を紹介してみよう。

アーノルドは運動と教育との関係を，運動についての知識や理解を発達させることに関わる「運動についての教育(Education about Movement)」，運動それ自体の価値とは関係なく教育的な目標達成のために手段的に利用することに関わる「運動による教育(Education through Movement)」，さらに，子どもたちを文化的に価値のある運動それ自体へ導くことに関わる「運動における教育(Education in Movement)」という3つの次元に分けてとらえている。ここでアーノルドが言う「運動(Movement)」は，スポーツやダンスといった身体活動を総称したものなので，広い意味での「スポーツ」と置き換えてよい。つまり，アーノルドが言う3つの次元はそれぞれ，「スポーツについての教育」「スポーツによる教育」「スポーツにおける教育」とも言いうるということである。

そしてアーノルドは，「教育とは，本質的な価値がある活動と手続きから構成される(べき)もの」であり，「手段的な価値は，もしそれが本質的に価値があるものを促すことと直接関係しないのであれば教育の関心事にはならない」(Arnold, 1988：pp.10-14)とする。彼が分けた3つの次元の中で，本質的な価値がある活動とは，実際の運動への参加を必ずしも伴わないが，そこで追求され

る運動に関する知識や理解がそれ自体で価値あるものと見なされる「運動についての教育」と，固有の価値がある多くの身体活動から成る「運動における教育」であり，とくに「運動における教育」は，固有の価値を求めて実際の活動への参加を伴うことになるがゆえに，カリキュラムの中心として位置づけられることになる(Arnold，1988：pp.115-135)。

　したがって，手段的な価値と関わる「運動による教育」は，本質的な価値を追求しようとする，とくに「運動における教育」との関わりの中で一定の位置を与えられるのである。というのも，「手段的な価値は，もしそれが本質的に価値あるものを促すことと直接関係しないのであれば教育の関心事にはならない」からである。この点について，アーノルドは次のようにも言っている。「運動における教育」に付随して生じるであろう教育的な成果として，体力や健康の改善，道徳的・社会的な責任の自覚などが期待できるが，「これらは意識された目標として定式化されるのではなく，活動の自然な結果として生じるものである」(Arnold，1979：p.180)。つまり，「運動による教育」が期待するものは，「運動における教育」の活動との関わりの中で現実になりうるとアーノルドは指摘するのである。

■ 中心的目標と周辺的目標

　紙幅の制約から，他の研究者の見解を紹介することはできないが，アーノルドをはじめ，この点についての諸見解を総括してみると，個々の論者の間に細かな視点の相違はみられるものの，体育の目標のとらえ方に関してある大きな共通の方向性を見出すことができる。それは，そこでの運動を他の目的を達成するための直接的な「手段」としてみるのではなく，人間にとっての運動そのものの本質的な価値を全面的に認めることで，それを子どもたちに学ばせることを最大の目標に置くという方向であり，併せて，健康の維持・増進や社会性の発達といった手段的な価値は，運動の本質的な価値を追求する活動の中で，付随的また結果的に現実化されていく目標として考えるということである。

　日本でも永島惇正が，体育の目標を「生涯にわたる生活内容としての運動」についての基礎的学習を保障するという中心的目標と，運動による心身の発

達などの付随的・周辺的目標に構造化するという提案をしている（永島, 2000：p.47）。何れにせよ，現在そして将来の体育の目標は，「スポーツによる教育」と「スポーツにおける教育」をこのように関係づけることで考えられるということになる。この両者は，切り離されて別個に存在しているわけではなく，また，同次元の並列的な目標としてあるわけでもない。中心と周辺という関係を結びながら，体育授業がめざす目標を構成するのである。

　運動の本質的な価値を学習することは，その活動の中で子どもたちの心身の発達を可能にするが，心身の発達を直接的にねらった運動は，その本質的な価値の学習をその中に取り込むことは難しい。この点についての理解は，教師が体育授業のあり方を構想していくに当たり，授業の実際に決定的な影響を与えるがゆえに極めて重要である。2008 年 3 月に告示された学習指導要領では，小学校 1 年から 4 年と中学校の全学年において体育授業の時間数が増やされ，それは 2017 年の改訂でも維持されているが，これは子どもたちの体力・運動能力低下に対する直接的対応とみることができる。ここまで述べてきた体育の目標についての考え方をもし教師が欠いてしまうならば，体育の授業は単なるトレーニングの時間に堕する危険を孕んでいると言わざるをえない。

（鈴木秀人）

【さらに学習を深めるために】

1) 佐伯年詩雄「脱規律訓練をのぞむ未完のプロジェクト」全国体育学習研究会編『「楽しい体育」の豊かな可能性を拓く』明和出版, 2008 年, pp.25-36
　今後の体育を考える理論的根拠として，運動と人間の関係，社会変化と運動需要，生涯学習論と生涯スポーツ論など，本書でも触れてきた重要事項の関係性が詳しく解説されている。

2) 高橋健夫「体育科の目的・目標論」竹田清彦・高橋健夫ほか編著『体育科教育学の探究』大修館書店, 1997 年, pp.17-40
　体育の目標について，我が国の学習指導要領，民間教育研究団体の主張，諸外国の見解など，さまざまな考え方が紹介されており，また，そこでの議論の焦点も整理されているので，初学者の理解にとって役立つと思われる。

3) 鈴木秀人・越川茂樹「諸外国に見られる『スポーツ教育』をめぐる見解の検討—

新たな理論モデルにおける運動の手段的な価値のとらえ方に焦点を当てて──」
『鹿児島大学教育学部教育実践研究紀要』4号，1994年，pp.111-130
本書で紹介したアーノルドをはじめ，ドイツのグルーペ，アメリカのシーデントップといった研究者たちの，運動の手段的な価値のとらえ方に関する見解を詳しく紹介している。

4) 永島惇正「体育の目標」宇土正彦・高島稔ほか編著『新訂 体育科教育法講義』大修館書店，2000年，pp.41-48
体育の社会的役割を，子どもの現在と将来に対する役割に分けたうえで，体育の目標を構造化という概念を用いて示している。本書でも取り上げた，中心的目標と周辺的目標というとらえ方を理解するうえで有益である。

【第Ⅰ章・引用文献】

朝日新聞「100キロ走破目指すちびっ子走者続出に警鐘（インド）」2006年10月13日付

井上健「1. 子どもの生活と遊び」『モノグラフ・小学生ナウ』19巻1号，ベネッセコーポレーション，1999年．pp.14-24

宇土正彦ほか『体育科教育法入門』大修館書店，1983年

宇土正彦・高島稔ほか編著『新訂体育科教育法講義』大修館書店，2000年

大河内保雪「体力づくり運動の展開」『学校体育』45巻2号，1992年

岡崎勝『身体教育の神話と構造』れんが書房新社，1987年

岡沢祥訓・北真佐美・諏訪祐一郎「運動有能感の構造とその発達及び性差に関する研究」『スポーツ教育学研究』16巻2号，1996年，pp.145-155.

カイヨワ，R.(清水幾太郎・霧生和夫訳)『遊びと人間』岩波書店，1970年

鹿島敬子・杉原　隆「運動好きの体育嫌い」『学校体育』47巻6号，1994年，pp.68-74

グルーペ，O.(永島惇正・岡出美則ほか訳)『文化としてのスポーツ』ベースボール・マガジン社，1997年

健康・栄養情報研究会『国民健康・栄養の現状──平成17年厚生労働省国民健康・栄養調査報告より』第一出版，2008年

厚生労働省健康局『平成17年　国民健康・栄養調査結果の概要』2007年

国立教育政策研究所編『算数・数学教育の国際比較：国際数学・理科教育動向調査の2003年調査報告書：TIMSS 2003』ぎょうせい，2005年

国立女性教育会館『家庭教育に関する国際比較調査報告書』2006年

小松恒誠「竹之下休蔵の学校体育論に関する研究──戦前・戦時下から戦後への転換に着目して」東京学芸大学大学院教育学研究科修士論文，2017年

佐伯聰夫「文化としてのスポーツとその指導」勝部篤美・粂野豊編『コーチのためのスポーツ人間学』大修館書店，1981年，pp.203-242

佐伯年詩雄『これからの体育を学ぶ人のために』世界思想社，2006年

清水諭「係留される身体～身体加工の装置としての学校と消費社会における身体」杉本厚夫編『体育教育を学ぶ人のために』世界思想社，2001年，pp.81-101

杉原隆『運動指導の心理学』大修館書店，2003年

鈴木明哲「大正自由教育における体育の復興と再評価について──戦後への連続性と自主改革の観点か

　ら」『体育の科学』47 巻 10 号，1997 年，pp.809-814

スポーツ庁「平成 27 年度全国体力・運動能力，運動習慣等調査報告書」2015 年

スポーツ庁「平成 28 年度全国体力・運動能力等調査結果」2016 年

仙田満『子どもとあそび』岩波書店，1992 年

高津勝「日本近代体育・スポーツ史研究における歴史意識と歴史像」『体育史の探求』岸野雄三教授退官記念論集刊行会，1982 年，pp.371-389

竹之下休蔵「体育科指導案の変遷」『新体育』30 巻 12 号，1960 年，pp.23-29

竹之下休蔵「戦後学校体育の歩みと当面する課題～産業社会から脱工業社会へ」『体育科教育』26 巻 12 号，1978 年，pp.9-13

竹之下休蔵・宇土正彦編『小学校体育の学習と指導』光文書院，1982 年

竹之下休蔵・宇土正彦ほか『戦後体育実践の成果と展望』『体育科教育』35 巻 9 号，1987 年，pp.123-133

友添秀則「B 型学習論の背景」中村敏雄編『戦後体育実践論 第 1 巻』創文企画，1997 年，pp.229-246

永島惇正「体育の目標」宇土正彦・高島稔ほか編『新訂体育科教育法講義』大修館書店，2000 年，pp.41-48

中野光『大正自由教育の研究』黎明書房，1968 年

成田十次郎ほか『スポーツと教育の歴史』不昧堂出版，1988 年

波多野義郎・中村精男「『運動ぎらい』の生成秩序に関する事例研究」『体育学研究』26 巻 3 号，1981 年，pp.177-187

ホイジンガ，J.（高橋英夫訳）『ホモ・ルーデンス』中公文庫，1973 年

真木悠介『人間解放の理論のために』筑摩書房，1973 年

松村明編『大辞林』三省堂，2006 年

文部科学省『平成 19 年度　学校基本調査報告書　初等中等教育機関　専修学校・各種学校編』2007 年

文部科学省『子どもの学校外での学習活動に関する実態調査報告』2008 年

文部科学省「平成 26 年度全国体力・運動能力，運動習慣等調査報告書」2014 年

文部科学省初等中等教育局児童生徒課『生徒指導上の諸問題の現状と文部科学省の施策について』2008 年

文部省『学校体育指導要綱』東京書籍，1947 年

文部省『小学校学習指導要領』大蔵省印刷局，1968 年

山口泰雄「世界の生涯スポーツの潮流」池田勝編著『生涯スポーツの社会経済学』杏林書院，2002 年

米川直樹「体育授業の好感度」『体育の科学』53 巻 12 号，2003 年，pp.921-924

Arnold, P.J., Meaning in Movement, Sport and Physical Education, Heinemen, 1979.

Arnold, P.J., *Education, Movement and the Curriculum*, Falmer Press, 1988.

Bronfenbrenner, U., *The Ecology of Human Development–Experiments by Nature and Design,* Harvard University Press, 1979.（磯貝芳郎・福富護訳『人間発達の生態学―発達心理学への挑戦』川島書店，1996 年）

Department of Education and Science, National Curriculum Physical Education Working Group Interim Report, HMSO, 1991.

Miyaguchi, K., Demura, S., Sugiura, H., Uchiyama, M., Noda, M., Development of Various Reaction Abilities and Their Relationships With Favorite Play Activities in Preschool Children. *The Journal of Strength & Conditioning Research*, Vol.27, Issue10, 2013, pp.2791-2799.

Siedentop, D., *Physical Education Introductory Analysis*, W.C.Brown Company Publishers, 1972.（前川峯雄監訳，高橋健夫訳『楽しい体育の創造』大修館書店，1981 年）

体育は何を教えるのか？

── その内容について考える

はじめに

　体育では何を教えるのか？そう問われれば，多くの人が「運動を教える」あるいは「スポーツを教える」などと答えるだろう。実際，小学校の体育授業でも，跳び箱運動，サッカー，水泳…と，まさにさまざまな運動が教えられているわけだから，そういった答はとりあえず間違ってはいないのかもしれない。

　しかしながら体育の内容が運動だとはいっても，戦前の体育，戦後の体育，そして現在の体育の内容が同じである，とは決して言えないはずである。第Ⅰ章で詳しくみたように，各々の時代における人間と運動の関係のあり方の違いは，体育授業で行う運動が子どもにとってもつ意味をそれぞれに異なるものとし，体育で子どもたちが学ぶ内容の明らかな違いを導いてきたからである。たとえ同じ鉄棒運動が教えられるとしても，体力をつけるために鉄棒を行う授業や努力すればできることを学ぶために鉄棒を行う授業と，運動それ自体の楽しさを求めて鉄棒を行う授業では，体育の内容は同じではないということである。

　そういった意味で，現在のそして将来の体育が教えていこうとする内容は，そこでの，運動の本質的な価値を学習して運動の文化的な享受能力を育むという中心的な目標から考えてみて，子どもにとって学ぶ意味のある運動こそを体育の内容としなければならないはずである。

　そこで，体育の内容について考える第Ⅱ章ではまず，それぞれの運動に特有の性質である特性を，子どもたちからみて学ぶ意味のある運動という観点から検討し，また，それにもとづいて多種多様に存在する運動の分類を行うことによって，体育の内容を考える基礎を確認する。一般に体育の内容は，しばしば運動の技術や作戦，ルールやマナーといった要素に矮小化されてしまいがちであるが，それらとは異なる視点から体育の内容を考えるための作業である。

　そのうえで，子どもたちが体育で学ぶ内容を明らかにしつつ，それを体育のカリキュラムとして具体化していくために必要な検討を行うことにしよう。

（鈴木秀人）

1. 運動の特性と分類

1.1 運動の特性

① なぜ運動の特性が問題にされるのか

■ 運動に特有の性質を考える3つの観点

　体育は人間と運動の関係を問題にする教育であり，しかも，そこで取り上げられる運動は実に多様である。この多様性は，ある運動と他の運動を区別する特有の性質＝特性によって生まれるものである。ただ，運動の特性と一口に言っても，それぞれの運動にある特有の性質を，どのような観点からみるかによって，異なる特性のとらえ方が考えられてきた。運動が心身の発達に与える効果に着目した「効果的特性」，運動の形式や技術の仕組みに着目した「構造的特性」，そして運動がそれを行う人の欲求や必要を充足する機能に着目した「機能的特性」という3つは，よく知られる特性のとらえ方である。

　体育が運動を主たる内容とするからには，そこで教えられる運動の特性に教師から関心が向けられるのは当たり前のことではある。しかし，現在は「機能的特性」を中心に語られることが多い運動の特性も，過去の体育においては，先に上げた3つの特性のとらえ方で言えば，もっぱら効果的特性や構造的特性を教師は問題にしてきたと理解できることには注意しておきたい。

■ 運動の特性のとらえ方と体育の目標との関わり

　このように，体育で教える運動の特性をどのような観点から問うのかが相違してくるのは，そこで体育がめざす目標の違いと関わって生じているわけである。たとえば，戦後の「運動による教育」としての体育では，運動を手段にして子どもたちの全人的な発達を促すことを目標としたからこそ，運動が子どもの心身の発達に対して与える効果を教師は問題にしたのであったし，あくまでも手段であった運動は，子どもたちからみた楽しさといった観点からは検討さ

れることはなく，技術，ルール，マナーといった運動を構成する諸々の要素が
そのまま体育の内容として想定され，なかでも具体的な活動の対象となりやす
い運動技術の構造が問題にされたということなのである。

　したがって，機能的特性を中心に運動の特性が問題にされているという現在
の体育授業づくりにみられる特性のとらえ方も，現在の体育がめざす目標との
関わりにおいて必要とされたものと言える。そこで，このように体育授業を構
想していく際にどうして機能的特性という観点から運動の特性がとらえられる
ようになったのか，その歴史的経緯をふりかえってみる。

■ スポーツとは何かを問う

　すでに第Ⅰ章でみたように，現在の体育の考え方は，それ以前の戦後の体育
である「運動による教育」の考え方を乗り越えていく先に構想されているもの
である。我が国の代表的な体育授業の研究者であった竹之下休蔵は，この過程
を体育の「転換」というキーワードを用いて先導した人物として広く知られて
いる。そこで，以下ではこの時期に竹之下が教育現場の教師達に対して提示し
たいくつかの見解を手がかりにして，機能的特性という観点から運動の特性が
問題にされるようになった経緯をたどってみたい。

　竹之下は，1960 年代の半ば以降，体力主義や技術主義の影響が強かった当
時の我が国の体育授業に対して，「卒業後の生活とつながらない学校のスポー
ツ」(竹之下，1968：p.17) という問題を明確に見出していく。そして，こういっ
た体育授業を変えていくためには，そこで教えるスポーツとはそもそも人間に
とって何なのかを明らかにしなければならないのであり，かかる根本的な検討
から出発して，体育授業のあり方を改めて考えてみる必要があることを教師た
ちに訴えていった。この竹之下の問題意識を背後で支えたのが，ホイジンガや
カイヨワによるプレイ論であり，竹之下はそこに拠り所を求めつつ，スポーツ
とは何かという問いに対する答を探っていったのである。

　第Ⅰ章でも触れたが，ホイジンガは，遊びとは何かのためではなく，そこに
ある面白さを求めて行われる活動であるとみたわけだが，竹之下は，この遊び
の自己目的性をスポーツにも見出したのであった。人間にとってスポーツは，

行うことそれ自体を目的とするプレイであると見なしたこの認識こそ，体育の授業においてそれまでは手段として位置づけられていた運動を，子どもからみて行うことそれ自体を目的とする活動としてとらえるという見方を導くことになった原点である。

■ **新たな運動の特性のとらえ方**

竹之下は1968年に，「スポーツを教育の手段・体力をつける手段に使うというのが体育なのか，スポーツとは何かということを教えるいわば目的としてのスポーツというものを学びとらせるということが体育なのか」(竹之下，1968：p.18)と教師たちに問いかけているが，ここに，手段ではなく目的としてスポーツをとらえ，そういった子どもと運動との関係を核に体育の授業をつくっていこうという，現在の体育に発展していく方向性を読み取ることができる。

このような子どもと運動の関係をめぐる新しい認識は，運動を手段としたがゆえに問題としてきた効果的特性や構造的特性とは異なる，新たな運動の特性のとらえ方を体育の授業づくりにおいて必要とすることになる。なぜならば，自己目的的な活動としての運動を教師が教えようとするのならば，子どもからみて，そこでの運動にはどのような面白さや楽しさがあるのかを教師が考えなければならなくなるからである。機能的特性という新たな運動の特性のとらえ方は，まさにこの時に考えだされるのである。　　　　　　　　　　（鈴木秀人）

② 機能的特性というとらえ方

■ **運動の特性のとらえ方と具体化される授業の違い**

実際，どのような観点から運動の特性をとらえて学習指導を計画していくのかによって，具体化される体育授業の姿は異なってくる。たとえば，同じサッカーを取り上げる授業でも，サッカーの効果的特性に焦点を当てた場合，授業はサッカーを主に運動刺激として用いることにより，体力づくり中心の授業となるし，また，構造的特性に焦点が当てられると，キックやドリブルやシュートといった個人技術や，それらを組み合わせて構成される集団技術を段階的に習得させるような，技術習得中心の授業となってくるだろう。

これらの授業のひとつの大きな問題は，サッカーを行うプレイヤーとしての子どもたちにとって，サッカーの面白さや楽しさの学習がきちんと位置づけられないということである。そこで機能的特性に焦点を当てると，サッカーという運動に内在すると考えられる欲求を充足する機能を重視することになるから，ゲームを柱にした学習活動が計画され，サッカーでしか得られない面白さや楽しさを学習していくという授業づくりが進められるのである。

■ あらためて教師に問われること

　ホイジンガ自身，「遊びの『おもしろさ』は，どんな分析も，どんな論理的解釈も受けつけない」とし，また「おもしろさとは，それ以上根源的な観念に還元させることができないものである」と述べている(ホイジンガ，1973：p.19)わけだから，それぞれの運動に特有の面白さをとらえることはそれほど簡単なことではないのかもしれない。しかしながら，人間にとって遊びが，それを行うプレイヤーとそこでのプレイの仕方との間につくられる経験であることを理解するならば，多くの人々を共通に魅了する各々の運動に特有のおもしろさは，それぞれの運動の仕方の違いの中におおよそみえてくるものでもある。

　ただし，それを固定的なものとして絶対視するのではなく，機能的特性は，プレイヤーがその運動にどのような意味を見出して行うのかを問題にしている特性のとらえ方であるということを前提に，それまでにはなかったこの斬新な視点を大切にしながら，子どもたちにとって体育で行う運動の面白さを味わうという方向で，そこでの学習が限りなくプレイに近い経験となることを計画していく手がかりとすることが，教師には求められるだろう。

　ここで明らかにしたように，機能的特性という運動の特性のとらえ方は，人間にとって運動とは何かを問う問題意識から発したものであった。つまり，そのような観点から体育の授業で取り上げる運動をみるということは，授業をつくる一人ひとりの教師に，自身は運動をどのような文化としてとらえてきたのかを問いなおしてみることを要求するものでもある。　　　　　　(鈴木秀人)

【さらに学習を深めるために】

1) 永島惇正「体育科における運動手段論から運動内容論への転換に関する一考察・その1～竹之下休蔵における昭和40年代の思索過程を手がかりに～」『東京学芸大学紀要5部門』35号，1983年，pp.209-218
本書で取り上げた，新たな運動の特性のとらえ方の提唱に至る時期の竹之下休蔵の思索過程が，民間教育研究団体の研究集録を主たる資料として詳細にフォローされている。

2) 松田恵示「運動の特性を生かした学習指導」中村敏雄編『戦後体育実践論第3巻』創文企画，1998年，pp.83-94
体育の授業において，運動の特性を問題にするということが問おうとした学習観について詳細な検討が加えられており，授業づくりとの関係でそこで何が検討されるべきなのかを考える手がかりとなる。

1.2　運動の分類

① 機能的特性にもとづく運動の分類

■ 分類の基本的な枠組み

　さて，ここからは機能的特性にもとづく運動の分類へ話を進めていくことにしよう。先に述べたような思索を積み重ねつつ，新たな運動の特性のとらえ方を探っていた竹之下は，「人々の多くは楽しみと必要を兼ねて運動する」(竹之下，1978：p.13)という社会における運動需要のあり方と対応させる形で，とくに自己目的的な活動としてのスポーツと，身体的な目的を達成するための手段としての体操の違いを問題にしていた。そしてこの点をめぐる検討は，この2つの運動の発生にみられる違いという視点も加えて，やがて，何かに挑戦したいとか何かに変身したいというような欲求を充足する機能をもつ運動(スポーツ，ダンス)と，身体の健康を維持改善する必要を充足する機能をもつ運動(体操)に人間が行うさまざまな運動を大別する，機能的特性にもとづく運動分類論の最も大枠のカテゴリーを形成することにつながっていく。

　この機能的特性にもとづく運動の分類は，竹之下のもとに集まった佐伯聰夫をはじめとする研究同人たちによって，1980年代前半にかけてより精緻化さ

れていった。その際に，大きな示唆を与えた見解として，カイヨワの次の見解を忘れることはできない。それは，遊びを行う人の心理的態度が主にどこに向いているのかを基準にして，遊びを分類したものである。カイヨワはこの基準を用いることで，人間が行う種々さまざまな遊びを，競争の遊び＝アゴーン，偶然に身を委ねる遊び＝アレア，模倣変身の遊び＝ミミクリー，めまいを追求する遊び＝イリンクスといった形で，図表2-1に表されるような4つに分類したのである（カイヨワ，1970：pp.15-55）。

図表2-1　カイヨワの分類した4つの遊び

	アゴーン（競争）		アレア（機会）	ミミクリー（模擬）	イリンクス（眩暈）
パイディア↑ 喧騒 混乱 哄笑 凧揚げ 穴送り ペイシェンス クロスワード・パズル ↓ルドゥス	ルールのない 陸上競技 ボクシング，ビリヤード フェンシング， 　チェッカー サッカー，チェス スポーツ競技一般	競争 闘争 など	番決め唄 表か裏か 賭け ルーレット 宝籤（単式，複式，繰越式）	子供の物真似 幻想の遊び 人形遊び 玩具の武具 仮面，変装 演劇 一般のスペクタクル芸術	子供のくるくる回り 回転木馬 ブランコ ワルツ ボラドレス，祭りの見世物 スキー 登山 綱渡り

注）どの欄においても，いろいろな遊びは，大体のところ，上から下へ，パイディアの要素が減り，ルドゥスの要素が増す順序に従って並べてある。
出所）カイヨワ，1970：p.50 より

　かかる遊びの分類は，人間がなぜさまざまな遊びに向かうのか，その原動力を説明するうえで有効な視点を提示するとともに，プレイとしての運動を教えようという立場から体育の授業を計画しようとする際に，子どもたちが運動へ向かう原動力を考える重要な手がかりともなり，そこで教師が問題にしなければならない運動の面白さ・楽しさという観点からとらえた運動の特性を説明する基盤を提供したのである。

■ 欲求充足の運動の分類

　カイヨワの分類に依拠すれば，スポーツはアゴーン，ダンスはミミクリーの

遊びとしてその面白さや楽しさを説明できる。そこから，先に示した大枠のカテゴリーの一方にある欲求充足の機能をもつ運動は，アゴーンとしてのスポーツとミミクリーとしてのダンスから構成され，さらにスポーツは，他者に挑戦して勝敗を競い合うところに面白さが見出されるもの（競争型），自然や人工の障害に挑戦してそれを克服するところに面白さが見出されるもの（克服型），記録や理想的フォームなどの観念的基準に挑戦してそれを達成するところに面白さが見出されるもの（達成型）という3つに細分されていった。

ダンスについては，その後，定型か非定型か，リズム性を重視するのかイメージ性を重視するのか，という特徴を軸にして4つに細分されるようになり，その結果，図表2-2に表されるよく知られた運動の分類ができあがった。これによって，体育の授業で教える運動は，それを行う子どもからみてどのような面白さや楽しさがある運動なのかが整理され，それを手がかりにしながら，各々の運動に特有の面白さ・楽しさを求め，それを行うこと自体が学習として計画される，現在のような体育授業づくりが進んでいったのである。

図表2-2　機能的特性にもとづく運動の分類

1. **欲求の充足を求めて行われる運動** 　1）挑戦の欲求にもとづくもの──スポーツ 　　① 他人へ挑戦し，勝ち負けを競い合うことが楽しい運動──「競争型」 　　　ア）個人対個人　イ）集団対集団 　　② 自然や人工的に作られた物的障害へ挑戦し，それを克服することが楽しい運動 　　　──「克服型」 　　③ 記録やフォーム等の観念的に定めた基準に挑戦し，それを達成することが楽しい 　　　運動──「達成型」 　2）模倣・変身の欲求にもとづくもの─表現運動・ダンス 　　① リズムを手がかりにし，それに対応し，自由に動くことが楽しい運動──「リズム型」 　　② リズミカルな動きを自由に工夫し，イメージ・対象を模倣，表現することが楽しい 　　　運動──「創作型」 　　③ 構成されているリズミカルな動きで変身し，イメージ・対象を模倣，表現すること 　　　が楽しい運動──「民族舞踊型」 　　④ 構成されているリズミカルな動きで，相手と対応することが楽しい運動──「社交型」 2. **必要の充足を求めて行われる運動──体操** 　からだの必要の種類に応じて分類される。

出所）宇土正彦編，1987：p.75を一部修正

■ 必要充足の運動について

　大枠のカテゴリーのもう一方である，必要充足の機能をもつ運動についても触れておかなければならない。ここには，身体の必要を充たす機能を担って歴史的にある時期に人工的につくり出された運動である体操がおかれている。しかし，プレイ論に学びながらそれぞれの運動が子どもにとって学ぶ意味のあるものとして考えていこうとすると，どうしても面白さや楽しさを求めて行われる欲求充足の運動が体育の内容の中心になりがちな面もあって，必要充足の運動についてはその考え方についても，また実際の授業づくりについても，研究は低調であったと言える。

　その授業のあり方としては，「必要性の理解を基礎にし，その充足の方法論を知識と技術として学習し，実践できるようにすることが大切である。」（佐伯，2006：p.89）といった方向性は示されていたものの，とくに小学校では，必要性の理解の学習が成立するかどうかについて確信がもてないこともあって，必要の充足は，スポーツやダンスの学習の結果として得られるといった形で片づけてしまってきた現状もみられた。

　だがそのような解釈は，必要の充足を，言わばスポーツやダンスを行うための体力づくりに矮小化してしまっているから成立するとも言える。運動の文化的な享受能力を育むという体育の中心的な目標から考えた場合，運動の文化的享受に相応しい健康という視点から積極的な意味を見出しうる運動として，もう一度，必要充足の運動については検討してみる必要がある。本書の実践例にある長い距離を走る運動やラジオ体操の実践は，かかる視点から取り組まれた先駆的な授業と言える。そしてそれは同時に，アゴーンとしてのスポーツでもなくミミクリーとしてのダンスでもない運動の，人間にとっての意味を問いなおしてみる作業でもある。

■ 分類論を授業づくりへ活かしていくうえで

　しかしながらこういった検討を経たうえでもなお，機能的特性にもとづく運動の分類を絶対視してしまうことは避けなければならない。というのも，授業で教える運動の意味をこの分類に対応させて固定化してしまうと，子どもと運

動の関係を考える前に，それぞれの運動を競争型とか達成型という枠に閉じ込めてしまう危険性がそこには常に潜在するからである。

　教師には，ある運動を競争型とか達成型といったようにオートマティックに対応させてしまうのではなくて，教える子どもたちの実態からみた時に，子どもたちにとってプレイとなるようなこの運動のあり方とは，どのような特性で押さえることができる活動になるかを考えることこそが必要なのである。したがって機能的特性にもとづく運動の分類は，運動そのものの分類というよりも，それを行うプレイヤーが，どういった意味を見出してそれぞれの運動に関わるのか，言わばその関わり方・楽しみ方を整理したものと言えるだろう。

　そこを理解したうえで，より具体的な作業としては，学習のスタートはどのような活動をして，それがどのように発展していき，その後にどういった方向でまとめに向かっていくと，どの子どももその運動に特有の面白さや楽しさを学ぶことができるのかを考えることになる。このようにみてくると，運動の機能的特性の一般的な押さえの次に位置づけられる，子どもからみた特性のとらえなおしというステップが，体育の授業づくりにおいて，一人ひとりの子どもが運動とそれぞれに意味のある関係をつくっていく際の，最も中核となるアプローチであることがわかるのである。

（鈴木秀人）

② ボールゲームの分類論
■ ボールゲームの選定における問題点

　先に述べられたように，機能的特性にもとづいて，ある運動を競争型とか達成型とかと教師の目線から限定することは避けなければいけない。仮に，教師が「この運動は競争型だ」として体育授業を行ったとき，もし記録の達成に目を向けて楽しんでいる子どもがいたとしたら，その楽しみ方は否定されかねないからである。運動の楽しみ方は実に多様であり，運動と子どもの意味のある関係を創ろうとする体育授業では，「何を教えるのか」という教師目線よりも「何を学んでいるのか（学ぼうとしているのか）」という子どもの立場を大切にした学習が展開されるべきである。子どもにとって人気がある運動のボール

ゲームについても同様のことが言える。

　それぞれのボールゲームには，特有の「面白さ」がある。その面白さに導かれて人はボールゲームを行うのであるし，体育授業における子どもも目の前にあるボールゲームが面白いから没頭して楽しむのである。しかしながら，これらのボールゲームを機能的特性論から分類すると，すべてが競争型とされてしまう。これでは，機能的特性論に依拠してボールゲームを実践する場合，どのボールゲームも競争することが面白いという狭い理解で止まることになる。その結果，それぞれのボールゲームがもつ面白さを，教師が十分にとらえきれないままに実践が行われれば，子どもが面白さに触れられない恐れがある。

　さて，近年のボールゲームの実践に目を向けると，2008年に告示された小学校学習指導要領が契機となり，多様なボールゲームの実践が広がっている。ここでは，ある特定のボールゲームを扱うように示すのではなく，中学年，高学年ともにゴール型，ネット型，ベースボール型と3つの「型」が示された。これまで中心的に扱われてきたバスケットボールやサッカーのみを扱うのではなく，それぞれの「型」の中から教師が扱うボールゲームを選定してもよいとしたのである。そして指導要領解説体育編に例示された，タグラグビー，フラッグフットボール，プレルボール，ティーボール以外にも，たとえばセストボール，アルティメット，ネットボールなど，これまで小学校では実践されてこなかった多種多様なボールゲームの授業が行われるようになっている。

　このように，体育授業で扱うボールゲームが多種多様になってきたことは，次々と登場する新しいボールゲームを，十分に検討がなされないままに半ば安易とも言える形で取り上げるという問題を生じさせている（菊，1999：pp.16-18）。実際，指導要領解説体育編にタグラグビーが例示されたから，あるいはプレルボールが例示されたから，とりあえずやってみようという実践が見られるのである。このように，目新しいボールゲームが安易な形で取り上げられている体育の現状は，「多様な種目の中からある種目を選択する際の根拠の欠如という問題意識を顕在化」（武隈，1998：p.31）させているのである。我々教師には，なぜそのボールゲームを扱うのかという根拠を明確にすることが求められ

るはずである。

■ ボールゲームの分類論への注目

　こういった問題を抱える現在のボールゲームの授業づくりにおいて，その扱う根拠を得るうえで注目されているのがボールゲームの分類論である。年間90時間から105時間という限られた体育授業の中で，多種多様なボールゲームをすべて扱うことはできない。そのため，「多様な球技をある形で分類整理できれば，教育的価値のあるものを教材として選択し，配列することができる」(佐藤，1995：p.123)と考えられるのであり，ここにボールゲームの分類論に注目が集まる理由を見出すことができる。

　加えて，近年の学力低下論争に端を発した，いわゆる「体育の学力」をどう培うのかという問題が，ボールゲームの分類論に関心が集まる状況を促している。保護者へのアカウンタビリティを保証するために，ボールゲームで何を学んでいるのかを明確にすべきであるという主張から，ボールゲームの戦術に注目し，その戦術を学習内容の中心に位置づけ，戦術の転移性に着目した分類論も盛んに議論されるようになったのである。

　この代表的なものとして，戦術的行動を視点とした高橋健夫の分類論がある(図表2-3)。この分類の視点は，ボールゲームの学習内容として強調される戦術的行動に置かれている。そのため，戦術的行動を段階的に学ばせるためには，どういった配列でボールゲームを扱うのかを考える点で有用である。たとえば，「戦術的行動の学習という点では，サッカーよりもバスケットボールが先に，バスケットボールよりもハンドボールが先に学習されるべきであろう」(高橋，1993：p.21)と説明されるように，攻守入り乱れ系のシュートゲーム型に分類されたボールゲームは，戦術的行動やボール操作の容易さによってカリキュラム上の配列を考えることができるとされるのである。

　高橋の他にも，戦術の「動きの形」を視点とした佐藤靖の分類論，ゲーム構造を視点とした鈴木理らの分類論などがある。また，戦術を視点としたドイツのG. シュティラーの分類論，ゲームの基本理念を視点とした同じくドイツのH. デブラーの分類論，そして，戦術的特性を視点としたイギリスのL. アーモ

図表2-3 集団的球技の分類

Ⅰ **攻守入り乱れ系**
 ① シュートゲーム型
   運動例……ハンドボール，バスケットボール，サッカー，ホッケー，セストボール，
       ポートボールなど
   特　徴……敵味方が入り乱れてボールを奪い合い，パスやドリブルを用いてゴール
       にシュートすることが中心的な課題になる。この課題を主として手で行う
       か，足で行うか，ラケットやステッキで行うかによって，またゴールの形
       によって多様なスポーツに分かれるが，その戦術的行動では類似するとこ
       ろは多い。
 ② 陣取りゲーム型
   運動例……ラグビー，アメリカンフットボール，タッチフットボールなど
   特　徴……敵味方が入り乱れてボールを奪い合い，パスを用いてゴールにボールを持
       ち運ぶことが中心的な課題になる。シュート型の運動とは異なった陣取り
       のための戦術が意義をもつ。また，ゲームの中断の後，1回1回明確な戦
       術の組立てが可能であり，戦術的行動がゲームの中核的役割を果たすとい
       うところにも大きな特徴がある。
Ⅱ **攻守分離系**
 ① 連携プレイ型
   運動例……バレーボール，コルブボール，プレルボール，インディアカ(ドッジボール)
   特　徴……敵味方のコートがネットやラインで区切られており，攻守がはっきりして
       いる。したがって，1回1回自陣内での防御や攻撃の組立てが可能にな
       る。レシーブ，パス，トス，アタックが基本的な連携プレイである。
 ② 攻守一体プレイ型
   運動例……テニス，バドミントン，卓球，スカッシュ，ラケットボール(天大中小)
   特　徴……敵味方のコートがネットやラインで区分されているが，攻守が一体化して
       展開され，自陣内での複数人数での組立が許されない。通常，ラケットを
       用いて行われ，チームは一人ないし二人であり，対人スポーツとしてカテ
       ゴライズされることが多い。個人的な技術や戦術の占める部分が強い。
Ⅲ **攻守交代系**
   運動例……野球，ソフトボール，フットベースボール，ハンドベースボール(取りっ
       こ，蹴りっこ，ならびっこ：たまご割りサッカー)
   特　徴……中心的な攻撃は一人で打つ，蹴る，投げるなどの個人的技術によって行わ
       れ，走塁して得点を得る。防御は複数の人数で行われ，捕球，送球の技術
       を用いて行われる。

出所)高橋健夫，1993：p.21

ンドの分類論など，ボールゲームの分類論は海外においても盛んに議論されて
きた。しかし，国内外の多くの分類論を注意深く見てみると，あることに気づ
かされる。それは，多くの分類の視点が戦術に置かれており，その戦術こそが

体育授業で学ぶべき学習内容ととらえられている点である。

■「楽しみ方，行い方」に注目した分類論

　もちろん，ボールゲームの戦術は大切な学習内容のひとつではある。しかしながら，それは子どもが体育授業のボールゲームで学ぶ唯一のものではない。ゲームの面白さを味わうための戦術はもちろんのこと，場の設定や用具の準備，ルールやマナーの学習，仲間との関わり方といったボールゲームに関わるすべてを学習内容としてとらえ，その楽しみ方，行い方を学ぶことが大切なのであり，それらを含めてボールゲームの分類を検討する必要があると考えられる。そこで，図表2-4に示した武隈が行ったボールゲームの分類をもとにひとつの提案をしてみたい。

　武隈はボールゲームの学習内容を，ボールゲームの戦術や技能を競い合う楽しさを保障する楽しみ方や学び方ととらえた。その点が，学習内容を戦術と限定している他のボールゲームの分類論と異なるところであり，武隈はさまざまなボールゲームの競争の仕方に注目し，その楽しみ方と学び方を学ぶという視点からボールゲームの分類を行ったのである。この分類の有用な点は，大きく分類した4つの「系」を7つの「型」として下位分類したところにある。このように示すことにより，ある特定の種目の戦術や技術を学ぶというのではなく，いくつかある競争のタイプの中からボールゲームを選定し，そのゲームの楽しみ方・学び方を学ぶことができるのである。

　ところで，これまでの体育におけるボールゲームの学習は，多様な運動経験を必要としている子どもに対して，ここに示されるような多くの「型」の学習を保障してきたであろうか。図表2-4を見れば，ポートボールやバスケットボールに代表される投捕ゴール型とラインサッカーやサッカーに代表される蹴球ゴール型の2

図表2-4　ボールゲームの分類

1. 攻守分離系	1-1 集団ネット型
	1-2 対人ネット型
2. 攻守混合系	2-1 投捕ゴール型
	2-2 蹴球ゴール型
	2-3 陣取ゴール型
3. 攻守交代系	3-1 ベースボール型
4. 攻撃交代系	4-1 的当て型

出所）武隈晃，1999：p.25

つの「型」が中心となって，これまでのボールゲームの授業づくりが進められてきたことは明らかである。

　加えて，武隈の分類からは，攻守分離系の対人ネット型(卓球，バドミントン，テニスなど)や，攻守混合系の陣取ゴール型(タグラグビー，フラッグフットボールなど)は，以前の小学校の体育授業にはほとんど位置づけられてこなかったことにも気づかされる。2008年に示された学習指導要領解説体育編に例示されたことにより，タグラグビーやフラッグフットボールといった陣取ゴール型の実践は広がったが，それぞれの面白さを十分味わわせているとは言いがたい実践もある。また，2017年に告示された学習指導要領解説体育編では，ネット型ゲームとしてバドミントンやテニスといった対人ネット型のボールゲームも新たに例示された。今後ますます，これらの「型」に属するボールゲームを体育授業で扱っていく可能性を探っていく必要があると言えるのではないだろうか。また，機能的特性論からボールゲームを分類すると，すべてが競争型とされてしまうことは先に述べた通りであるが，武隈が行ったこの分類は競争の楽しみ方が整理されており，それぞれのボールゲームの競争の「何が面白いのか」ということを整理する1つの指標ともなると考えられる。

■ ボールゲームの分類論への期待

　これまでの小学校体育におけるボールゲームの学習は，すでに述べたようにバスケットボールやサッカーが中心であった。地域スポーツにおけるバスケットボールとサッカーの普及は，これらが得意な子どもを学級内に生み出したが，一方では，不得意な子どもも少なくない数存在している。結果，拡大する個人差や男女差の問題を解決できないまま，体育授業におけるボールゲームを楽しめない子どもは増え続けているのである。かかる状況を解決するために我々教師には，バスケットボールやサッカーが不得意で体育におけるボールゲームを楽しめないでいる子どものために，これらの授業を改善していく努力とは別に，多種多様なボールゲームの中からどのような種目を扱うべきであるのかを考えることが，今後ますます重要となるように思われる。

　こういった立場に立ったときに，分類論を活用しながら，たとえばボール操

作の易しさに注目して授業で扱うべき種目を考える必要が生まれていると考えられる。そして，いくつかある中から教師の目的にかなった分類論を拠り所にし，扱うボールゲームの何が面白いのかを明確にしたうえでカリキュラム作成に役立てていけるのであれば，体育におけるボールゲームの学習は，子どもにとってより豊かなものになるはずである。 (佐藤善人)

③ ボールゲームの分類論からの示唆
■ 授業づくりに活かすという視点

さて，これまでに紹介されたボールゲームの分類論についての理解は，実際の授業づくりにどのように結びつけられるだろうか？ここでは，授業づくりに活かすという視点から，分類論から得られる示唆を考えてみることにしよう。

たとえば，図表2-4に示された分類では，攻守分離系はバレーボールなどの集団ネット型とテニスなどの対人ネット型に分けられている。そして，図表2-3の分類でも攻守分離系はそれと同じように種目が分けられているものの，バレーボール等とテニス等を分ける基準は集団か対人かではなく，分離しているがゆえに相手にじゃまされることのない自陣コート内での連携プレーがあるかないかに置かれている。

この点を押さえると，小学校のソフトバレーボールの授業で頻発するいわゆる「一発返し」のプレーに対し，教師がどのような指導をすべきかが見えてこないだろうか。

小学校のソフトバレーボール。コート内からのサーブOKというルールも必要なことが多い

■「一発返し」はなぜいけないのか？

相手のサーブやスパイクを拾うレシーブがそのまま相手コートに返される一発返しは，もちろんレシーブの技術が安定していない段階でもよく見られる

が，授業の中でより問題として現れやすいのは，味方同士で連携すると起こる失敗を避けようとして，上手な子がゲームに勝たんがために相手のサーブやスパイクをとにかく自分で打ち返してしまうという状況が続くことである。

　この時，教師はそれを指導の対象とするが，それはしばしば，他の子がボールに触れないワンマンプレーだからよくないという理由で行われる場合が少なくない。そこでは，問題は少々道徳的なニュアンスで把握されるのである。

　しかしながら，先述の分類の基準を明確に理解している教師にとっては，一発返しは自分ばかりがボールを独占しているわがままな行為として指導の対象になるのではなく，相手にじゃまされることのない自陣コート内での連携プレーがあるからこそバレーボールは面白いのにもかかわらず，その連携がないという状況は，まだバレーボールの面白さの学習が十分ではないという理由から指導すべき状況となるのである。

■ バレーボールの面白さを学習するために

　このことは，だから最初から連携プレーの練習をして，それからゲームをするという授業をすべきであるということを意味しない。

　バレーボールの面白さを突き詰めて考えてみると，ネットをはさんで自陣コート内では相手にじゃまされないという特徴を最大限利用しながら攻撃を組み立てて，相手に返せないようなボールを手で打って相手コートに送り，相手がそれを返せない時に得点になるという形で勝敗を競い合うところに求めることができる。つまり，バレーボールのゲームの面白さは，ネットをはさんで「返せるか・返せないか」という攻防を繰り広げるところにあるので，ボール扱いが安定しない学習の初期段階では，一発返しを含む何とかしてやっと相手コートへボールを返すというプレーが面白さを学習することにつながっていく。

　だが，その状況が続くのならば，面白さの学習の深まりや発展が見られないということになる。そこで，学習のそれぞれの段階においてバレーボールの面白さを学習するためには，たとえば，初期には相手のサーブやスパイクに対してはワンバウンド OK というルールが返せるか・返せないかという面白さを学習するルールとして有効な場合が多いし，それよりも後の段階では，味方同

士の連携を導きやすくするうえで，触球の回数制限の緩和やレシーブしたボールをセッター役が一瞬時だけキャッチして OK というルールがその時点で返せるか・返せないかという面白さを学習するルールとして有効となる。

　このように，ボールゲームの分類論は，それぞれの種目に特有の面白さを考えていく際の重要な手がかりとなり，それを学習するために，いま目の前の子どもたちに必要なルールの工夫はどのようなものかを授業者自身が検討していく作業へ結ばれていくのである。　　　　　　　　　　　　　　　（鈴木秀人）

【さらに学習を深めるために】

1) 鈴木秀人・永島惇正「『正しい豊かな体育学習』から『楽しい体育』への道のり」全国体育学習研究会編『「楽しい体育」の豊かな可能性を拓く』明和出版，2008年，pp.226-239
　　竹之下休蔵がリーダーシップをとった民間の体育研究団体の実践研究の歴史がまとめられており，本書で紹介した，運動の特性と分類をめぐる竹之下らの思索過程についてより詳しく知ることができる資料である。
2) 佐伯年詩雄『これからの体育を学ぶ人のために』世界思想社，2006年
　　この中の「『楽しい体育』の単元計画の考え方 —— 運動の特性のとらえ方と学習・指導計画」(pp.177-185)において，機能的特性という運動の特性のとらえ方や，子どもからみた特性のとらえなおしを含め，それを学習指導計画に活かしていく手続きについて詳しく説明されている。
3) 高橋健夫「これからの体育授業と教材研究のあり方」『体育科教育』41巻4号，1993年，pp.19-21
　　本論文は，戦術をボールゲームの学習内容としてとらえて分類論を展開した先駆けと言える。ボールゲームの配列が具体例で示されており，戦術をひとつの視点として体育カリキュラムを考えるうえで役立つ。
4) 武隈晃「『ボールゲーム』における分類論の成熟に向けて」『体育科教育』46巻17号，1998年，pp.31-33，「小学校における運動種目選択の考え方」『学校体育』52巻3号，1999年，pp.24-27
　　両論文とも，ボールゲームの楽しみ方や学び方を学習内容として位置づけたうえで，ボールゲームの分類を提案している。他の多くの分類論とは異なり，戦術を視点としておらず，希有かつ貴重な研究である。
5) 廣瀬勝弘・北川隆「球技の分類に関する基礎的研究」『スポーツ教育学研究』19巻1号，1999年，pp.101-111
　　日本や諸外国のボールゲームの分類論を検討するとともに，当時の小学校・中学

校・高等学校学習指導要領で扱われているボールゲームが，それぞれの分類論の
どこに位置づくのかを図で示しながら明らかにしている。本書で取り上げられて
いるボールゲームの分類論に関する基礎的な知識を提供してくれる。

6) 佐藤善人・鈴木秀人「小学校体育におけるタグ・ラグビーに関する一考察─ポー
トボールとの個人技術をめぐる『やさしさ』の比較を中心に─」『体育科教育学
研究』24巻2号，2008年，pp1-11
やさしいボールゲームとして注目されているタグ・ラグビーが，ポートボールと
比較して本当にやさしいと言えるのかどうかを個人技術を中心に検討した論文。
カリキュラムを作成する際には，ボールゲームに対する児童の意識と，実際のプ
レイとしての現象を併せて考えることの必要性を主張している。

7) 鈴木秀人「派生的ボールゲームとしての『タグラグビー』に関する一考察─ラグ
ビーフットボールとの相違点からの検討─」『体育科教育学研究』28巻2号，
2012年，pp.1-14
身体接触がないことが子どもにとって学習する意味であるかのように言われるタ
グラグビーだが，体育の授業でこのボールゲームを学習させる意味は異なるとこ
ろにあることを，もとになっているラグビーとの対比から明らかにしている。

8) 鈴木秀人「ボールゲームの授業を考える」松田恵示・鈴木秀人編『体育科教育』
一藝社，2016年，pp127-138
ルールの工夫に焦点を当て，タグラグビー，ポートボール，バレーボール等々の
実践に見られる問題と改善の方策を提示している。

9) 鈴木秀人「ボールゲームの授業とアクティブ・ラーニングを考える」『体育科教
育』65巻2号，2017年，pp.22-25
学習指導要領の改訂によって導かれているボールゲームの授業に見られる問題を
指摘したうえで，授業づくりの研究を行う意味を改めて問いかけている。

10) 鈴木理「ボールゲームのカリキュラムをどう構成し，どう実施するのか」『体育
科教育』52巻14号，2004年，pp.18-21
ここでは，ボールゲームにおいて，「何が」「どのように」競われているかという
ゲーム構造を視点にして分類が試みられている。

11) 今井茂樹「小学校に攻守一体タイプのネット型ゲームを─ 個が輝くショートテニ
ス＆テニピンの教材創り」『体育科教育』61巻5号，2013年，pp.28-32
小学校では扱われてこなかった対人ネット型のボールゲームの実践が紹介されて
いる。今後，実践が進むであろうネット型ゲームにおけるバドミントンやテニス
を易しくしたボールゲームのあり方を考えるうえで参考になる。

2. 体育の内容

2.1 体育の学習内容

① 教材と学習内容をめぐる議論

■ 用語の使用をめぐる混乱

「教材研究をしっかりしなくては…」,「この教材解釈は間違ってはいないで
しょうか…」といった教師間の会話を耳にすることがある。また,「本時にお
ける学習内容を明確にしないと…」,「児童はどういった学習内容を学び取った
のか…」といった議論が研究授業後の協議会でなされることも多い。しかしな
がら,ここで用いられる「教材」という用語と「学習内容」という用語は,ど
れだけ整理されて使われているのであろうか。ある教師は「分数のたし算とい
う教材を学ぶことが本時の学習内容です」と2つの用語を同義で用い,一方で
ある教師は「文学教材を通して,登場人物の気持ちを考えることを学習内容と
します」と2つの用語を別次元のものとしてとらえて用いており,「教材」と
「学習内容」という用語はその区別が曖昧なままに使われているのが実状であ
る。

このような状況は体育科においても存在しているのであるが,実はこの「教
材」と「学習内容」をめぐる議論を整理することは,体育授業を構想する際に
大変重要な作業となる。そこで,ここではそれぞれの用語が体育科でどのよう
に用いられているのかを明確にし,これらの用語をめぐる議論では何が焦点と
なり,そして何が問題とされているのかを考えることにする。

■ 運動種目を学ぶこと自体が学習内容であるとする立場

体育授業では,扱う運動種目を予め教師が選定し,その運動種目で単元は構
成され,児童は学習することとなる。このように計画された体育授業におい
て,今日も多くの児童が運動と出会いそれを行っている。学校教育という制度

の中で行われている以上，児童が体育授業で何を学んでいるのか，すなわち児童が学び取っている学習内容とは何かが問われるのは当然であろう。

　この体育科における学習内容として，体育授業で行う運動種目を学ぶこと自体を指す立場がある。佐伯は，体育科における学習内容を「児童生徒が体育の授業における様々な経験を通じて，結果として得るすべてのことやもの」（佐伯，1995：p.113）と定義している。この立場では，運動種目の技術・戦術はもちろんのこと，ルールやマナー，場の工夫や仲間とのかかわりといった，体育授業の実践に関わるすべてのことやものが学習内容となる。すなわち，各児童に応じた運動種目の楽しみ方，学び方こそが学習内容であるととらえているのである。

　このように運動をめぐるすべてのことやものを学習内容とする立場は，学校の体育授業だけで児童の運動学習を完結させようとは考えていない。佐伯と同様の見地から永島は，体育授業で学んだ運動種目を生活の中でどのように取り上げ，どのように取り組み楽しむのかをも問題とし，自発的な運動生活の仕方や進め方を学び取ることの必要性を強く主張している（永島，2000：pp.49-59）。つまり，運動種目を学ぶこと自体が学習内容であるとする立場は，学校期の体育授業を生涯スポーツの一時期ととらえ，体育の授業で学んだ学習内容を学校外で即活用したり，将来的に生かしたりすることもねらいとしているのである。

　我が国における体育授業は過去の長い間，体力の育成や社会性の発達などをねらい，運動種目を手段として用いてきたことは第Ⅰ章で述べられてきた通りである。現在では，そのような価値も含みつつ，運動種目を行うこと自体を学習の目標・内容とすることが，児童の現在と未来の生活を豊かにするであろうとされているのである。こういった考え方のもとでは，体育科において自主的・自発的に運動に親しむ児童の育成がめざされているのであり，この立場は運動目的・内容論の体育と言われている。

■ 教材を学習内容習得のための手段とする立場

　他方，「バスケットボールのオフェンスにおけるゴール下の動きを学ぶため

に，ゲームを『3on2』として教材化する」というように，バスケットボールのゲームを児童に学び取らせたい学習内容としての技術・戦術に焦点を当てて加工・修正し，体育授業を行う立場がある。ここでの学習内容とは「ゴール下の攻め方」というバスケットボールの技術・戦術であり，教材とはバスケットボールを加工・修正した「3on2」のゲームのことを指す。

　岩田は，教材づくりについて，素材としてのスポーツ種目や運動遊びを「教え学ばれるべき学習内容を見通しながら，学習者が取り組み，挑戦していく課題として加工・修正すること」(岩田，2006：p.210)であると説明する。つまり，予め教師が設定した学習内容を児童が習得しやすいように改変した運動種目やそこで取り上げる技のことを教材としているのであり，先述の運動種目を学ぶこと自体が学習内容であるとする立場とは，同じ学習内容という用語を使用してはいても，その意味する対象は大きく異なっていると言える。

　この立場が強く主張されるようになった背景には，近年の国際的な学力調査の結果により明らかにされた日本の児童・生徒の学力が低下していること，いわゆる学力低下論争があると思われる。体育科においても，これまでの体育授業では何を学んでいたのかが明確でなく，体育科が児童に保障する力とは何かが議論されるようになってきた。これらのことから，体育授業で何を学んでいるのかを保護者に対して明確に説明する必要があること(アカウンタビリティ)が指摘されている。このことが理由のひとつになって，教師が教えられることに限定した運動種目の技術・戦術を学習内容として明確に示す必要性が強調されているのである。

　こういった動向から，運動種目を学ぶこと自体が学習内容であるとする立場よりも，技術・戦術といった学習内容を獲得するために運動種目を加工・修正したミニゲームやタスクゲームを教材としてとらえて実践する立場が支持される傾向もある。その典型的な例が，昨今のボールゲームの研究や実践にみられる戦術学習である。

■ 教材と学習内容をめぐる議論からみえる課題

　ここまで述べてきたように，運動種目を学ぶこと自体が学習内容であるとす

る立場から体育授業を行うのであれば，その学習内容は広義のものとなり，扱う運動種目に関わるすべてのことやものが学習内容となる。この立場から体育授業を構想するのであれば，教材という用語は用いられることはない。そして，児童がそれぞれの楽しみ方と学び方で学習内容としての運動種目にどのように向き合っていくのかが問題とされ，技術・戦術を含めた運動種目に関わるすべてのことやものを対象として体育授業は計画されるのである。ここでは，生涯スポーツ実践の基礎的能力を育むための体育授業がめざされることになる。

　一方，学ぶべき技術・戦術を学習内容とする立場であれば，そこで指す学習内容は狭義のものであり，その学習内容を習得するために運動種目を加工・修正したものが教材となる。この立場から体育授業を構想するのであれば，技術・戦術という学習内容を児童に習得させることが主なねらいとなるため，技術・戦術中心の体育授業が展開されることになるであろう。

　ところで，佐伯は教材と学習内容の関係について，学習内容が，授業を学習指導過程としてとらえ，そこで児童生徒が学び・習うべきことやものを意味するのに対して，教材は，授業を教授過程としてとらえ，そこで教師が用いる教育手段としての材(財)を意味すると述べたうえで，前者が児童生徒の立場からとらえられる学び・習うことやものであるのに対して，後者は教師の立場からとらえられる教え・授けることやものであるとしている(佐伯，1995：p.113)。教師が体育授業を行うときに，児童の立場に立って計画するのか，もしくは教師の立場に立って計画するのかでは，その授業は自ずと異なったものとなってくるであろう。生涯スポーツ実践の重要性が叫ばれ，より自主的・自発的な運動へのかかわりが人々に期待される昨今，教材と学習内容という用語はこういった意味の違いをも理解したうえで検討されるべきである。この点からも，運動種目を学ぶこと自体が学習内容であるとする立場から体育授業を構想し，実践されることが望まれるのではないだろうか。　　　　　　　　　　　(佐藤善人)

② 体育の内容
■ 体育の目標と内容との関係

　前項でも触れられているように，体育の授業で取り上げるさまざまな運動
は，ある内容を教えていくための材料であって，学習内容とは区別しなければ
ならないとする考え方がある。必然的に，そういった立場の授業における運動
は，一定の内容を習得させていくための教材という位置づけになっていくこと
となる。

　仮に，体育の授業という時間の中だけで運動の学習を考えるならば，こう
いった考え方は，今なお多くの人々が抱く教育的な思考の道筋となじみやすい
面があるかもしれない。しかし，運動を学習するということを，授業の中のこ
とだけではなく，日々の生活にまで意識的に広げて考えてみると，先にみた考
え方では，人間と運動（最も広い意味でのスポーツ）という文化との関係を，真の
意味での学習という姿に具体化できないということに気がつくのではないだろ
うか。そもそも，人間が運動と関係を取り結ぶという行為は，その運動に特有
の魅力に向かうことで成立する。したがってそこで学んでいる内容とは，その
運動に特有の楽しさや面白さを中心にした運動の全体が学習する内容として
らえられるからである。

　こういった学習内容のとらえ方は，教材という役割から体育授業における運
動を言わば解放し，運動そのものを学習の内容として位置づけることを導くと
ともに，体育の目標と内容との関係についても新たな認識を提示することに

ここで学んでいることは技術だけだろうか？

なる。これまで述べてきたように，運動
を子どもたちのさまざまな面での発達を
促す直接的な手段と考える次元を超え，
人間にとって文化としてある運動の本質
的な価値を学ぶ場として体育の授業を構
想する時，そういった授業では，運動を
楽しむというその文化的な享受を目標と
し，楽しさを中心にした運動の全体が内

容となるので，運動それ自体が目標であるとともに内容であると考えられるからである。つまり，目標と内容が一体化してとらえられるということである。

■ 運動という文化と学習する内容

　しかしながら，これまでも，そして現在も，体育の学習は，そこで取り上げる運動の技術や戦術やルールといった，運動という文化の構成要素を学習する場とされることが多いのではないだろうか。体育は，人間と運動の関係を問題にする教育だから，その学習が，まさに運動の技術や戦術やルールを学ぶこととして具体化されるのは当然の成り行きなのかもしれない。これらを学ぶこと自体が体育の授業において否定されたり排除されたりするわけもないが，ここで目を向けてみなければならないと思われるのは，こういった体育の学習経験が積み重ねられていけばいくほど，小学校の低学年の頃には多くの子どもが大好きだった体育の人気は低落していき，それとは逆に，運動することを嫌う子どもたちの数が増えていくという悲しい現実である。

　運動をはじめとして，人間が生み出してこれまでに継承してきた数々の文化は，それについての考え方である観念，それが行われる際の行動の仕方と守らなければならない規範から成る行動様式，それが必要とする独自の物的事物の3つから構成される（佐伯，1985：pp.213-217）。かかる枠組みを視点にみてみると，技術や戦術やルールの学習を中心的な内容とする体育の授業は，運動という文化を構成する3つの要素のなかの，とくに行動様式を学ぶことが体育の学習の中心に据えられたものと考えることができるだろう。しかし，運動の文化的な享受，そしてそれを生涯にわたって継続していくという意味での文化的享受能力を育む，ということから考えると，行動様式を中心にした体育の学習がそれを可能にしていくとは考えにくいのである。

　運動の文化的な享受とその継続には，自分自身にとって運動をすることは大切な価値や意味をもつという観念が形成されることが重要である。たとえば山口泰雄は，「過去のライフステージにおいて，スポーツの楽しさ（フロー）経験をもつと，現在のスポーツ活動の継続につながる」ことを明らかにしている（山口，1993：pp.52-54）が，ここで言われている「楽しさ経験」とは何を意味

しているのか，それは何を学んだことなのかを，体育の内容を考えてみるに当たり，我々は改めて問う必要があるだろう。それは決して，教室での座学から開放されたとか発散できたとかといったような一過性の「楽しさ経験」に終始するものではなくて，運動をすることに価値や意味を見出せるような「楽しさ経験」だったはずである。逆に言えば，運動の技術や戦術やルールをいくら学んでも，そういった意味での学習を欠いてしまって，運動をすることは自分にとって大切な価値や意味をもつという観念が形成されないのならば，その人の運動の文化的な享受は現実のものにはなりえないと言えるのである。

■ 子どもにとって意味のある内容を考える

もちろん，運動という文化の学習は，観念に関する学習，行動様式に関する学習，物的事物に関する学習，といったぐあいに個別に実践できるわけではない。小学生は小学生なりに，運動という文化はそれらの構成要素がまとまった総体として学ばれるからである。ただ，人間の成長が心身の発達に規定される傾向が強い幼児期や児童期には，物的事物に関わる学習，たとえば物や場と関わりながら身体を動かすこと自体が子どもにとって意味のある運動の学習として現実化されやすく，徐々に，行動様式をめぐる学習，たとえば技術や戦術を身につけたりルールを工夫したりすることも，子どもにとって意味のある運動の学習になってゆき，さらに次第に，観念をめぐる学習が運動の学習としてより意味のあるものになってゆくといったように，運動という文化の構成要素は，体育の内容をゆるやかに方向づける指針を提供してくれる。

菊幸一は，このような運動という文化の学習を，小学校・中学校・高等学校という体育カリキュラムの全体構想として，図表 2-5 のように描いてみせている（菊，2008：p.88）が，こういった流れの中に位置づけられる小学校における体育の内容は，そこでの運動の面白さ・楽しさを，物や場やルールの工夫，技術や戦術を身につけながら味わっていくこととして考えられるだろう。言い換えればそれは，運動の機能的特性を十分に味わうことができるように，技術や戦術やルールやマナーといった文化を構成する諸要素を子どもたちなりに組み直し，その運動の丸ごとを今もっている力で楽しめるものにしていくことであ

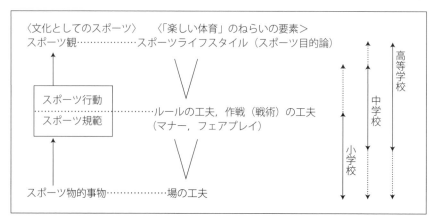

図表 2-5　体育のカリキュラム・デザイン
出所）全国体育学習研究会編『「楽しい体育」の豊かな可能性を拓く』明和出版，2008 年，p.88 より

る。この運動の文化的な享受へ向け，仲間とともに今もっている力で楽しめるように運動を具体的につくりなおしていくことそれ自体が体育の内容であり，それは運動という文化の楽しみ方という視点からもおさえることができる。

　体育の内容をめぐるこの辺りの理解を欠くと，ただ運動をしてはいるけれども，学習が存在しない体育の授業となってしまう。そこには，運動の楽しさをそれぞれの運動に特有の面白さや楽しさとしてとらえようとするのではなく，感情的あるいは情緒的なものとすることで，体育の授業ではただ楽しく身体を動かして運動していればよいとする，運動の学習をめぐる貧しい発想もみえるのである。体育の内容を考えるということは，このような活動はあっても学習がない授業をつくり出さないためにも，授業づくりの重要な検討課題となる。

（鈴木秀人）

【さらに学習を深めるために】

1）佐伯聰夫「体育授業の学習内容」阪田尚彦・高橋健夫ほか『学校体育授業事典』
　　大修館書店，1995 年，pp.113-122
　　体育についての考え方の違いから導かれる学習内容の相違について，我が国の代

表的な体育授業論を取り上げて説明している。体育の内容のとらえ方をめぐり，何が議論の対象になるのかを理解するうえで役に立つ。

2）永島惇正「体育の内容」宇土正彦・高島稔ほか編著『新訂 体育科教育法講義』大修館書店，2000 年，pp.49-59
　運動目的・内容論の立場から学習内容について論述されている。学習者の立場から学習内容を考えたり，運動の取り上げ方を考えたりする際の基礎的な知識を提供してくれる。

3）岩田靖「教材・教具」(社)日本体育学会監修『最新スポーツ科学事典』平凡社，2006 年，pp.209-213
　ここでは，学習内容と文化的素材としての運動とを峻別する立場から，教材や教具の概念について用語の定義がなされている。

4）佐藤善人「体育の『内容』」松田恵示・鈴木秀人編著『体育科教育』一藝社，2016 年，pp.35-46
　体育授業では，「運動生活の学習」と「運動種目の学習」という 2 つの側面から学習内容をとらえることの必要性を述べている。生涯スポーツの実践力を育てるためには，両者を統合して授業を仕組まなくてはならず，その具体例をジョギングの実践で示しており，わかりやすい。

5）山口泰雄「運動・スポーツの阻害要因－社会的要因を探る」『みんなのスポーツ』15 巻 11 号，1993 年，pp.52-54
　日常生活において運動をしない人が運動を避ける理由は何かを論じている。そこでは，体育授業を含む人生の早い時期における運動経験の質が，その後のその人の運動への関わり方を規定することが明らかにされていて，小学校の体育のあり方を考えていくうえで示唆に富む。

6）菊幸一「カリキュラム・イノベーションに向けて」全国体育学習研究会編『「楽しい体育」の豊かな可能性を拓く――』明和出版，2008 年，pp.78-89
　これまでの体育カリキュラムが前提にしてきたものの問題性を論じ，今後の体育の内容を考えていくうえで必要となるであろう視点を提示している。

7）ジャクソン，S.A.・チクセントミハイ，M.（今村浩明・川端雅人ほか訳）『スポーツを楽しむ』世界思想社，2005 年
　自己目的的な活動を説明する概念として広く知られるフローについて，とくにスポーツに焦点を絞って論じたもの。仲間とともに今もっている力で楽しめるように運動を具体的につくりなおしていくことを体育の内容とする時，ここで述べられているフローを導くさまざまなポイントは，それを考えていくうえで有益な手がかりとなるだろう。

2.2 カリキュラムの検討

① カリキュラムとは

■ カリキュラムのさまざまなとらえ方

「カリキュラム」という用語は，今や教育界において日常的に広く使われている。学術上の概念の違いのみならず，教育課程の訳語としての使用や，学校における指導計画を含んだ教育活動の全体的な計画を含めた語，あるいはそれに限った語としての使用など，さまざまな意味で用いられている。

こうした中で，カリキュラムには，制度化されたカリキュラム(学習指導要領など)，計画されたカリキュラム(各学校の年間指導計画)，実践されたカリキュラム(教師が授業で実践するもの)，経験されたカリキュラム(学習者の学びの経験)といった多層性がみられる(田中，2001：pp.22-23)ものの，1970年以降，カリキュラム研究の分野では「教育内容の計画」から「学習経験の履歴」にカリキュラム概念の再定義が行われ，教える側からの一方的なとらえ方ではなく，学習者の立場をもふまえた学びの経験自体の実質をとらえる概念へと，カリキュラムのとらえ方が変わってきている(松下，2000：p.43)。

ちなみに，体育の分野においては，戦後間もない頃すでに，竹之下がカリキュラムについては「子どもたちが学校においてもち得る諸々の学習経験であり，学校の指導の下に児童生徒が学習する有効な経験の総体を組織されたもの」としたうえで，教育活動自体が動的な性格をもっているゆえにカリキュラムも動的なものとしてとらえることが必要である(竹之下，1949：p.1)と指摘している。こうした指摘は現在でも色あせることはないだろう。

■ 体育のカリキュラムを考えるポイント

カリキュラムのとらえかたは依然としてさまざまではあるが，今日の体育学習の方向性とカリキュラム研究の動向や竹之下の理解をふまえると，カリキュラムとは，教師が組織するものではあるが，それは「子どもたちが体験している学びの経験」(佐藤，1996：p.4)の総体ととらえることが妥当である。学習者である子どもの立場からとらえるならば，それは，「教育すべき計画としての競

走路」ではなく「知的・文化的な経験自体を楽しむ旅路」(佐藤，1996：p.31)となることが相応しいと考えられる。学びの経験の総体としてカリキュラムを理解する際には，教師自身が制度的な枠組みから自立し，子どもの学びの経験が教師の予測し教えていること以上の経験であることをわきまえることが必要なのである(佐藤，1996：p.30)。

　また，子どもの学びの経験は学校以外のものということもあり得るし，子どもの学びの経験には，経験されることばかりではなく，経験されないことや以前は経験されていたが次第に経験されなくなっていることもある(溝上，2006：p.158)との理解も大切である。それゆえ，意図的にカリキュラム化しなければ経験される可能性が閉ざされ，子どもの健やかで伸びやかな成長の妨げになる内容もあると考えることが必要ではないだろうか。

　こうした理解のもとで，体育のカリキュラムとは，教師と子どもの創造的な学びの経験の履歴を意味し，教科としての体育の指導計画(年間計画，単元計画，授業案など)といった形で具体化され，授業における子どもの学びの経験としてとらえることとなろう。そして，教師の構想する指導計画としてのそれは，教育理論，学校における教育内容の全体的な計画，社会における人間と運動の関係をめぐる諸理論，子どもの発達をめぐる諸理論，学習論などさまざまな分野の影響を受ける中で，体育科教育学の視点からその構想がまとめられデザインされることが求められる。

■ スコープとシークエンスという視点

　教科において何を，いつ，どのような順序で教えるのか(学ぶのか)という問題はカリキュラムの問題であるが，この点にかかわる重要な概念に「スコープ」と「シークエンス」がある。スコープとシークエンスは，1930年代のアメリカで採用され普及したカリキュラム構成の基本的な枠組みであり，スコープは領域ないしは範囲，シークエンスは系列もしくは配列と訳されている。元々スコープとシークエンスは，子どもの生活経験を重視した経験主義的教育論にもとづくカリキュラム構成の基本的枠組みとして，子どもに与えるべき生活経験内容の領域の選択とそれらの年齢的発達の系列を決定する原理として用

いられてきた（木村，2001：p.21）が，今日ではそうした特定の教育論にこだわらず，どのような領域から学習内容を選び，それをどのような順序で配列していくのかにかかわるカリキュラムを編成する原理として，教科のカリキュラムを編成するうえでも重要とされている。

　さて，カリキュラムの内容をいかにとらえ，一貫した視点から全体的な領域をどのように構成していくかがスコープにかかわる作業の1つである。このようにスコープの検討とは，学習者の学びの経験の一定のまとまりをいかに保障していくのかという視点からなされるものである（長尾，1987：p.85）。それに対してシークエンスは，学習内容を配列することであるが，それは単に学年別に学習内容を配置することだけではない。シークエンスの検討では，学習内容のつながりを考慮することが大切であるし，さらにいうならば，学習内容そのものの吟味も大切な作業となる。学習内容自体をどのような視点からとらえるかが重要なのであり，そのなかで，それを一定のまとまりとして分類していくことがスコープであり，有機的に相互の関連を熟慮し配列しつないでいくのがシークエンスなのである。

　体育のカリキュラムにおけるスコープ論をめぐっては，「1.運動の特性と分類」において内実が示されている。それに従うならば，スコープは学習者にとっての運動の機能的特性から考えられる。そして学習内容は，単に運動の仕方としてのルールや技術を中心として考えられるのではなく，運動のルールや技術が運動それぞれのもっている本質的な意味と結合して学ばれなければならないし，運動への取り組み方，運動の学び方が学習されなければならない（佐伯，1984：p.75）という点が示されている。

　こうした考え方をふまえたうえで，さらに現代の人間と運動の関係に鑑み，「文化としての運動」をどのようにとらえるのか，ならびに現代の教育的課題に体育がどのようにかかわるのかという点を考慮して，今日の体育の役割に向かう学習内容をとらえていくことが大切となる。そして，そこからどのように運動を分類し配列していくかが求められる。こうした手続きの中で，今後，運動分類の枠組みを修正すること，場合によっては新たな運動の分類論を模索す

ることもあり得るのである。また，シークエンスにかかわっては，学習者である子どもならびにプレイヤーである子どもの運動の学びと，健やかで伸びやかな子どもの育ちとの関係性から構想することが重要となる。とりわけ，子どもたちの自発的な運動の意味や価値の探求が，どのように子どもたち自身に身体的，文化的，社会的な「洗練化」をもたらしていくのか，その可能性をカリキュラムの編成の原理としていく（菊，2007：p.89）ことが求められるだろう。

　なお，カリキュラムの編成とは，教育活動の改善における重要な活動の１つでもある。それだけに，その評価をどのように行ってカリキュラム自体の評価を整理するのか，そしてそれをもとにいかにしてその後の実践につなげていくのかといった取り組みが，今後ますます重要視されなくてはならない。

（越川茂樹）

② カリキュラムをめぐる問題
■ 体育の授業づくりとカリキュラムの検討

　一般的にカリキュラムという言葉は，学校あるいは教師の計画の下で，子どもたちが学習していく道筋を指して使われてきた。そこから，教育の目標達成のために教師によって組織された，意図的で計画的な教育の内容をカリキュラムとして考えてきた歴史が長かったのだが，近年では，意図的・計画的でないものにも意識的に視野を広げながら，教師の計画と子どもの経験の相互に関連した集まりとして，子どもが実際に学んでいることの総体をカリキュラムととらえるようになっていることは先述のとおりである。

　したがって，体育においてカリキュラムを検討するということは，教師からみれば体育は何を教えるのかを考えることになるが，子どもからみるとそこで何を学ぶのかが問題にされるということになるわけで，どちらの視点から考えるにせよ，体育の内容と深く関わる領域ということになる。体育の内容について考える第Ⅱ章において，カリキュラムの検討を取り上げるゆえんである。

　そして体育の内容は，体育の目標から導かれるものであり，またその内容をいかに教えるのかという体育の方法も，目標および内容と一貫性をもったもの

でなければならない。そういった意味でカリキュラムの検討とは，体育の目標について考えることと体育の方法について考えることと密接な関係をもちながら，体育の授業づくりの中心に位置づく大切な研究となるはずである。

■ ナショナル・カリキュラムとしての学習指導要領

しかしながら，昭和20年代に盛んにカリキュラム研究が行われた一時期を除くと，我が国では，体育を含むどの教科についても，学校教育現場においてカリキュラムの検討が熱心に行われてきたとは言いがたい。ここには，日々の授業づくりを担う教師たちが，自分の役割を1時間1時間の授業づくり，ないしはせいぜいその集合体としての単元づくりに限定してしまい，カリキュラムの検討は，あたかも自分たちの仕事の範疇ではないかのようにとらえるという，授業づくりにおける言わば分業もみられたのである。

かかる状況を導いた1つの理由は，1958(昭和33)年に学習指導要領が法的な基準として示されるようになったことに求めることができるだろう。カリキュラムを，教育の目標達成のために意図的・計画的に組織されるものという性格に比重を置いてとらえた場合でも，それは国のレベル，地域のレベル，そして各学校のレベルといったように多様なレベルで存在しうる。学習指導要領はここで言う国のレベルのカリキュラム，つまりナショナル・カリキュラムとしてとらえられるが，これが中央集権的な教育行政と連動しつつ，拘束力を有する全国統一のカリキュラムとして機能することでその他のカリキュラムの検討を不要化したことが，先にみたような日々の授業づくりの中から教師たちによるカリキュラムの検討を欠落させるという結果をもたらしたと言えるのである。

■ 日々の授業をよりよくしていくこととカリキュラムの検討

このように長い間，カリキュラムを検討するということが日常的な研究としては自覚されてこなかったこともあって，改めてカリキュラムについて検討することの重要性を指摘されても，なかなかそこには関心が向かないのが教育現場の現実である。少なくない教師たちには，依然としてカリキュラムは教育の現場にいる自分たち自身ではない他の誰かがつくるものであり，自分たちはそれをもとに日々の授業をつくるのが仕事であると思われている。

そういった問題状況を克服していくためには，カリキュラムを検討すること
が，日々の授業をよりよくしていくことに密接に結びつくという意味で実は大
変にやり甲斐のある研究なのだという実感をもつことが必要であろう。それが
無ければカリキュラムの検討は，日々の授業づくりからは距離が遠い，難しく
て意義を見出すことのできない作業に感じられるだけである。

　もちろんこの後に述べられるように，運動の文化的な享受能力を育むという
体育の目標に向かっていく際，それとカリキュラムの検討がどのように結びつ
くのかを頭の中でイメージすることも大切である。そして，年間指導計画や
その他の体育カリキュラムの検討においては，具体的に，カリキュラムの検討
が日々の実践をよりよくしていくことに直結していく道筋を探る作業そのもの
が，その検討をより身近なものにすることだろう。　　　　　　（鈴木秀人）

③ 子どもの発達と文化としての運動の学び
■ 子どもの発達

　これまで子どもの成長や発達は，さまざまな角度から研究されてきた。それ
らは，研究のアプローチの違いから，主に生物的な心身の諸能力が自動的に
変化するプロセスとしての「成熟」，社会や文化との関わりから一定の枠組み
の中で心身が変化するプロセスとしての「発達」，社会や集団の中で技能・知
識・価値・動機・役割を獲得していくプロセスとしての「社会化」「文化化」
などに分類することができる。ここでは，運動と文化の関わりを取り扱う観点
から，主に上述した「発達」「社会化」「文化化」を含めて子どもの発達として
論を進めたい。

　人間は，誰でも特定の社会に生まれ育っていく。子どもが育つプロセスは，
人類が共通にもつ「成熟」のプロセスだけでなく，どのような社会に生まれど
のような文化に関わったかによって大きな影響を受ける。たとえば，日本とい
う国に生まれ，日本という国の文化に触れることにより，どのような職に就く
のかというような「生きる手だての選択肢」(受験などのシステムも含む)や，そ
こに向かう道筋，他者との関わり方や振る舞い方などさまざまなものを身につ

けながら育っていくのである。また，子どもたちは，それらを通して「個の特性」に気づき，「自分らしさ」を獲得しながら育っていくのである。

　発達は，生まれてからその生を全うするまで継続するものであり，近年は，老いていくこともひとつの「発達」であるととらえることが一般的である。つまり，発達は必ずしも完成に近づくプロセスではなく，生を全うするまでの変化の全てであると考えられるのである。このように考えると，小学校期を含めた人生の各時期でどのような文化と出会い，どのような関わりをもつのかということが個々人の具体的な発達に大きな影響力をもっていると言える。

■ 運動と文化，その意味と価値

　文化という言葉は多義的に用いられる言葉である。寒川は，「価値の内在」にもとづく「(狭義の)文化」に対し，文化人類学の立場から文化を「食事や排泄の仕方から親族関係，宗教，音楽言語，法，スポーツ，地の耕し方に至るまで，およそ人間の生活様式全体」(寒川，2001：pp.40-43)と定義している。また，文化人類学では，文化を「人びとが共有しているその社会特有の意味づけ」もしくは「意味の体系」と表現することも多い。ここでは文化を，人間が生み出してきた「生活様式の総体」，もしくは「意味の体系」ととらえることとする。

　文化をこのようにとらえると，寒川も述べているとおり，運動やスポーツは人間が生み出し，意味を共有している生活様式のひとつであり，文化に他ならない。個人で行うストレッチングやラジオ体操から，プロの選手によるサッカーの試合に至るまで，すべての運動は，人間が生活の中でつくり上げてきた工夫であり，多くの人々がその意味を共有し，生活様式として関わりをもっているのである。運動という文化は，ルールや技術・戦術，用いる道具，観戦の仕方(サポーター文化)から，その背景にある「勝敗の意味」までを含む複雑な「意味の体系」なのである。

　ドイツの研究者であるオモー・グルーペは，現代社会が情報化によって「一次的経験(身体を媒介とした直接的な経験)」が極端に失われている社会であると指摘したうえで，スポーツの一般的な意味について，「身体の経験と自己の人格の経験」「健康と安寧」「興奮と緊張」「『物質』の経験及び自然との関わり」

「人との交流（他人との結びつき）」「美意識とドラマ性」「プレイ動機」の７つを
あげている（グルーペ，1997：pp.53-100）。「身体の経験と自己の人格の経験」と
は，スポーツを行うことを通して経験できる自分の「身体」との対話というよ
うな意味である。「走ると心臓がドキドキする」「自分の身体はこんなことがで
きる（できない）」「自分の身体はこんなことを感じることができる（できない）」，
このような経験は，スポーツという文化と関わることによってより豊かに経験
することができる。グルーペは，他の６つの意味も含めて，スポーツという
文化がなければ，上述したような意味について，その多くを経験する機会を失
うことになると指摘している。

　「情報化の急激な進展による子どもたちの危機」が指摘されている現代の我
が国においては，学校体育における「学び」の内容として運動という文化の一
般的な意味の経験は極めて重要である。「自分自身の身体でものを感じ」「自分
自身の身体に興味をもち」「自分自身の身体と語り合う」，そのような経験が，
子どもたち自身によって主体的に展開されるためには，その運動でしか味わ
うことのできない「楽しさ」や「喜び」がその核となる必要がある。子どもた
ち自身が「おもしろい」と感じ，自分自身の身体を縦横無尽に動かすことこそ
が，文化としての運動の意味を経験するための柱なのである。

■ 運動の学び

　近年，教育に関わる文献において「学習」という言葉を用いず「学び」とい
う言葉を用いるものが多く見受けられる。本項でも意図的に「学び」という言
葉を用いている。佐藤学は教育における「学習」と「学び」の違いについて，
「『学び』は，子ども一人ひとりが内側で構成する個性的で個別的な『意味の経
験』に他ならない」（佐藤，1995：p.51）こと，日本語の「学び」が大和言葉の「ま
ねび＝模倣」との連続性があることを指摘しながら，「『学び』という言葉は，
学校教育における『学習』のイメージを，受動的で静的な活動から，目的的で
力動的な活動へと変換することを暗示しているだけでなく，その『模倣＝ミメ
シス』的な性格と共同体的で社会的な性格を再評価する可能性を含んでいる」
（佐藤，1995：p.51）と述べている。つまり「学び」という言葉は，「学習」と異

なり，文化との豊かな関わりを通して，自分自身の意味を主体的に編み上げていくというようなイメージを内包しているのである。また，そのプロセスとして，大人たちが地域社会で実際に行っている文化的実践との関わりが重要であることを示している。

　ところで，運動という文化の「学び」とは，運動の技術や知識を学ぶことだけではない。ましてや運動を通して「社会的行動」を学ぶということだけでもない。箕浦は「人は，特定の社会に生まれ，そこで成長する。文化は意味の体系であり，日々の出来事の経験は，その社会特有の意味づけの枠組みを通して理解される。個々人は，社会化の過程で，自分が生きている場の文化の意味体系を取り込み，自らの意味空間—心—をつくっていく」(箕浦，1990：p57) と述べている。運動という文化の「学び」とは，運動という文化に対する自分自身の意味づけを行うことなのである。とくに子どもは，意味に敏感であり，日常的文脈の中で実用的な知識を形成しているという。つまり，どのような社会に生まれ，運動にどのような意味が見出され，日常生活の中で運動に日々どのように関わっているのかということが，運動に対する自分自身の「意味」を形成することになるのであり，とくに子どもの時代にはその意味形成が顕著であるということである。

　地域で生活する人々が，日々主体的に運動に親しみ，さまざまな楽しさや喜びを経験している。そのようなライフスタイルに子どもたち自身が直接的に触れることは，子どもたちの運動の学びにとって極めて重要なのである。とくに，「洗練された」運動の実践者は，子どもたちにとって重要なモデルであり，学びの動機づけとしても重要な意味をもつ。また，鹿毛は，文化を創造する能力や態度を機能的学力と呼び，「機能的学力は文化的実践の経験の場での実践的状況において，自分にとっての意味形成を行うことにより身につくもの」(藤岡，1997：p.3) としており，ただ単に文化を身につけるだけでなく，クラブづくりなどを含め，運動という文化の学習環境を積極的に整える人間の育成においても文化的実践の場における体験的な学びの重要性を示唆している。

■ カリキュラムのあり方

　カリキュラムの語源は「走路」だと言われている。この「走路」とは，現在位置から目的地まで最も合理的に移動するという意味を含んでおり，直線的なイメージをもつ。学校教育においても学習内容の検討において，「無駄」を省き，科学的・合理的に内容を精選し，それを効率的に配置するという考え方が多くの支持を得てきた。もちろん，このようなカリキュラムのあり方は，近代の学校という仕組みにおいては必要なあり方でもあった。しかしながら，本書でこれまで述べてきた「生涯学習」「運動という文化の学び」を考えるとき，従来の「細切れにされた（学校期などによって分断された）」「直線的な」カリキュラムではなく，一生涯という文脈の中で整合性があり，教科カリキュラム以外の広がりを見据えた柔軟で幅の広いカリキュラムのあり方を考える必要がある。

　小学校のカリキュラムを考えるうえでは，それぞれの学校の地域特性や生活環境を踏まえるとともに，小学校入学以前と小学校卒業後との文脈を大切にする必要がある。すでに述べてきたように，小学校期は，中学校や高等学校への単なる準備段階ではない。一生涯というひとまとまり（時間という「縦軸」）の中で発達の段階に応じた整合性のあるカリキュラムの開発が求められているのである。小学校期の子どもたちが，小学校を人生のひとつの時期として，興味関心や発達段階に応じて運動という文化に出会い，それを存分に味わい，それぞれが自分のペースで次のステージに向かいながら実践者として洗練されていく。別の言い方をすると，学校体育や行事などの活動を通して，時には家庭や社会における体験的な学びを通して，多様な意味経験（行う，観る，支える，つくる）をし，自分自身の意味を編み上げていく。そのようなプロセスこそがカリキュラムそのものなのである。

　近年，アメリカの中等教育体育を中心に，「スポーツ教育モデル」というカリキュラムモデルが実践されている。これは，子どもたち自身が，長い時間をかけて（4シーズン），同じクラスのグループがメンバーを変えずにシーズンごとのスポーツ（4種目）をリーグ戦形式で運営するというような形で行われることが多い。子どもたちはこの中で，時にはプレイヤーとして，コーチとして，

マネージャーとして参加し，スポーツに関わることのさまざまな意味を経験する。ここでは，プレイヤーとして運動の「楽しさ」を経験するだけでなく，コーチや審判として技術やルールについて学び，さらには表彰式の運営やマッチメイキングのあり方をも学ぶのである。これらは，社会で実際に営まれているスポーツという文化の実践を，学校の中においても切り分けず，丸ごと経験させようという営みであり，我が国の学校体育を考えるうえでも示唆に富む。

　日本とアメリカでは文字通り文化が異なる。地域社会で行われている「運動という文化の実践」のあり方も学校という文化のあり方も全く違う。また，中等教育レベルで実践されている事例をそのまま小学校で実践することにおいても課題が多い。しかしながら，小学校の体育授業を考えるうえでも，生涯学習という枠組みの中で，子どもたちを「運動という文化を紡ぎ上げていく主体者」として考えるのであれば，各学校期やその後の生活という「縦軸」に整合性があり，学校教育における他の活動との連携や地域社会における文化的実践に関わることを含んだ「横」への広がりをもったカリキュラムのあり方が検討されるべきであろう。

（山本理人）

【さらに学習を深めるために】

1) 高橋健夫「体育カリキュラム論」宇土正彦監修，阪田尚彦・高橋健夫ほか編『学校体育授業事典』大修館書店，1995 年，pp.133-139
　　学習指導要領や諸外国の体育カリキュラムをめぐる動向など，体育のカリキュラムについて理解していくための基礎的知識が解説されている。
2) 高橋和子「カリキュラム（教育課程）」勝田茂ほか編『最新スポーツ科学事典』平凡社，2006 年，pp.143-145
　　体育のカリキュラムに焦点を当てながら，カリキュラムの概念，スコープとシークエンス，潜在的カリキュラム，ナショナル・カリキュラム等々のカリキュラムをめぐる基本的用語がわかりやすく説明されている。
3) 井谷惠子「カリキュラムモデル」勝田茂ほか編『最新スポーツ科学事典』平凡社，2006 年，pp.145-146
　　主に，アメリカで開発されてきた体育についての一定の考え方にもとづくカリキュラムのモデルが紹介されている。体育カリキュラムの多様性について知ることができるだろう。

4) 松田恵示「カリキュラムの視点から見た『楽しい体育』の特徴」全国体育学習研究会編『「楽しい体育」の豊かな可能性を拓く』明和出版，2008 年，pp.90-104
カリキュラムという概念の変化を紹介したうえで，運動の文化的な享受能力を育むという観点から構想される体育カリキュラムのあり方について論じている。体育の内容について考えるうえでも参考になる。

5) 箕浦康子『文化のなかの子どもたち』東京大学出版会，1990 年
子どもの発達と文化との関わりについて，異文化間の比較などを通して丁寧に解説するとともに，学校文化やそこに関わる調査研究方法についても触れている。

6) 高橋勝『文化変容のなかの子ども』東信堂，2002 年
文化変容の中の子どもについて教育人間学的な視点で解説するとともに，我が国の子どもの現状について，「情報・消費社会」という背景からその問題点を指摘している。また，そのような中での学校や教師のあり方についても丁寧に解説している。

7) 佐伯胖・藤田英典・佐藤学『学びへの誘い』東京大学出版会，1995 年
学校における「学習」のあり方について，「学び」というキーワードを用いて根本的に問い直す視点を提示するとともに，学校教育における力動的な「学び」の実践について具体的な事例を示しながら解説している。

8) 寒川恒夫「「スポーツ文化」とは」『体育科教育』第 49 巻第 5 号，大修館書店 pp.40-43，2001 年
寒川は，「価値の外在に基づく文明」「価値の内在に基づく文化」を対立的にとらえるウェーバーの立場を紹介しながら，それとは立場を異にする文化人類学の立場として文化を「食事や排泄の仕方から親族関係，宗教，音楽言語，法，スポーツ，地の耕し方に至るまで，およそ人間の生活様式全体」としている。

9) 鹿毛雅治・奈須正裕編著『学ぶこと・教えること』金子書房，1997 年
教育心理学，教育方法学の立場から，これまでの学校教育のあり方を批判的に整理するとともに，学習論，教師論，方法論，内容論，評価論，関係論について丁寧に解説している。

2.3　体育カリキュラムの検討

① 年間指導計画の検討

■ 年間指導計画をめぐる実態

　学校の体育に関係するカリキュラムはひとつではなく，いくつかの異なる様態が存在する。その中でも，「児童・生徒と教師にとっての 1 年間の学習と指

導の基本的骨組みを表すものであり，学年ごとに，学習目標に基づいて選ばれた学習内容を，実施時期との関係で具体化したもの」（八代，2000：p.203）と言われる体育授業の年間指導計画は，各学校における体育カリキュラムの中心になるものと言えるだろう。

　それは，各学年の子どもたちが1年間の体育の学習をどのように進めていくかという計画が，学習内容を配列することによって示されたものである。したがってそこには，その学校の体育の目標についての考え方とそれの達成へ向けて用意される内容についての考え方が明確に反映されていなければならない。しかしながら現実には，学習指導要領をもとにつくられた各地域の年間指導計画モデルのようなものが，どの学校でもそのまま適用されている実態もみられるようである。

　先に問題として指摘した，教育現場においてカリキュラムの検討が欠落しているひとつの具体例を，この年間指導計画をめぐる実態に見出すことができる。しかし逆に言えば，体育の授業をつくる教師にとって最も身近なカリキュラムである年間指導計画の工夫に関心をもつことができれば，カリキュラムの検討は，すぐに教師たちの日常的な作業になるとも言える。そのような関心をもつためには，年間指導計画を工夫することが，日々の授業をよりよくしていくことと直接的に結びついていくという道筋を確認することが一番である。

■ 運動の選定と配列に関わる工夫から

　後で詳しく述べられるように，年間指導計画の作成はたくさんの作業から成るものではあるが，その内実を規定する作業として，どのような運動を取り上げるのかという運動の選定と，取り上げたそれらをどのように並べるのかという運動の配列の，2つの作業をあげることができる。ここではこの2つにとくに着目して，それらの検討が，日々の授業をよりよくしていくことに結びついていく道筋を確かめてみることにしよう。

　たとえば，多種多様に存在するボールゲームの中から，どれを取り上げるのかを考える時，学習指導要領に取り上げられているものを教えていればよいとすませてしまう教師がいる一方で，年間指導計画に取り上げるボールゲームに

ついていろいろと考える教師もいる。そのひとつの実例は，第Ⅲ章の4.8②に
みることができるが，運動経験をめぐる二極化が喧伝される昨今の子どもたち
の実態を前に，これまでに教えられてきた既存の運動を教えるだけですませて
しまう教師の授業と，二極化という実態に対応して，どの子も活躍できるやさ
しいゲームという視点から新しい運動の可能性を探り，年間指導計画に取り上
げる運動の検討を続ける教師の授業とでは，どちらがよりよい授業に近づく可
能性があるかは誰の目にも明らかであろう。

　また，伝統的に冬の時期に行われてきた持久走に代表される長い距離を走る
運動の配列は，体育の主要な目標が体力づくりに置かれていた過去の考え方の
影響がみられるがゆえに問題としてとらえ，現代的な体育の目標からして，自
分のペースで長い距離を走る運動の楽しさを教えるためには初夏の時期が適し
ているのではないかと考え，年間指導計画を工夫した第Ⅲ章の4.1②のような
実例もある。そのような工夫を考えることもないままに継承されてきた持久走
の実践が多くの子どもたちに支持されていない現実を思い起こすまでもなく，
かかる運動の配列の工夫が，子どもたちにとってよりよい授業に近づく可能性
をもちうるものであることは，やはり明らかと言えるであろう。

■ 年間指導計画作成の手順

　このように，運動の選定と配列に限定してみるだけでも，年間指導計画を工
夫することと日々の授業をよりよくしていくこととの深い関わりを確認するこ
とができる。さらにここでは，この2つの作業以外にも目を向けて，年間指
導計画作成の手順を整理してみよう。年間指導計画の作成は，一般に図表2-6
に示したような手順が踏まれることが多い。

　まず，計画を立てていく前提となる情報の収集が行われる。子どもの多様な
個人差を理解しておくことは授業づくりの出発点となるため，年間指導計画の
作成に当たっても，子どもたちの実態（レディネス）の把握がさまざまな実態調
査等を用いて行われる。中学校の例だが，1年生の計画を考えていく上で，そ
の中学へ進学してくる5つの小学校の6年生に対して質問紙調査を行い，次
年度の計画作成の基礎資料にしたという報告（鈴木ほか，1992：p.129）もある。

学校の人的・物的条件について
は，子どもたちの実態に応じてその
学校の人的・物的条件を最大限に活
用できる方策を探る必要がある。当
然のことながら，小規模校と中規模
校と大規模校では，こういった面に
おいて異なる工夫が求められるこ
とになる。図表2-7は，全校児童
1,300人を越える大規模校で考えら
れた体育授業における運動場使用の

図表2-6　年間指導計画作成の手順

1. 情報の収集
   ①生徒の実態（レディネス）
   ②学校の人的・物的条件
   ③前年度の反省（結果と目標分析）
   ④地域の特性，保護者の願い
   ⑤国・地方教育委員会・学校の目標など
2. 保健体育科の目標や方針の決定
3. 運動領域の設定と運動種目の選定
4. 授業時間数の確保とその配分
5. 単元の構成とその配列
6. 年間指導計画の作成

出所）中村政一郎，1991：p.1

割り当てプランである。体育館で行う運動と運動場で行う運動を明確に分け，
運動場は6つのゾーンに区画して各ゾーン内で行う運動を決めている。こう
いった工夫を基礎にして，同一時間帯に複数の学級が同じ運動の授業にならな
いよう，年間指導計画を工夫するのである。

　前年度の反省は，年間指導計画の作成において毎年繰り返される作業となる

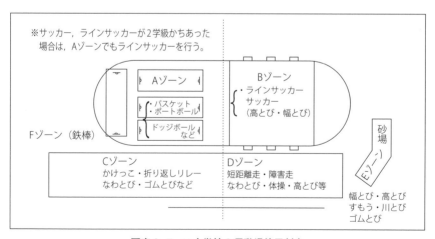

図表2-7　N小学校の運動場使用割当
出所）沖縄県実行委員会編，1991：p.33

が，子どもたちの学習後の実態調査などをもとに，十分な時間を割いて行われることが望まれる。ここでの検討が，次年度のカリキュラムを子どもたちにとってよりよいものへと高めていくために重要な意味をもつからである。また，そこで意見を交わすことによって，学校内での体育授業についての共通理解を教師間で形成していくうえでも重要である。

地域の特性としては，寒冷地におけるスキーやスケート，地域固有の舞踊，町技とされているような種目を取り上げる，といったような形で年間指導計画に反映させることが多い。他にも，沖縄県の大規模な小学校で水泳の授業を効率的に進めていくためにその温暖な気候を活かし，6月から10月の長期間にわたって水泳の授業を学年配当した図表2-8のような年間指導計画の例もある。

学校全体の教育目標などと体育との関連も，年間指導計画を作成していくうえでの検討課題となる。体育授業も，その学校全体の教育の中のひとつであり，体育独自の役割を担うとともに，学校の教育全体に対して果していくべき役割も必ずあるからである。こういった情報の収集およびそれに伴う諸検討を経て，図表2-6に示されるそれ以降の作業に進んでいくことになる。

■ 何のために検討をするのか

これまでにも再三述べてきたように，体育の目標についてどのように考えるかは，体育授業の内容と方法を決定していくという意味で重要である。第Ⅰ章で明らかにされた中心的目標と周辺的目標から体育の目標をとらえるならば，そこで取り上げる運動は，生活内容・生活文化として存在する運動，機能的特性が明確であるという点で子どもにとって魅力がわかりやすい運動，子どもの興味や関心や発達特性に合った運動，一定の時間をかけて行う学習の発展や深まりのある運動，結果的に好ましい心身の発達が期待できる運動などが選定されることになるだろう。

そして，こういった運動の学習を，文化的な享受能力を育むという視点から授業としてつくっていこうとすると，ある一定の時間をかけた学習の積み重ねが必要とされる。運動の文化的な享受とは，決して一過性の楽しさ経験に矮小

図表 2-8　N小学校の年間指導計画（1991年）

◯印は体育館

4月〜7月（週 1〜37）

学年	内容
1年	・固定施設 ・鬼遊び ⑦ ／ マット ⑧ ／ ・かけっこ ・リレー ／ 水　泳 ⑭
2年	鬼あそび 施設あそび ／ ・鉄棒 ・なわとび ⑥ ／ マット ⑧ ／ リズムダンス ／ 水　泳 ⑭
3年	ポートボール⑩ ／ ・鉄ぼう ・なわとび ／ リレー ／ 水　泳 ⑭
4年	とび箱 ／ ・障害走 ・リレー ／ フォークダンス ／ バスケット⑭
5年	鉄棒 ⑥ ／ バスケットボール⑮ ／ 保健 ／ リレー ／ ハードル走 ⑨
6年	サッカー ⑭ ／ 保健 ／ フォークダンス ／ 選択 { とび箱 / マット } ／ 保健

夏休み

9月〜12月（週 38〜79）

学年	内容
1年	とび箱⑨ ／ ドッジボール⑧ ／ 鉄　棒 平均台あそび ⑧ ／ ・ボールけりゲーム ・なわとび ⑨ ／ ・川とび ⑧
2年	とび箱⑨ ／ 鉄　棒 ⑧ ／ 模倣⑦ ／ ・かけっこ ・リレー ・ゴムとび ／ キックベースボール（ドッジボール）⑩
3年	ハンドベースボール⑨ ／ マット⑧ ／ ・かけっこ ・リレー ・高とび ⑦ ／ 表現⑧ ／ 障害走，リレー 力だめし ⑩
4年	水　泳 ⑭ ／ 走り高とび ⑥ ／ ・鉄棒 ・持久走 ⑧ ／ サッカー ⑭
5年	水　泳 ⑭ ／ 走り幅とび⑧ ／ 保健 ／ 表現ダンス ⑦ ／ 選択 { とび箱 / マット }
6年	水　泳 ⑭ ／ 保健 ／ バスケットボール ⑭ ／ 走り高とび ⑩ ／ 保健

冬休み

1月〜3月（週 80〜105）

学年	内容
1年	ラインサッカー ⑩ ／ 模倣 リズム ⑦ ／ ・折り返しリレー ・なわとび，ゴムとび
2年	力だめし 幅とび ⑧ ／ ・かけっこ・リレー ・力だめし ⑧ ／ ラインサッカー ⑩
3年	ラインサッカー ⑫ ／ 鉄棒 幅とび ⑤ ／ とび箱 ⑨
4年	マット ／ ハンドベースボール ⑧ ／ 表　現 ⑦
5年	保健 ／ 持久走（体操）⑧ ／ 保健 ／ サッカー ⑭
6年	リレー 短距離走 ⑧ ／ 保健 ／ 持久走（体操）⑧ ／ 保健 ／ 表　現 ⑦

春休み

出所）図表 2-7 に同じ，pp.34-36 を一部修正

化されるものではないからである。したがって，授業時間数の確保に当たって
は，それぞれの学年の子どもの発達段階に配慮しつつ，より大きな規模での単
元設定を考えることが望ましい。

　配列については，先に持久走の実践例をもとに工夫の観点のひとつを紹介し
たが，運動の文化的な享受能力を育むという目標からすると，文化としての運
動への関わり方の学習が効果的に進められていくように考える必要もある。
たとえば，1学期には学習の仕方の学習に重点を置くということから，ボール
ゲームのような集団種目と器械運動のような個人種目を設定し，それぞれの学
習の仕方を身につけるといった工夫がある。また，図表2-9に示した年間指
導計画では，低学年の鬼あそび，中学年のタグラグビーというように，陣取り
型ボールゲームという領域の中での学習の発展を展望するといった学年をまた
いだ配列の工夫も考えられる。季節や学校の体育的行事との関連も，配列を考
える視点として欠かすことができない。

　しかしながら，こういった具体的な検討は，ともすると目先のテクニカルな
作業に終始してしまう危険性もはらんでいる。ここで紹介した図表2-8は，
体育の授業時数が年間105時間だった1991年のものである。その後，体育の
授業時数は全学年年間90時間に削減されたが，2008年3月に告示された学習
指導要領では，小学校1年生は102時間，2〜4年生は105時間に戻されたも
のの，5,6年は90時間のままとなり，現在では図表2-9のような年間指導計
画がつくられるようになっている。この授業時数の変更をめぐるテクニカルな
検討に教育現場の関心はつい向きがちになるが，だからこそ，何のために年
間指導計画の検討をするのか，それは，いかにして子どもたちの豊かな体育学
習を導くのかという方向へ向けて進められるものであるという認識を，教師が
しっかりともつことが改めて求められているのである。　　　　　（鈴木秀人）

図表2-9　K小学校の年間指導計画（2017年）　■…第1G　■…第2G　■…第3G　▨…第4G

月	4月	5月	6月前	6月中〜7月	8・9月
期間	4/7〜4/28	5/1〜5/26	5/29〜6/9	6/13〜7/13	9/4〜9/29
1年 （102）	●体つくり運動 ・集団行動 ●器械器具を使っ 　ての運動 ・固定施設遊び ⑤	●ゲーム ・鬼遊び ・的当てゲーム ⑩	●走・跳の 　　運動遊び ・川跳びケンパー ●器械・器具を使って 　の運動 ・鉄棒遊び　⑥	●水遊び ⑫	●体つくり運動 ・折り返し運動 ・壁登り逆立ち ●器械器具 ・マット遊び ⑩
2年 （105）	●体つくり運動 ・集団行動 ●器械器具を使っ 　ての運動 ・固定施設遊び ⑧	●ゲーム ・鬼遊び ・キックベース ⑩	●走・跳の 　　運動遊び ・ゴム跳び ●器械・器具を使って 　の運動 ・鉄棒遊び　⑥	●水遊び ⑫	●体つくり運動 ・折り返し運動 ・壁登り逆立ち ●器械器具 ・マット遊び ⑩
3年 （105）	●体つくり運動 ・折り返し運動 ●器械運動 ・マット運動 ⑧	●ゴール型ゲームⅠ ・タグラグビー ⑩	●走・跳の運動 ・幅跳び ●器械運動 ・鉄棒 ⑥	●浮く・泳ぐ運動 ⑫	●ゴール型ゲームⅡ ・ハンドボール ⑩
4年 （105）	●体つくり運動 ・折り返し運動 ●器械運動 ・マット運動 ⑧	●ゴール型ゲームⅠ ・タグラグビー ⑩ ●保健 ④	●走・跳の運動 ・高跳び ●器械運動 ・鉄棒 ⑥	●浮く・泳ぐ運動 ⑫	●ゴール型ゲームⅡ ・セストボール ⑩
5年 （90）	●陸上運動 ・短距離走 ・走り幅跳び ⑥	●器械運動 ・マット運動 ●体つくり運動 ・体ほぐしの運動 ⑥	●ネット型ゲーム ・ソフトバレーボール ⑤ ●スポーツテスト 行事②＋体育③ ※4年	●水泳 ⑫	●陸上運動 ・ハードル走 ⑧
6年 （90）	●陸上運動 ・短距離走 ・走り高跳び ⑥	●器械運動 ・マット運動 ●体つくり運動 ・体ほぐしの運動 ⑦	●ネット型ゲーム ・ソフトバレーボール ⑦	●水泳 ⑫	●陸上運動 ・ハードル走 ⑧

注）図表中の丸囲み数字は授業時数を示す。
出所）東京学芸大学附属小金井小学校体育部

10月前・中	10月後〜11月	11月後〜12月	1月	1月後〜2月中	2月後〜3月
10/2〜10/22	10/24〜11/24	11/27〜12/22	1/10〜1/26	1/29〜2/16	2/19〜3/19
●表現リズム遊び ⑧ ●走・跳の運動遊び ・リレー遊び ④	●ゲーム ・鬼遊び ・ドッジボール ⑫	●体つくり運動 ・短なわ、輪 ●器械・器具 ・鉄棒遊び ⑧	●体つくり運動 ●器械器具を使っての運動 ・跳び箱遊び ・平均台遊び ⑧	●ゲーム ・ボールけりゲーム ⑨	●体つくり運動 ・力試しの運動 ・長なわとび ・短なわ ⑩
●表現リズム遊び ⑧ ●走・跳の運動遊び ・リレー遊び ④	●ゲーム ・鬼遊び ・シュートボール ⑫	●体つくり運動 ・短なわ、輪 ●器械・器具 ・鉄棒遊び ⑧	●体つくり運動 ●器械器具を使っての運動 ・跳び箱遊び ・平均台遊び ⑧	●ゲーム ・キックシュート ⑨	●体つくり運動 ・力試しの運動 ・長なわとび ・短なわ ⑩
●走・跳の運動 ・かけっこ ④ ●表現運動 ⑧	●体つくり運動 ・折り返し運動 ④ ●器械運動 ・跳び箱運動 ⑫	●走・跳の運動 ・リレー ・小型ハードル走 ⑧	●体つくり運動 ・短なわ ・長なわ ・竹馬 ⑦	●保健 ⑥ ●体つくり運動 ・力試しの運動 ④	●ベースボール型ゲーム ・ラケットベース ⑧ ●器械運動 ②
●走・跳の運動 ・かけっこ ④ ●表現運動 ⑧	●体つくり運動 ・折り返し運動 ④ ●器械運動 ・跳び箱運動 ⑫	●走・跳の運動 ・リレー ・小型ハードル走 ⑧	●ネット型ゲーム ・ショートテニス ⑫ ・体つくり運動 竹馬(保健予備) ② (*ショートテニスと組み合わせながら)		●体つくり運動 ⑥ ・長なわ ・力試しの運動 ② ●器械運動 ③
●走・跳の運動 ・リレー ●表現運動 ⑫	●ゴール型ゲームI ・バスケットボール ⑧	●器械運動 ・跳び箱運動 ⑥	●ゴール型ゲームII ・ミニサッカー ⑦ ・ベースボール型ゲーム ⑥	●体つくり運動 ・体ほぐしの運動 ・体力を高める運動 ⑥	●保健 ・けがの防止 ・心の健康 ⑦ ※●体ほぐしの運動 ④
●体つくり運動 ・体力を高める運動 ●表現運動 ⑫	●ゴール型ゲームI ・バスケットボール ⑧	●器械運動 ・跳び箱運動 ⑥	●ゴール型ゲームII ・ミニサッカー ⑦	●体つくり運動 ・体ほぐしの運動 ・体力を高める運動 ⑥	●保健 ・病気の予防 ⑦ ※●体ほぐしの運動 ④

② その他の体育カリキュラムの検討
■ 保幼小の接続を考える

　現行の学習指導要領では初めて，子どもの発達段階を考慮し，小・中・高の学校階梯を超えた4年ごとの学習の系列(シークエンス)を提示している。しかし，「生涯スポーツ」や「子どものからだとこころの発達」との関係からするならば，小学校の体育カリキュラムを編成していくうえでは，幼児期の子どもの運動経験について検討することも重要である。

　幼児期と小学校期の子どもをめぐっては，2005年に文部科学省中央教育審議会の「子どもを取り巻く環境の変化を踏まえた今後の幼児教育の在り方について」答申において，幼児教育が遊びを通しての学びであるのに対して小学校教育が教科学習であることから，「遊びと教科学習をいかに接続させるか」が問題とされている。その後の「幼稚園教育要領」(2008年)ならびに「保育所保育指針」(2008年)においても，小学校との連携を図ることが明示されるなど，保幼小の連携に焦点が当てられている。さらに，2010年の幼児期の教育と小学校教育の円滑な接続の在り方に関する調査研究協力者会議による「幼児期の教育と小学校教育の円滑な接続の在り方について(報告)」の提示からも，この時期の子どもの学びの接続・連携に関心が寄せられていることがわかる。こうした動向の中の主要課題として，「遊びと学びの接続」をあげることができるだろう。

　一方，子どもの運動をめぐっては，日本学術会議健康・スポーツ科学会議が人文社会学，生命科学，理学・工学にまたがる研究者の協力のもと，「子どもを元気にする環境作り戦力・政策検討委員会」を設置して審議を重ね，子どもを元気にするための運動指針を提言している。この背景には，子どもをめぐる環境の急激な変化の中で，基本的な生活習慣や態度，体力・運動能力，他者とのかかわり，あるいは自制心や規範意識をめぐる問題などが絡み合って存在していること，また，これらの問題を乳幼児から児童にかけての子ども期の育ちに関する問題として総合的にとらえて対処することが求められる現状があり，そこでは，運動(遊び)のもつ可能性に大きな期待が集まっている。

生涯にわたる運動の文化的享受を主眼とし，こうした状況をもふまえるなら，小学校の体育カリキュラムの編成を考える際には，その全体像として小学校自体と小学校以上の学校階梯のみならず，就学前の機関と小学校の接続も視野に入れて検討していくことが今後ますます求められるはずである。そしてその際，単に発達の促進という観点からだけではなく，プレイ論の視点から運動と学びのつながりをとらえ，カリキュラムを編成・検討する方向性も大切であると思われる。というのも，子どもの学びを遊びを通して保障しようとする幼保と，教科学習においてそれを保障しようとする小学校をいかに結びつけるのかという問題に向き合う時，「プレイ（遊び）」という視点が，そのつながりに対して大きな示唆を与えてくれると考えられるからである。　　　　（越川茂樹）

■ カリキュラムの全体像

　小学校における体育のカリキュラムは，教科としての体育カリキュラムがす

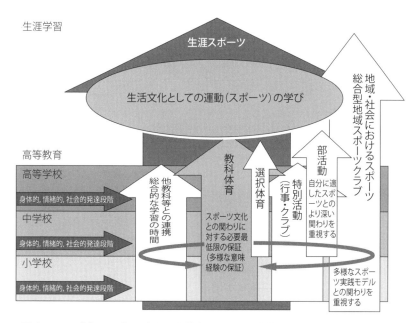

図表2-10　「生涯スポーツ」という枠組みにおける学校体育カリキュラムの構想

出所）函館・渡島大会実行委員会編，2000：p.146 を一部改変

べてではない。教科としての体育カリキュラムは，森林の中の一本の木のように全体を構成している一部なのである。運動の学びは，後述する潜在的カリキュラムを含め，垂直方向(縦断的：時間軸)と水平方向(横断的)の広がりをもっているのである(図表2-10参照)。

　小学校期における教科としての体育カリキュラムは，子どもたちに平等に運動を学ぶ機会を提供するという意味では，全体の中心に位置するものである。しかしながら，教科体育カリキュラムだけで運動の学びのすべてを保証することは困難であり，総合的な学習の時間や特別活動などを含め，多様な道筋を準備する必要がある。とくに，生涯スポーツの基礎を培うという視点に立つとき，現実に地域で行われているスポーツイベントや地域スポーツクラブなどとの関係から，行事やクラブの企画・立案・運営などは重要な学びの内容であり，地域社会との具体的な連携も含めて積極的に展開されるべきである。

■ **総合的な学習の時間の可能性**

　総合的な学習の時間は，これまであまり体育との結びつきが強くなかった。しかしながら，健康問題への関心の高まりや地域におけるスポーツ活動の促進と関連して，運動をテーマとした学習活動のあり方も模索されている。総合的な学習の時間は，「教科の枠」にとらわれないことがその特徴であり，アウトドアスポーツと理科的な内容を含む自然体験活動を組み合わせたテーマや，表現運動と音楽的・社会的な内容を含む民俗芸能を組み合わせたテーマなどの展開も考えられる。

　また，寒冷降雪地域などにおけるスノースポーツ(スキーやスノーボード)，や海浜地域にける水辺の活動などは，リスクマネージメントの観点から，学校内のスタッフだけでは十分な活動を行うことが困難である場合も多い。このような活動は，総合的な学習の時間などを活用して，保護者や地域社会との交流を促進しながら行うことによって活動の充実が期待できる。

■ **特別活動の可能性**

　特別活動は，これまでも運動会という体育的行事を中心に体育カリキュラムの中で大きな位置を占めてきた。今後も運動会などを中心としながら，さまざ

まな体育的行事への多様な関わり（企画・立案・運営，参加）を通して，子ども
たちが自主的，自立的に運動に関わり続ける基礎を培うことが期待される。と
くに生涯スポーツという枠組みにおいては，お金を払ってサービスを得るとい
う単なる「消費者」という立場だけでなく，スポーツイベントの企画・立案，
自分たちの生活環境における「スポーツを学ぶ場」の整備，スポーツクラブの
設立・運営などは大切な要素であり，学校教育における学習内容として今まで
以上にその充実が求められている。 （山本理人）

③ 潜在的カリキュラムという視点からの検討
■ 潜在的カリキュラム

潜在的カリキュラムとは，目的・内容・方法・評価などが明確な教育課程と
してのカリキュラム（顕在的カリキュラム）とは異なり，目に見えない形で子ど
もたちが意味を獲得するプロセスである。子どもたちは，社会全体や学校とい
う「小さな社会」（学校文化）の中でもさまざまな経験を通して意味の獲得をし
ており，顕在化された授業やカリキュラムはその一部に過ぎない。

運動の学びも例外ではなく，学校文化の中における運動文化の位置づけや教
師がもつ人間観，学習観，スポーツ観，さらにそれにもとづく実際の行動が子
どもたちにも目に見えない形で伝わり，時として顕在化されたカリキュラム
（教科体育カリキュラム）より強い影響力をもつのである。

■ 運動の学びと潜在的カリキュラム

社会における運動の意味や価値は，目に見えない形で子どもたちに影響を与
える。心身二元論が一般的に受け入れられていた時代においては，永遠である
「魂（心）」を磨き上げる文化である芸術（音楽・美術）と，この世に残すものでや
がて腐敗し朽ち果てる「身体」に関わる文化である運動の間にはあからさまな
上下関係が存在していた。つまり，芸術は文字どおり「文化（人間を豊かにする
もの）」であり価値のあるものとされ，第Ⅰ章でも述べられているように，運動
（スポーツ）はそもそも文化から除外されていたのである。このような社会におい
ては，運動を学ぶこと自体に積極的に意味が付与されることはなかった。仮に

【第Ⅱ章・引用文献】

岩田靖「教材・教具」(社)日本体育学会監修『最新スポーツ科学事典』平凡社，2007 年，pp.209-213.

宇土正彦編『小学校　新しい体育の考え方・進め方』大修館書店，1987 年

沖縄県実行委員会編『第 35 回全国体育学習研究協議会沖縄大会つみかさね』1991 年

カイヨワ，R.（清水幾太郎・霧生和夫訳）『遊びと人間』岩波書店，1970 年

菊幸一「ボールゲームと体育理論学習」『体育科教育』47 巻 5 号，1999 年，pp.16-18

菊幸一「カリキュラム・イノベーションに向けて」全国体育学習研究会編『「楽しい体育」の豊かな可能性を拓く』明和出版，2008 年，pp.78-89

木村博一「スコープ(領域)とシークエンス(系列)」日本カリキュラム学会編『現代カリキュラム事典』ぎょうせい，2001 年，pp.21-22

グルーペ，O.（永島惇正・岡出美則ほか訳）『文化としてのスポーツ』ベースボールマガジン社，1997 年

厚生労働省「保育所保育指針」2008 年

佐伯聰夫「文化としてのスポーツとその指導」勝部篤美・粂野豊編『コーチのためのスポーツ人間学』大修館書店，1981 年，pp.203-242

佐伯聰夫「学力論から学習内容論へ」『学校体育』37(8)，1984 年，pp.72-75

佐伯聰夫「体育授業の学習内容」宇土正彦監修『学校体育授業事典』大修館書店，1995 年，pp.113-122.

佐伯年詩雄『これからの体育を学ぶ人のために』世界思想社，2006 年

佐藤学「学びの対話的実践へ」佐伯胖・藤田英典・佐藤学編著『学びへの誘い』東京大学出版会，1995 年，pp.49-92

佐藤学「カリキュラムを見直す」佐藤学『カリキュラム批評―公共性の再構築へ』世織書房，1996 年，pp.25-45.

佐藤靖「わが国における球技の分類論の問題性」『秋田大学教育学部研究紀要』47 巻，1995 年，pp.123-136.

寒川恒夫「「スポーツ文化」とは」『体育科教育』49 巻 5 号，大修館書店，2001 年，pp.40-43

鈴木秀人ほか「中学校保健体育科の学習指導における『間接的指導』の検討―選択制授業の導入を前提とした年間指導計画の作成を中心に―」『鹿児島大学教育学部教育実践研究紀要』2 巻，1992 年，pp.119-133

高橋健夫「これからの体育授業と教材研究のあり方」『体育科教育』41 巻 4 号，1993 年，pp.19-21.

武隈晃「『ボールゲーム』における分類論の成熟に向けて」『体育科教育』46 巻 17 号，1998 年，pp.31-33

武隈晃「小学校における運動種目選択の考え方」『学校体育』52 巻 3 号，1999 年，pp.24-27

竹之下休蔵「カリキュラムの動向と体育」『体育のカリキュラム』誠文堂新光社，1949 年，pp.1-38

竹之下休蔵「講演」秋田大会実行委員会編『つみかさね』11 号，1968 年，pp.16-18

竹之下休蔵「戦後学校体育の歩みと当面する課題～産業社会から脱工業社会へ」『体育科教育』26 巻 12 号，1978 年，pp.9-13

田中統治「教育研究とカリキュラム研究―教育意図と学習経験の乖離を中心に」山口満編著『第二版 現代カリキュラム研究』学文社，2001 年，pp.21-33

長尾彰夫「アメリカのカリキュラム理論に関する基礎的研究(第 7 報)―カリキュラム構成法としてのスコープ・シーケンス論」大阪教育大学紀要第Ⅳ部門第 36 巻第 2 号，1987 年，pp.81-91

永島惇正「体育の内容」宇土正彦・高島稔ほか編著『[新訂] 体育科教育法講義』大修館書店，2000 年，pp.49-59

中村政一郎「選択制導入による年間指導計画の作成」『第 35 回全国体育学習研究協議会沖縄大会グ

　ループワーク資料』1991 年

日本学術会議健康・生活科学委員会健康・スポーツ科学分科会『提言　子どもを元気にするための運動・スポーツ推進体制の整備』2008 年

日本学術会議健康・生活科学委員会健康・スポーツ科学分科会『提言　子どもを元気にする運動・スポーツの適正実施のための基本方針』2011 年

函館・渡島大会実行委員会編『第 45 回全国体育学習研究協議会函館・渡島大会つみかさね』2000 年

藤岡完治「学校を見直すキーワード〜学ぶ・教える・かかわる」鹿毛雅治・奈須正裕編著『学ぶこと・教えること』金子書房，1997 年，pp.1-23

ホイジンガ，J．（高橋英夫訳）『ホモ・ルーデンス』中公文庫，1973 年

松下佳代「『学習のカリキュラム』と『教育のカリキュラム』」グループ・ディダクティカ編『学びのためのカリキュラム論』勁草書房，2000 年，pp.43-62

溝上慎一「カリキュラム概念の整理とカリキュラムを見る視点─アクティブ・ラーニングの検討に向けて」京都大学高等教育研究第 12 号，2006 年，pp.153-162

箕浦康子『文化のなかの子どもたち』東京大学出版会，1990 年

文部科学省「小学校学習指導要領（平成 20 年 3 月）　新旧対照表」2008 年

文部科学省「幼稚園教育要領」2008 年

文部科学省中央教育審議会「子どもを取り巻く環境の変化を踏まえた今後の幼児教育の在り方について」答申，2005 年

八代勉「学校全体の年間計画をめぐる問題」宇土正彦・高島稔ほか編著『新訂体育科教育法講義』大修館書店，2000 年，pp.203-206

山口泰雄「運動・スポーツの阻害要因─社会的要因を探る」『みんなのスポーツ』15 巻 11 号，1993 年，pp.52-54

幼児期の教育と小学校教育の円滑な接続の在り方に関する調査研究協力者会議「幼児期の教育と小学校教育の円滑な接続の在り方について（報告）」2010 年

体育ではいかに教えるのか？

——その方法について考える

はじめに

　体育ではいかに教えるのか，その方法は，単に授業における指導方法の研究をしているだけでは明らかにはならない。体育の目標と内容を問い，体育という教育的営みの全体に対する考え方を問題にする中で，初めてその方法のあるべき姿は導き出すことができるからである。

　我が国では，1977（昭和52）年の学習指導要領から目標として運動に親しませることが掲げられるようになり，それは学校体育と生涯スポーツとの関わりを重視する体育の新たな考え方を反映させたものだと言われてきた。しかし，具体的な指導法に関心をもつことはあっても，自身で目標や内容を問うことをしない教師の中には，そういった体育の理論的背景を深く考えることもないまま，運動に親しませるのだから体育の授業ではただ遊ばせておけばよいといった短絡的な解釈をした者もいたようである。

　体育の目標と内容について，教育の専門家として行うべき問いかけを怠ったがゆえに，体育ではいかに教えるのかを明確にすることができず，その結果，目標や内容を問うことだけでなく，授業において教師が行う指導さえ放棄してしまったのかもしれない。一方大きな声での指示や号令，笛による合図を用いて，直接的に強力に子どもたちに関わっていく指導こそが体育における方法だと考える教師も依然として少なくない。ここにも，その方法が現在の体育の目標と内容から考えて適切なものかどうかを問う姿勢はない。

　第Ⅰ章と第Ⅱ章で述べた体育の目標・内容からすると，体育の方法を考えるポイントは，子どもたちの自発的で主体的な運動の学習を保障することである。そこで，体育の方法について考える第Ⅲ章ではまず，子どもの自発的な学習を導くために教師が理解しておくべき心理学的な基礎知識を解説する。

　そのうえで，実際の授業をつくりあげていくための単元計画，それを授業として具体化していくための方法と評価を取り上げ，最後にこれまで述べてきた体育の目標・内容・方法にもとづいてつくられた授業の実践例を紹介しよう。

（鈴木秀人）

1. 体育学習の心理学的基礎

1.1　体育の授業づくりと動機づけ

① 運動に対する動機づけ

■ 運動との関わり

　第Ⅰ章で述べられたように現代の体育の授業では，すべての児童が運動の機能的特性に触れること，すなわち運動種目特有の楽しさを味わうことが重視される。運動を楽しむ中で，ルールやマナーを守り，友達と協力し，役割分担し，友達を大切にすることなどが学ばれる。だからこそ，すべての子どもが運動を楽しめる授業づくりが重要である。

　実際の授業では運動に熱中する多くの子どもを見ることができるが，そうでない子どもがいることもある。活発なクラスであってもいつもそうとは限らない。クラスのメンバーが笑いながら楽しそうに運動している授業であってもよく見ると子どもたちの動きは雑で真剣味がなく，笑いの理由は友達同士でお互いをからかっていることが理由だったりする。このような人と運動の関わり方の違いは動機づけの違いと考えることができる。

■ 運動への動機づけ

　動機づけはモチベーション（motivation）の訳語であり，その語源はラテン語の「動くこと」（movere=to move）である。このことから動機づけが基本的に意味する内容は，人を行動に駆り立てることである。一般に学術用語としての動機づけは，「行動を喚起し，持続させ，一定の目標に方向づける心理的過程」と定義され，人が行動に駆り立てられる事象全体を表す。定義にみられるように動機づけは，"どのくらい"という行動の強さ（持続時間，回数等）と"どのような"という方向性（行動や方略の選択）の両方を規定する。運動が楽しいと感じさせ，もっとしたいと思うように子どもたちを動機づけることが授業づくりの基本となる。

動機づけの過程において行動の原動力となるのは欲求，動機あるいは動因と言われる。最も基本となるのは欲求であり，人が生まれつきもっている一次的（基本的）欲求と，経験によって獲得される二次的（社会的）欲求に分類される。基本的欲求には生理的欲求，内発的欲求など，社会的欲求には，達成欲求，承認欲求などがある。欲求は対象があまりはっきりしないのに対して，動機はある目標を達成したいというように，より具体的な方向性をもつという点が異なる。動機は主として社会的行動の原動力を指す場合に使われ，動因は生理的行動に対して使われることが多い。欲求，動機，動因によって求められる対象は誘因と言われる。生理的動因に対しては誘因が，社会的動機に対しては目標が対となって使われる。人に欲求や動機が生じ，目標を達成しようと行動が活性化されていく過程が動機づけと考えることができる。

　人の行動を生じさせる欲求や動機はひとつではなく複数の欲求（動機）が組み合わさっていると考えられる。人はスポーツをしたいという欲求をもつと同時に，失敗して恥をかきたくないという欲求を同時にもつ場合がある。単純に運動をしたいという気持ちだけで運動を始めたり，続けられるわけではない。「あの子が運動しないのは，やる気がないからよ」と言う教師は子どもの動機づけについての理解ができていないと言える。なぜ人は運動するのか，しないのか，その理由は人によってさまざまであるし，ひとつの理由だけで説明できない複雑な過程といえる。人のあらゆる行動を特定の欲求（動機）だけで説明することはできず，複数の欲求（動機）がどのように働いて行動に結びつくのかという視点が必要となる。また動機づけは安定している面と不安定な面があり，状況によって変動する。状況との関わりの中で，欲求・動機から特定の行動に至る過程が動機づけ理論としてまとめられている。ここでは体育の授業づくりにおいて最も重要と思われる理論をとりあげた。

② 運動への自律的な動機づけ
■ 外発的動機づけと内発的動機づけ
　動機づけは一般的に外発的動機づけと内発的動機づけという分類がなされ

る。外発的動機づけは活動と直接関係のない外的報酬を得るための手段として行動が生じる過程である。運動についていえば，先生に褒められたいから練習する，練習をサボると先生に怒られるから運動するといった状況である。一方，内発的動機づけとは，行動そのものを目的として行動が生じる過程である。運動では，「こうすればうまくできそうだな」，「おもしろそう」，「やってみたい」，「ワクワクする」と感じて活動するのが内発的動機づけである。内発的動機づけを重視する理論が自己決定理論である (Ryan & Deci, 2002：pp.3-33)。

　自己決定理論では，人は能動的な存在で，自分自身の成長をめざす存在であると仮定される。動機づけの源となる生得的な欲求として，有能さへの欲求，自律性への欲求，関係性への欲求の3つが仮定される。有能さ (competence) とは環境と効果的にかかわることのできる能力，自律性 (autonomy) とは自分の行為を自らが起こそうとする自己決定の感覚，関係性 (relatedness) とは他者との関わりあいである。有能でありたい，自らの意思で行動したい，他者とよい関係をもちたいという3つの欲求の充足が動機づけに影響すると仮定されている。

■ 外発的動機づけの4段階

　動機づけは伝統的に，内発的動機づけと外発的動機づけの2つに対立的に分類されるが，自己決定理論では自律性の程度による連続体としてとらえられている。それには，非動機づけ，外発的動機づけ (外的調整，取り入れ的調整，同一化的調整，統合的調整)，内発的動機づけが含まれる (図表3-1)。

　非動機づけは，やる気がない状態である。この状態は学習性無力感と同義であると考えられている (Pelletier 他，1995：pp.35-53)。学習性無力感とは経験によって形成された無力感である。運動してもうまくならない経験が繰り返されると，どうせうまくならないと考えるようになる。外的調整は，外的報酬を獲得したり，罰をさけるために行動が生じる状態である。先生からの賞賛を受けるため，促されるから運動するといった，外的報酬や他者からの強制によって運動が行われる。取り入れ的調整は，他者の存在によるのではなく，罪や不安のような内的な圧力によって自分の意志が働き，行動が生じる状態である。やらないと恥ずかしいから運動するという感覚である。同一化的調整は，その活動を

動機づけのタイプ	非動機づけ	外発的動機づけ				内発的動機づけ
調整のタイプ	無調整	外的調整	取り入れ的調整	同一化的調整	統合的調整	内発的調整
行動の質	非自己決定的 ←――――――――――――――――――――→ 自己決定的					

図表 3-1　自己決定の連続体，動機づけのタイプ，調整のタイプ
出所) Ryan & Deci, 2002

することが重要であるという認識によって行動が生起する状態である。運動すると友達ができるというように，運動をすることの意義を認め，自らの意志で運動に取り組む。統合的調整は，活動を重要と認め，活動することと本人がもっていた価値，目標，欲求が調和する状態である (Ryan & Deci, 2002：pp.17-19)。

　運動に対する内発的動機づけは，知的理解，成就，感覚刺激の3つから構成される。知的理解は「どうやったらうまくいくか」という知的好奇心によって活動すること，成就はうまくなろうと練習する時に感じられる楽しみや満足を得ようと活動すること，感覚刺激は「シュートが決まった！」「鉄棒で新しい技ができた！」「気持ちよく走る」など，楽しみや興奮の刺激を得ようと活動することである。運動そのものの楽しさを味わうという状態は内発的動機づけであり，やらされて嫌々運動するのは外発的動機づけである。主体的な運動実践者を育てるためには，やらされて運動するのではなく，運動の意義を認め，運動そのものに興味をもち，うまくなりたい，気持ちよさを味わいたい，やり方を工夫したいという内発的動機づけを中心とした授業づくりが必要となる。ただし個人差や状況によって子どもの関心が異なることから，外発的動機づけも重要である。

■ 自律性を高める授業づくり

　基本的欲求の充足は自律的な動機づけに影響することから，有能さ，自律性，関係性の欲求を充足させるような授業づくりが重要となる。そのためには，運動に自信がもてるようにやさしい課題からむずかしい課題になるような学習過程を設定し，新しい課題に挑戦し，うまくいくための工夫をするなどに

図表 3-2　選手の自律性を高めるコーチング

① 選手たちに一定のルールの範囲内で選択の機会を与える。

② 活動，限界，ルールについて根拠のある理由を選手に与える。

③ 選手たちの感覚の承認を確認する。

④ 行動の開始や独立した活動の機会を選手たちに与える。

⑤ パフォーマンスに対して制御的でないフィードバックを与える。

⑥ あからさまな行動制御，罪の批判，制御的な言明を避け，報酬の利用を限定する。

⑦ 自我関与を促進する行動を最小にする。

出所）Mageau & Vallerand, 2003

より学習者自身が意思決定をするような場面をつくり，教師や仲間同士の協力によって互いが高められるような集団をつくることが大事である。競技スポーツにおいても図表 3-2 に示されるような自律性を高めるコーチングが選手の動機づけ，パフォーマンスによい影響をもたらすことが明らかにされている。

　動機づけを外発から内発への連続体として考えることによって，はじめは外発であっても，内発へ移行させていくという考え方ができる。体育授業の種目の中には子どもにとって興味をもてない種目，苦痛を感じる可能性のある種目もあるかもしれない。また，クラスの中には運動嫌いの子ども，特定の種目を嫌がる子どももいるかもしれない。各種目の運動特有の楽しさを全員に体験させるためには，苦痛や恐怖などの運動を回避させる要因を取り除く，課題そのものに対する興味を高めるようにして，外発から内発へ移行させることが必要となる。このような外発から内発への移行のためには，学習者と指導者との信頼関係が大事であることが明らかにされている（Ryan & Deci, 2002：pp.19-20）。

③ フローモデル

■ 活動に集中する条件

　内発的動機づけは，課題そのものに集中し，没頭する状態を作り出す。この状態はフローとよばれ，全人的に行為に没入しているときに感じる包括的感覚である（チクセントミハイ，1975：pp.65-84）。フロー状態になると，人は活動に没入し自己意識から解放され，楽しさを感じる。フローは，個人の能力と課題

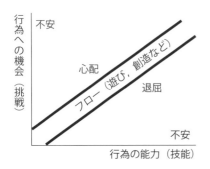

図表 3-3 フロー状態のモデル
出所) チクセントミハイ，1979：p.86

との関係から生じると考えられている（図表3-3）。課題のレベルが個人の能力よりも低いと退屈し，能力をこえる場合は不安になる。フローはその中間で生じ，能力が高まるにつれてより高い課題で生じる。

　毎回の授業では子どもが運動に熱中するフロー体験をすることが重要となる。フロー状態になるためには，能力と課題とのバランスが条件となる。授業がおもしろいと感じる子どもは，自分の能力に見合った課題となっている。一方，授業がおもしろくないという子どもは，自分の能力よりも低すぎて退屈しているか，高すぎて不安や緊張状態になっておもしろくないかのどちらかである。授業開始時の学習者の能力は適切な体験を通じて高まるのが授業である。授業を通じて能力が高まると以前の低いレベルの課題では退屈してしまう。能力の向上に見合うように課題のレベルもあげ，それらがともに高まっていくという流れが単元を通じて必要となる。

　単元計画の作成は，能力の向上と課題のレベルについての見通しが基本的な視点となる。単元の初期ではやさしいやり方で運動を楽しみ，能力が高まるにつれて工夫したやり方で運動を楽しむという方法となる。能力に見合った課題の設定の重要さは，自分が課題をどの程度できそうかという自信が行動の強さにつながると仮定する自己効力感の理論によっても裏づけられる。課題のレベルは，ボールや鉄棒などの用具，運動の仕方やゲームのルールなどの調整によっても変えることができる。

④ 達成目標と動機づけ雰囲気
■ 有能さの感じ方と達成目標
　内発的動機づけの他にも，教育やスポーツの分野での活動に対する動機づけ

として注目されるものは達成動機づけである。達成とは社会的動機の一つであり，卓越した水準を設定し，それを独自な方法で，長期にわたって挑もうとすることが基準と考えられている(宮本，1999：pp.5-7)。勉強やスポーツは達成行動とみなされる。初期の研究では期待×価値理論によって，ある課題に対してどの程度できそうかという期待とそれによって得られる楽しさという価値の認知が行動に影響することが明らかとなっている。近年は，達成目標理論が注目されている。達成目標理論では，能力を伸ばす，あるいは示すことが達成行動ととらえられ，人は達成場面において有能さ(コンピテンス)を得ようとし，そのために達成目標を設定し，目標が行動や感情に影響すると仮定される。すなわち，コンピテンスを感じる方法が達成目標によって異なる。

　達成目標は課題目標と自我目標に分類される。課題目標とは課題に対する熟達をめざすことであり，自我目標とは他者の中で相対的に優位にたつことをめざすことである(Nicholls, 1992)。2つの目標の源は，能力は努力すれば変わるもの，能力は努力しても変わらないものという能力観にもとづくと考えられている。自我目標は，自信がある時には熟達志向型といわれるような挑戦を求め，高い行動の持続につながるが，自信が低い場合は無力型といわれる挑戦をさせ，行動の持続を低下させる。一方，課題目標は自信の有無に関わらず能力を伸ばすことに関心があるので，熟達志向型の行動パターンになる。

　2つの目標は独立しており，同時に2つをもつことが可能である。運動についてみると，課題目標はうまくなることに専念するという内発的動機づけとなる。一方の自我目標は自分自身が目立てばいいという姿勢につながり，ルールを守らない，ラフプレーなどの非スポーツパーソンシップにつながることが指摘されている。運動を楽しむという視点では，自我目標よりも課題目標を高めるような授業づくりが重視されよう。その際「努力すれば伸びる」という能力観を刺激するような働きかけが必要となる。

■ 動機づけに及ぼす集団の雰囲気

　集団におけるメンバーの動機づけに影響する動機づけ雰囲気は，達成目標のもち方に影響を及ぼすことが明らかにされている(Ames, 1992)。課題目標を意識させ

図表 3-4　動機づけ雰囲気の違いがもたらす結果

雰囲気の側面	熟達目標・雰囲気	成績目標・雰囲気
成功の見方	進歩・上達	他者よりもよい成績をとること
失敗(ミス)の見方	失敗は学習の一部	不安を生じさせる
価値のあること	努力・学習	他者よりも高い能力があること
満足する理由	一生懸命やること・挑戦すること	他の人よりもうまくやること
教師の注目	どのように子どもが学習しているか	どのように子どもが成果をあげるか

出所) Ames & Archer, 1988 を修正

るような雰囲気は熟達雰囲気，自我目標を意識させるような雰囲気は成績雰囲気
である(図表 3-4)。この動機づけ雰囲気に影響する学習環境として TARGET 構
造が指摘されている(Epstein, 1988)。TARGET とは，Task(課題)，Authority(権
威)，Recognition(承認)，Grouping(グルーピング)，Evaluation(評価)，Time(時
間)の 6 つの要因である。各要因別の動機づけ雰囲気への影響は図表 3-5 に示
した通りである(Biddle, 2001)。実際に TARGET 理論にもとづいて行われた授
業では，生徒たちが課題目標，単元への肯定的なイメージを向上させ，さまざ
まな効果のあることが報告されている(長谷川，2002)。

図表 3-5　TARGET 構造と動機づけ雰囲気

TARGET	熟達雰囲気	成績雰囲気
① Task(課題)	挑戦的で多様な課題設定	多様性がなく挑戦的でない課題設定
② Authority(権威)	選択の機会とリーダーシップの役割が学習者に与えられる	意思決定過程に学習者は関わらない
③ Recognition(承認)	個人の進歩にもとづき個人が承認される	集団内の比較にもとづく集団が承認される
④ Grouping (グルーピング)	協同学習や仲間との相互作用が促進されるグルーピング	能力にもとづくグルーピング
⑤ Evaluation(評価)	個人の進歩と課題の熟達にもとづく評価	勝利や他者をしのぐことにもとづく評価
⑥ Time(時間)	個人の能力に応じた時間設定がなされる	すべての学習者に同じ学習時間が与えられる

出所)Biddle, 2001

1.2 運動の上達

① 運動の上達がもたらすこと

■ 体育学習における上達の意義

　授業の中で子どもたちはいろいろな体験によって運動がうまくなっていき，それに応じて新たな課題に挑戦し，フローを体験する。運動を知識として理解するだけではなく，実際に運動してうまくなることが体育という教科の独自な点である。体育の授業で運動が上達するという経験は，認知，感情および態度に影響するため，最も意義のあることとなる。「できた！」「うまくいった！」という経験は，有能さを感じ，ポジティブな感情が高まり，運動への興味が高まり，さらに運動したいという態度形成につながることになる。逆に運動の上達が全くない授業ではこのような状態は生じにくい。

　運動の上達に伴うフロー体験のある授業づくりには，さまざまな工夫が必要となる。場の設定，練習方法，言葉かけ，めあてのもたせ方，学習形態，グルーピング，さらに個人差にも対応することになる。ここでは，運動の上達についての基本的な考え方について理解し，授業づくりへのつながりを考えていく。

■ 運動パフォーマンス，体力，運動技能

　運動が上達するという変化は，動き，できばえ，記録という目に見える形によって推測される。このような観察可能な運動の遂行結果は運動パフォーマンスと呼ばれる。教師がみている子どもの動きは運動パフォーマンスである。運動パフォーマンスは，体力と運動技能から構成される。体力は広い意味で使われる言葉であるが，授業でいう体力とは「運動を遂行するのに必要なエネルギーを生産する能力」(杉原, 2003：pp.7-8)であり，多くのスポーツ種目に共通性の高い一般的な能力である。うまさ，巧みさは運動する人が経験によって身につけた能力である。この能力は運動技能と呼ばれている。「この子がうまく運動できないのは体力がないから」と，運動ができない原因を体力だけのせいにする教師はうまくさせるための工夫ができないことになる。

　運動する際，変化する環境にあわせて自分の運動が調整される。調整をする

ためには，外界の状況をとらえる働き，すなわち知覚が必要になる。ボールをキャッチするためにはボールの軌道を知覚する必要があり，跳び箱を跳ぶためには助走に伴う自分と接近する跳び箱との距離を知覚する必要がある。このように運動技能は，知覚と運動という2つの働きをうまく結びつけることによって成り立つことから「知覚を手がかりとして運動を目的に合うようコントロールするよう学習された能力」と定義される(杉原，2003：pp.8-9)。運動技能は知覚する環境が課題によって大きく異なるので，特殊性の高い能力と考えられている。

　何も練習せずにすべての運動種目ができる人はいない。運動技能が知覚と運動の2つの働きによって支えられることから，運動の上達は「知覚系と運動系の協応関係の高次化の過程」とみなされる(杉原，2003：pp.27-28)。運動上達の過程は，認識，定着，自動化という3つの段階に分類される。認識の段階とは運動について知る段階である。何度も繰り返し練習すると運動が安定する定着の段階となる。さらに練習すると自動的に運動ができるようになる。この段階が自動化である。認識の段階ではどう動いたらよいのかを意識するが，定着の段階ではあまり意識しなくてもできるようになり，自動化の段階では無意識的に運動が実行される。

② 運動上達のモデル
■ 情報処理モデル

　運動がうまくなる過程は情報処理モデルによって説明することができる。最も基本的なモデルは図表3-6のように入力→人間→出力である(シュミット，R.A., 1991：pp.16-18)。情報が人間に入力され，人間の中で処理され，運動の実行という形で出力がなされる。人間の内部では刺激同定，反応選択，反応プログラミングという過程を通じ，どのような運動を実行するかが決められる。運動を何度も繰り返すと，短期的あるいは長期的に運動の情報が記憶され，情報の検索とその内容が情報処理に関わるようになる。情報処理の過程で重要なことは，誤差の検出と修正である。自分のやった運動と自分のやろうとしていた運動を比較して誤差を検出し，誤差を減らすように修正しながら繰り返し運動す

図表 3-6　基本的な運動のモデル　　　図表 3-7　フィードバック回路

ることで技能は向上していく。誤差を検出するためには，図表 3-7 に示すように運動した結果に関わる情報を戻すこと，すなわちフィードバックが必要となる。運動すると本人にはさまざまなフィードバックがなされるが，目標と結果の違いがわかるようなフィードバックがなければ上達はむずかしい。

　フィードバックのうち学習者に対して第三者から付加的に与えられるものが，付加的フィードバックである。代表的なものは，結果の知識（KR：Knowledge of Result）である。運動指導においては学習者に効果的な KR を与えることは大切である。マット運動で手をつく位置や角度などを教師や友だちが指摘するといった光景は授業でよくみられる。この場合，手をつく位置や角度の情報は KR となる。KR を与える場合に重要なのはタイミング，内容，伝え方である。タイミングについては，何回かまとめて与える要約フィードバックの有効性が指摘されている。運動が終わるたびごとにフィードバックを与えると学習者に混乱が生じやすく，KR に依存的になることもある。学習者に必要な内容，伝わりやすい表現は個人によって異なる。学習者に効果的な内容の KR を与えるためには，運動の観察力を高めること，運動に対する知識が必要とされる。

■ 運動上達のための指導

　運動パフォーマンスは不安定である。練習によって安定するが，状況によって変動する。変動をもたらす大きな原因のひとつは精神的要因である。プレッシャーによって過度に不安が高まると本人のもっている運動技能が発揮されず，パフォーマンスが低下する。もっている力を発揮するためには，多くのことを考えすぎないようにする，ポジティブなイメージをもつ，注意が散漫にならないよう運動開始の手順を決めておくなどの対策が必要となり，教師からはリラックスできるような雰囲気づくり，言葉かけが望まれよう。

　実際の運動指導は，言語的指導，視覚的指導，筋運動感覚的指導が状況に応

じて組み合わせて行われる。言語的指導では，運動イメージを活性化させるような言葉かけ，そのタイミング，学習者にとってのわかりやすさに考慮する必要がある。また，視覚的指導ではよい手本を活用し，資料の活用も効果的である。筋運動感覚的指導では，補助器具を使うなどの工夫も考えられる。授業では個別指導だけでなく，クラス全体，グループ別に必要な情報の提供も求められる。運動指導の原則は，その状況でその学習者にあった指導方法をとることである。

（杉山哲司）

【さらに学習を深めるために】

1) 西田保編著『スポーツモチベーション』大修館書店, 2013 年
   運動・スポーツに対する動機づけについて多くの研究が紹介されている。
2) 杉原隆『新版 運動指導の心理学　運動学習とモチベーションからの接近』大修館書店, 2008 年
   運動学習と動機づけを中心に理論から実践が書かれている。難解な理論や概念についてわかりやすく丁寧な説明がなされている。体育の授業から競技スポーツまで応用出来る内容である。
3) 杉原隆編『生涯スポーツの心理学』福村出版, 2011 年
   心理学の視点から，生涯スポーツをめぐるさまざまな問題を論じている。
4) デシ, E. L. & フラスト, R.(桜井茂男 監訳)『人を伸ばす力　内発と自律のすすめ』新曜社, 1999 年(Deci, E. L. & Flaste, R. 1995 WHY WE DO WHAT WE DO The dynamics of personal sutonomy G. P. Putnam's Sons, New York.)
   内発的動機づけの意義について例をまじえてわかりやすく述べられている。
5) 上淵寿編著『動機づけ研究の最前線』北大路書房, 2004 年
   動機づけの理論がまとめられている。
6) 今村浩明・浅川希洋志編『フロー理論の展開』世界思想社, 2003 年
   本書で紹介されているフローモデルの，その後の理論的な広がりや実践への応用について紹介されている。チクセントミハイ自身が，フローモデルに修正を加えている。
7) 鹿毛雅治編著『モティベーションをまなぶ 12 の理論―ゼロからわかる「やる気の心理学」入門！』金剛出版, 2012 年
   動機づけについて，最近の理論がわかりやすく説明されている。

2. 単元計画の立案

2.1 体育の授業づくりと単元

① 単元計画に関わる問題状況

■ 単元とは

　単元とは，体育を含めたすべての教科の授業において，予定された学習における経験や活動，あるいは学習する内容のまとまりを指し，教師が授業づくりを構想する際に基本的な単位となるのが単元計画である。単元は，どれぐらいの時数で構成されるかその規模によって，大単元，中単元，小単元というように分けられるし，また，1つの単元で取り上げる学習内容の数，体育の場合は運動の数に着目することで，独立単元，組み合わせ単元という分け方もされる。

　体育の授業づくりにおいてこの単元計画が立てられるようになったのは，第二次世界大戦後のことである。戦前の身体の教育としての体育では，身体を鍛える1授業時間のトレーニング計画さえあれば授業は成立したので，そこに単元計画というものは必要とされなかったからである。

　その後，戦後の運動による教育としての体育になって以降，学習の主体者としての子どもが学習内容としての運動を学ぶ学習活動を，教師が授業として計画するという体育授業の構造がつくられたので，単元計画を立てるということが行われるようになった。そして運動による教育は，多様な運動の経験によって心身の発達を促そうとしたため，多くの運動種目が教えられることになったが，その結果，小単元が中心のカリキュラムがつくられたのである。

■ 単元計画のない体育授業

　この体育授業の始まりが単元をもたなかった歴史に起因するのか，今なお単元計画をもたない体育授業が存在する。小学校で見られる光景である。教室での授業が終わり，子どもが担任に駆け寄って尋ねる。「次の体育は何やる

の？」教師も尋ねる「そうねえ，何したい？」。子どもが答える「ドッジボールがいい」。そして教師は言うのである，「じゃあ，ドッジボールにしよう」と。

　ここには，あらかじめ教師によって計画された学習内容のまとまりもなく，一定の経験や活動の継続もない。だから，子どもは前の授業で何をしたかを想起することもないし，それと今日の授業との関連を考えることもないのである。こういった状況に問題を感じることもなく，「指導案って体育にあるんか」という発言をする教師もいまだにいるという(清水, 2001：p.171)。学習指導案は，単元計画にもとづくその中の1授業時間の計画だから，ここには指導案を考える前提の，単元計画そのものを必要とは考えていない教師の認識がみえる。

　教室で行われる他教科の授業と比較すると，教科書を使用しないことが多い体育の授業ではともすると無計画になりやすい。また，運動施設や用具を提供すれば，それなりの活動が生起してしまう体育の授業は，教師の単元に対する認識次第では，何ら計画性のない単なる運動経験に終始するという問題状況に陥りやすいことを最初に自覚しておくことにしよう。そういった授業にみられる活動は，単発的で一過性のものであるという点では，戦前の身体の教育における運動経験と大差ないことも，ここで指摘しておきたい。

② 単元計画の必要性
■ 質的な学習時間の積み重ね

　しかしながら，体育の授業で教える運動を文化としてとらえ，それを子どもたちにとってプレイ論で言うようなプレイとして学ばせていこうとするならば，ある一定のまとまりをもった時間が必要である。子どもがそれぞれの運動の魅力を味わい，自己目的的な活動としてそれに関わっていくということには，一過性の運動経験を超えたより深い運動への関わりが求められるからである。

　多様な個人差のある子どもたちが，どのようにある運動と出会い，どのようにその運動の魅力を知り，どのようにしてそれとの関わりを深めていくのか，という子どもと運動との関係を大切にした体育の授業づくりには，ただ単に量的な時間が必要と言うよりも，質的な時間のまとまりが不可欠なのであり，そ

の質を確保するためには，そういった学習の積み重ねを見通した教師の計画的な指導が要求される。だからこそ，単元計画が必要となるのである。

■ **単元計画の特徴**

　歴史的にみると，戦後の運動による教育としての体育の後に位置づく現在の体育授業では，単元計画のあり方について次のような特徴が見られる。まず，そこで取り上げる運動は機能的特性が明確であり，学習の発展性や楽しさの深まりがあるもので，子どもにとって時間をかけて学習する意味を見出せるものを取り上げる。この点を中心にしつつ，結果的に好ましい心身の発達が期待できるもの，地域や学校の特徴を活かせるものといった視点も併せもつ。

　単元の構成については，できるだけ1つの運動で単元を組むようにするが，子どもの興味・関心の持続や体力的な問題を考慮して，小学校の低・中学年では組み合わせ単元の工夫を考えることもある。単元の規模については，できるだけ1つの運動で単元を組むことを前提に，カリキュラムに取り上げる運動を根拠をもって精選し，より大きな規模の単元をつくる努力をする。

　こういった特徴には，その計画によって実現しようとする体育という教育的な営み全体に対する明確な考え方の表明がある。つまり，単元計画にはそれにもとづいて体育の授業を行う授業者自身の，体育の目標，体育の内容，そして体育の方法に対する考え方が表れていなければならないと言えるだろう。

（鈴木秀人）

【さらに学習を深めるために】

1) 福本敏雄「指導計画の作成と手順」高橋健夫・岡出美則ほか『体育科教育学入門』大修館書店，2002年，pp.140-148
　年間計画，単元計画，指導案という，指導計画の基本的事項が解説され，単元計画作成において必要な作業が整理されているので，初学者には役立つ。

2) 長見真「『楽しい体育』の単元計画」全国体育学習研究会編『「楽しい体育」の豊かな可能性を拓く』明和出版，2008年，pp.120-124
　運動の機能的特性を味わうことを中心に体育の学習を構想する単元計画について，その考え方がわかりやすく説明されている。

2.2　学習過程の考え方

① 学習過程の基本的な考え方

■ 単元計画を立てる第一歩

　先に述べたように，子どもたちがどのように運動と出会い，どのようにその運動の魅力を知り，どのようにしてその運動との関わりを深めていくのか，という一定の時間をかけて積み重ねていく学習を教師が構想することが単元計画であるならば，それを立案していく最初の作業として，子どもたちがその単元を通して学習を進めていく道筋，すなわち学習過程を考えなければならない。

　したがって，教師が単元計画を立てる第一歩は，単元全体を見通して予定する学習の経験や活動を，共通の目標として設定される学習の「ねらい」と，そこから具体化されるそれぞれの子どもがもつ「めあて」に向かう活動を軸に，時間の流れにそってゆるやかに組み立てていく学習過程のあり方を考えることに焦点化されるのである。

■ 基本的な考え方とそれまでの考え方

　この学習過程の基本的な考え方として，今もっている力で運動を楽しむ段階から学習をスタートし，自発的な創意や工夫を重ねつつ，より高まった力で運動を楽しむという段階へ発展していくという考え方が提起されて，すでにある時間が経過している。この，言わばどの子も今もっている力でできるやさしい運動への関わりから学習を始めて，徐々に学習を発展させていくという学習の道筋は，子どもたちの自発的な学習を導こうとする立場に教師が立つならば，体育だけに限らず，どの教科の授業においても大切にしなければならないものとして理解できる考え方と言えるだろう。

　けれども，体育の授業づくりにおいてこういった学習過程の考え方が大切にされるようになったのは決して古くからのことではなくて，授業実践のレベルでは，むしろそれとは反対の学習の流れが長いこと教育現場では支配的であった。たとえば，小学校で当たり前のように行われてきた，クラスの全員が逆上がりをできるようになる，開脚跳び越しで跳び箱を跳べるようになる，といっ

た類の実践は，できることからではなく，できないことへの挑戦から始まり，それを克服していくという学習の流れを前提にするものなのである。

　言うまでもなく，こういった学習過程を背後で支えていたのは，できない運動に挑戦させることで心身の発達を促すことを体育の第一の目標とする考え方であったり，体育における学習をある運動技術の習得と同義にとらえる考え方であった。体育の目標や内容についての一定の考え方が，できない運動への挑戦から始まる授業実践のあり方を道理にかなったものとしたわけである。

■ 学習過程がもつ意味

　かかる経緯から，運動の文化的な享受能力を育むという中心的な目標に向かう現在の体育では，逆上がりの全員達成に象徴されるような過去の体育の考え方にもとづいてつくられた学習過程がそのまま授業として具体化されることは問題だということは理解されるところであろう。できない運動へ子どもたちを追い込んだかつての体育の学習が，少なからぬ運動嫌いを生み出してきたことへの反省とともに，運動の文化的な享受に相応しい体育の学習は，生活内容として楽しまれる運動と同様の行い方で進められるべきであるという視点からの検討も深められていく中で，今もっている力で運動を楽しむ段階からスタートする学習過程は，授業実践として具体化されてきたのである。

　今もっている力で運動を楽しむことから始まる学習の流れが提唱されるようになった背景には，このように体育の目標，体育の内容についてそれ以前のものとは異なる考え方があることを，授業づくりを行う教師自身が理解しておくことは重要である。それを欠くがゆえ，その学習過程をマニュアルのように用いる教師からは，たとえば，逆上がりをできるようにするという授業のあり方はそのままで，できるために必要な技術練習を段階的に示し，それぞれの子どもが今できる段階で逆上がりの練習をしているのだから，「今もっている力で行う学習です」といった解釈を聞くことにもなってしまうからである。

　今もっている力で楽しむという学習は，単元計画や学習指導案の文言のうえでは，「今できる力で○○を楽しむ」というように表現されることが多い。しかし，この「今できる」が，授業づくりのレベルではしばしば運動技術に偏っ

てとらえられてしまう傾向がある。先に紹介した，逆上がりの練習をめぐる解釈はその典型である。そこには，体育の目標のとらえ方についての不十分な理解があるのはもちろんだが，今もっている力で楽しむという学習がもつ意味についての理解も欠落した結果，今もっている力で進める学習が，ただ今できる技術を使って練習することに置き換えられてしまっているのである。

　そこで暗黙の前提になっている学習とは，新しい知識や技術を獲得することという伝統的な学習観によるものと言えないだろうか。だが，「今もっている力で運動を楽しむ」という学習が導こうとした学習とは，従来の学習のとらえ方の中に止まるものではなかった。我々は今一度，今もっている力で楽しむという学習がもつ意味，すなわち，そこでの学ぶことが子どもにとってどのような意味をもつものなのかについて検討してみる必要がありそうである。

② 運動の機能的特性から考える学習過程の具体化
■ 技術の習得から学習過程を考えることを超えて

　確かに，運動は分析的にみていくならば，技術やルールやマナーといった諸要素から構成されているものととらえられ，運動を行うということは技術を抜きにして語ることはできないし，あえて技術を抜きにして語る必要もない。しかし，運動を「楽しむ」ということは，決して技術の問題だけに集約されてしまうものでないことも，誰もが経験的に知っていることである。

　運動を楽しむ時に何よりも重要なのは，それを行うプレイヤー自身がどのような魅力をその運動に見出すのかである。今もっている力で運動を楽しむという学習において学ぶこととは，子どもたちのそれぞれが運動という文化とどのような関係を取り結ぶのかをめぐる部分に見出されているのであり，それは運動を楽しむこと，まさに運動の文化的な享受と重

どの子も今もっている力でボールゲームを楽しむ

①競争型の学習過程

| やさしい競争を楽しむ ─────────────→ 工夫して競争を楽しむ |

○やさしい技術・戦術で競争を楽しむ ─┬→ 工夫した技術・戦術で競争を楽しむ
　　　　　　　　　　　　　　　　　　簡単なルールで

○簡単なルールで競争を楽しむ ────┬→ 工夫したルールで競争を楽しむ
　　　　　　　　　　　　　　　やさしい技術・戦術で

②克服型の学習過程

| やさしい障害と運動のし方で楽しむ ──→ 工夫した障害と運動のし方で楽しむ |

○やさしい障害で楽しむ ───────┬→ 工夫した障害で楽しむ
　　　　　　　　　　　　　やさしい運動のし方

○やさしい運動のし方で楽しむ ────┬→ 工夫した運動のし方で楽しむ
　　　　　　　　　　　　　　やさしい障害に

③達成型の学習過程

| やさしい基準に挑戦して楽しむ ─────→ 難しい基準に挑戦して楽しむ |

○やさしい記録に挑戦して楽しむ ───┬→ 難しい記録に挑戦して楽しむ
　　　　　　　　　　　　　やさしい運動のし方で

○やさしい運動のし方に挑戦して楽しむ ┬→ 難しい運動のし方に挑戦して楽しむ
　　　　　　　　　　　　　　　やさしい基準で

④模倣・変身型の学習過程

1）模倣型
　○やさしい対象に模倣して楽しむ ──→ 難しい対象に模倣して楽しむ
　　　　　　　　　　　　やさしい模倣のし方で
　○やさしい模倣のし方で楽しむ ───→ 難しい模倣のし方で楽しむ
　　　　　　　　　　　　やさしい対象に
2）リズム型
　簡単なリズム……→複雑なリズム　　やさしい動き……→工夫した動き
3）社交型
　簡単な踊り……→工夫した，複雑な踊り　　やさしいマナー……→工夫したマナー
4）民舞型
　簡単なイメージ……→複雑なイメージ　　やさしい踊り方……→工夫した，難しい踊り方
5）創作型
　簡単なイメージ……→複雑なイメージ　　やさしい動き……→工夫した，難しい動き

図表 3-8　運動の機能的特性に対応した学習過程

出所）宇土正彦編，1986：pp.26-27 を一部修正

なり合うものと言ってよい。

　そこでは，その運動に見出される魅力が核になって，技術やルールやマナーといった要素はひとつの意味のあるまとまりを成すのであって，技術はこの運動に特有の楽しさや面白さとの関係性の中で，子どもにとって解決すべき意味のある課題となる。同様のことは，ルールを工夫したりマナーを身につけるといったことにも当てはまる。

■ 機能的特性から学習過程を考える

　このようにみてくると，今もっている力で運動を楽しむ段階から学習をスタートし，自発的な創意や工夫を重ねつつ，より高まった力で運動を楽しむという段階へ発展していくという学習過程を実際の授業として具体化していく際には，運動の機能的特性の一般的な把握と，それを学習する子どもたちからみてとらえなおすという手続きが大きな意味をもつことになる。今もっている力で運動を楽しみ，さらに高まった力で運動を楽しむということは，プレイヤーである子どもたちにとってどのように運動の魅力がとらえられるかで方向づけられることになるからである。

　そこで，学習過程の基本的な考え方を，それぞれの運動の機能的特性に対応させながら具体化していくことへ進むのだが，その手がかりとしては，前頁に紹介した図表3-8のような特性に対応した学習の道筋がすでに提案されている。ただし，これはマニュアルではない。これをひとつの手がかりとしながら，目の前の子どもたちにとってはどのような運動への関わりが今もっている力で楽しむことになるのか，その先にどのような観点から創意や工夫を重ねることで，より高まった力で楽しむことへと発展していけるのかを，授業を行う教師自身が子どもたちの実態に応じて検討していくことで初めて，その授業には，学ぶ子どもたちにとってリアリティのある学習が生まれる可能性が拓けてくるのである。

　　　　　　　　　　　　　　　　　　　　　　　　　　　　　　（鈴木秀人）

【さらに学習を深めるために】

1）宇土正彦「学習過程」松田岩男・宇土正彦編『学校体育用語事典』大修館書店，

1988 年，pp.56-58

体育の学習過程について，伝統的にあった考え方と現在提唱されている考え方とを対比させながら説明している。とくに，運動の特性のとらえ方によって，学習過程の具体化が方向づけられるという指摘は重要である。

2) 高橋健夫「体育の学習過程」宇土正彦・高島稔ほか編『新訂 体育科教育法講義』大修館書店，2000 年，pp.78-88

学習過程の一般的な定義をはじめとする基本的事項が解説されており，また体育の学習過程の基本的な考え方と，その段階に応じた指導の要点についても整理されている。

3) 菊幸一「学習過程」勝田茂ほか編『最新スポーツ科学事典』平凡社，2006 年，pp.106-109

学習過程を考える理論的な背景と，体育の学習過程を検討していく際に関連する諸事項が解説されている。体育の授業づくりに直接関わるさまざまな検討事項について押さえることができる。

4) 清水紀宏「外生的変革に対する学校体育経営組織の対応過程：2 つの公立小学校の事例研究」『体育学研究』46 巻 2 号，2001 年，pp.163-178

体育の研究指定校における研究の推移を詳細に検討した事例研究。そこでの体育授業づくりをめぐる実態，とくに教師自身が授業づくりの是非を判断する基準をどこに求めているかについての実態には大いに考えさせられる。

2.3 作成の手順と実践例

① 代表的な単元計画例とその考え方

■ 唯一の書き方があるわけではない

年間指導計画に取り上げられた単元を，実際の体育授業として展開していくための具体的な計画が単元計画であり，その中の 1 授業時間の計画が学習指導案となる。学習指導案は，指導案あるいは本時案などとよばれることも多く，詳細にその中身が記述される細案というレベルのものもあり，一方，要点を押さえた上で簡略な記述に止める略案と呼ばれるレベルのものもある。何れにせよ，単元計画がまず立てられ，その中の 1 授業時間の計画として学習指導案が検討されるというのが授業づくりの基本的な手順である。

さて，このように体育の授業づくりを進めていくための計画である単元計画

や学習指導案であるが，その書き方や形式に唯一絶対的なものがあるわけではない。それぞれの学校によって書き方が違ったり，同じ学校の先生でも学んできた書き方が異なるのは日常茶飯のことである。しかしながら，それらの計画が授業づくりのための計画である以上，授業を構想する上で欠かすことのできないいくつかの項目については，形式の違いはあってもほぼ共通に押さえられることになる。

　体育授業の場合で言えば，単元名としての運動種目，その運動についての授業者の理解，単元の目標としての学習のねらい，学習のねらいに向かう学習の道すじ，学習活動とそれに対応した指導活動の展開計画，等々である。こういった項目は，それぞれの書き方に多少の違いはあっても，どの単元計画でも必ず押さえられているはずである。

■ 単元計画の違いを導くもの

　けれども，学習活動とそれに対応した指導活動の展開計画は，その教師がどのような授業を行おうとしているかを具体的に表現することになるので，ここの書き方には異なったパターンが現れやすい。この点について團琢磨(1983)は，バレーボールを例に2つの異なった単元計画のパターンを図表3-9のように対比させる形で示している。

　図表3-9の上段は，バレーボールの学習をゲームを楽しむというねらいで進めていこうとする単元計画であり，単元全体の学習を大きく2つの学習のねらいに向かう活動で構成したものになっている。下段は，バレーボールの学習を技術の段階的な習得をねらいに進めていこうとする単元計画であり，1時間1時間で学習のねらいとされる技術の練習がそこでの活動を構成するものである。

　同じ運動を取り上げる授業でもこのように計画に明らかな違いが生じるのは，体育の授業づくりを考える教師が，バレーボールの楽しさや面白さを学習することを主たるねらいとするのか，バレーボールの技術や戦術を学習することを主たるねらいとするのか，その目標設定に違いがあるためである。したがって，単元計画のこのような違いは，その前に記述される単元の目標としてある，学習のねらいのとらえ方の違いから導かれるものであるし，さらにかか

図表 3-9　バレーボールの 2 つの単元計画例

段階		学習のねらいと活動	指　導
は じ め	1	1. 学習のねらいと道筋がわかる. 2. グルーピング，学習のきまりをつくる. 3. ゲーム	1. ねらいがわかり，自分たちの力に合っているか.
な か	2 〜 10	ねらい1　ボールを落とさないように補い合って，相手コートへ移し返すゲームを楽しむ. ↓ ゲーム1　声をかけ合って動き，補い合ってボールを返す. ↓ 話し合い・練習　（パスをつなぐ，声をかけ合って動く） ↓ ゲーム2　ボールをつないで相手コートへ返す. ↓ ねらい2　パスをつないで相手の受けにくいところへボールを移し返すゲームを楽しむ. ↓ ゲーム1　ボールのつなぎ方を工夫して相手コートへ返す. ↓ 話し合い・練習　（サーブレシーブとつなぎ方） ↓ ゲーム2　相手の受けにくいところへボールを返す.	2. 学習のしかたがわかり，工夫がなされているか. 3. その他（マナー）
ま と め	1	1. ゲーム 2. 学習の反省（記録の整理を含む）	

学習段階 （時間）		学習内容と活動		指　導
は じ め	1	1　学習の計画および活動のしかたのうつし 2　グルーピングと役割の分担 3　ためしのゲーム		
な か	3	個人的技能の練習 （各種パス，レシーブ）	内容を能率的に学習するためにグループの活動として図示	学習を正しく豊かにするための指導.
	3	○トス―スパイク ○サーブレシーブ		
	4	グループ対グループのゲーム ○ゲームの練習 ○リーグ戦		
ま と め	1	反省 評価　（主として技術内容の習得に関して）		

出所）團，1983：pp.264-265 より

る学習のねらいのとらえ方に違いがみられるのは，その前提に位置づく授業で
取り上げる運動について，授業者の理解に違いがあるからなのである。

② 運動の機能的特性を大切にした単元計画
■ 作成の手順

　先に紹介した単元計画例の違いは，授業者による運動の理解に注目してみる
と，その運動の特性のとらえ方の違いとして説明することもできるだろう。つ
まり，ゲームを楽しむというねらいの単元計画では，バレーボールの機能的特
性を中心にした運動の理解が前提にされているし，技術の段階的な習得がねら
いの単元計画では，バレーボールの構造的特性を中心にした運動の理解が前提
になっているということである。

　よく知られている運動の機能的特性を中心にした単元計画は，1980 年に竹
之下休蔵が提案した図表 3-10 のような形式に始まるものである。単元計画の
最初には「運動の特性」の把握が置かれる。もちろん，機能的特性を中心にそ
れをとらえることになるのだが，それがまず「一般的特性」という項目の中で
押さえられる。ここでは多くの人々を共通に魅了するその運動に特有の楽しさ
を明らかにしておく。次に竹之下は，「子どもの立場からみた特性」という視
点から運動の特性をとらえ直すという作業を計画の中に位置づけた。それは，
「同じ運動でも，こどもには個人差があってそのとらえ方が違うので，個々の
こどもの立場に立って，もう一度運動を見なおして」(竹之下, 1980 : p.7)みるこ
とが単元計画を考える上で必要だと考えたからである。

　たとえば，走り高跳びという運動は，機能的特性にもとづく分類では，目標記
録への挑戦である達成型や，記録会における他者への挑戦となる競争型の特性
をもつものとして理解できる。しかし，だからといって教師は，走り高跳びは達
成型あるいは競争型といったように固定的に決めつけて計画を立てるのではな
くて，それを手がかりにしながらも，ある高さをめざしてそれをクリアしてみた
い，新しい跳び方で跳んでみたい，友達と競争をしてみたい……などといった子
どもたちのさまざまな欲求を考慮しながら，目の前にいる子どもたちの実態から

図表 3-10　機能的特性を中心にした単元計画のモデル

```
                          単元（種目）
Ⅰ．運動の特性
  1．一般的特性
  2．子どもの立場から見た特性

Ⅱ．学習のねらいと道すじ
  1．ねらい（総括的）
    ねらい 1         イ．X は 2 ～ 3 程度でよかろう．
      ↓            ロ．ねらいを 1 → X に分けると学習の道すじを
    ねらい X              示すことになる．

Ⅲ．学習と指導（前のⅡの学習と指導の流れに具体化）
  ┌──┬─────────────────────────────┐
  │はじ│ 1．学習のねらいや道すじがわかる．           │
  │め  │ 2．グルーピング，学習のきまりを作るなど．      │
  ├──┼──────────────────┬──────────┤
  │   │   学習のねらいと活動       │   指　 導   │
  │なか├──────────────────┼──────────┤
  │   │ねらい 1 ┐                │          │
  │   │  ↓    ├ 活動 ←──────→         │
  │   │ねらい X ┘                │          │
  ├──┼──────────────────┴──────────┤
  │まと│ 1．学習の反省                          │
  │め  │ 2．記録（グループノート）の整理など           │
  └──┴─────────────────────────────┘

※場所と用具，時間配分は適宜の場所に記入する．
```

出所）竹之下休蔵ほか，1980：p.9 を一部修正

　みた時に，彼らにとってプレイとなるような走り高跳びの学習とは，どのような
特性で押さえることができる活動になるのかを考えることが必要なのである．
　この作業は，どのようなねらいに向かい，学習のスタートはどのような活動を
して，それをどのように発展させていくと，それぞれの子どもたちがその運動に
特有の面白さや楽しさを味わうことができるのかを考えることであり，それは単
元計画では，学習のねらいと道すじとして表されることになる．そして，その道
すじを子どもたちのねらいに応じた活動とそれに対応して予想される教師の指
導に分離して具体化したものが，単元計画における学習と指導である．
　図表 3-11 は，そのような形式で書かれた 6 年生を対象にしたバスケット

図表 3-11　体育科単元計画実践例

体育科単元計画

日　時　平成○○年6月13日(木)13：00～13：45
場　所　○○小学校体育館
対　象　6年○組32名(男女各16名)
指導者　○○○○

1. 単元名　／バスケットボール
2. 運動の特性
(1)一般的特性
　パスやドリブルでボールをつなぎシュートをしたり，相手の攻撃を守ったりすることを通して，得点を競い合うことが楽しい運動である。
(2)子どもから見た特性
・バスケットボール同好会に参加している子どもがいたり，休み時間に友達とバスケットボールをして遊ぶ子がいたりするなど，一部の子どもにとっては，大変関心が高い運動である。
・体育は好きかという問いに対して，8割を超える子どもが「大好き」「好き」と答えており，体育好きが多いといえる。また，バスケットボールについての同じ問いに対しても7割の子どもが「好き」と答えており，多くの子どもが期待感をもっている運動である。
・ゲームでは，ボールをめぐり動き続け，運動量の多い運動である。
・相手の守備を破るための作戦をチームで考え，実戦することの楽しさと難しさを味わうことのできる運動である。みんなで攻め，みんなで守る段階までは5年生で高まっている。
・集団での関わりが生まれやすい運動である。特に作戦を考え，実戦するときに深く関わることができる。反対に，個人プレイに終始する子どもがチーム内にいると，やる気をなくす子どもが生まれやすい運動である。
・パスやドリブル，シュートの技術を習得し，ゲームで使うことが楽しい運動である。アンケートによると，特にシュートを決めたときに楽しさを感じる運動である。
・5年生から子どもも担任も持ち上がりの学級である。男子は休み時間にサッカーやキックベースなどをして遊ぶ子が多い。女子は一輪車や竹馬，バスケットボールをして遊ぶ子がいるが，半数ほどは教室で休み時間を過ごすことが多い。行事や学級での活動では男女で協力して活動することができる。
　しかし，高学年ということもあり，男子と女子という枠組でものごとを見るようになりつつある。アンケートによると，チームの友達とプレーすることが楽しい運動であるという意見が多かったことから，味方のメンバーと共に目標に向かってプレーすることで，さらに集団の凝集度を高めてくれる運動であるといえる。
3. 学習のねらいと道すじ
(1)学習のねらい
　ルールやマナーに気をつけて，作戦を工夫し，組織的に守って，速攻で攻めるゲームでバスケットボールを楽しむ
(2)道すじ
　ねらい1…マナーに気をつけて，チームやルールに慣れると共に，いろいろなチームと対戦しながらゲームを楽しむ
　ねらい2…ルールやマナーに気をつけて，作戦を工夫し，組織的に守って，速攻で攻めるゲームでバスケットボールを楽しむ

(3) 時間配分

1	2	3	4	5	6	7	8
はじめ		ねらい1 （総当たり）			ねらい2 （対抗戦）		まとめ

4. 学習とねらい

<table>
<tr>
<td rowspan="2">は
じ
め</td>
<td colspan="2">
1. ねらいや道すじを知り，見通しをもつ。
2. グループと役割を確認する。4人（8グループ），男女混合，グループ間等質
                     グループ内異質，役割分担
3. 学習の進め方やルールについて話し合う。（はじめのルールとして）
・ボールを持ったまま3歩歩いたり（トラベリング），ドリブルを止めてさらにドリブルを始めたり（ダブルドリブル）したら，サイドラインからの相手ボールで始める。
・ボールを持っている相手に触れない。触れたら，サイドラインからの相手ボールで始める。
・ボールを取り合いになり，3秒たったらその場でジャンプボールで試合を再開する。
・相手に体当たりしたり，手をたたいたりといった危険なプレーをした場合，サイドラインからの相手ボールで始める。相手陣地で危険なプレーをした場合，相手のフリースローとする。
・すべての場合リングに入ったら2点とする。
・相互審判制とする。
・ゲームに出ない人はサイドコーチをする。
・1試合10分（5分×2）とする。毎時間2試合行う。
</td>
</tr>
</table>

	ねらいと活動	指　　　導
な か 1 2 3 4 5 6 7 8	マナーに気をつけて，チームやルールに慣れると共に，色々なチームと対戦しながらゲームを楽しむ。 ・準備とウォームアップ ・作戦タイム　　→　　・ゲーム1 ・作戦タイム　　→　　・ゲーム2 ・ふり返り ルールやマナーに気をつけて作戦を工夫し，組織的に守って，速攻で攻めるゲームを楽しむ。 ・準備とウォームアップ 　　　　　　　　　　　体育館 ・作戦タイム 　　　　　　┌─────┐ 　　　　　　│ Aコート │ 　　　　　　├─────┤　　校庭 ・ゲーム1　│ Bコート │ 　　　　　　└─────┘ 　　　　　┌────┐　中庭 ・作戦タイム│実習・│ 　　　　　│研究室│┌─────┐ 　　　　　└────┘│ Cコート │ ・ゲーム2　┌────┐├─────┤ 　　　　　│南棟││ Dコート │ 　　　　　└────┘└─────┘ ・本時のふり返り 　チームで話し合う　全体で話し合う	・係が準備をスムーズに行えるように助言する。 ・マナーやルールを守ってゲームをしているか観察し，助言をする。 ・自分たちでウォームアップ，ゲームができるように必要に応じて助言をする。 ・自分のチームの特徴を生かした作戦を考え，ゲームに臨むように助言をする。 ・ルールやマナーについて観察し，必要に応じて助言したり，投げかけたりする。 ・主運動につながるようなウォームアップになるように指導する。 ・ゲームでつまずいている子どもがいないか観察をし，そのつまずきに応じて助言をする。 ・作戦タイムを形式的に行っているチームには，その必要性を説明し，作戦を確認したり，練り直したりするように助言する。 ・学習を進める過程で出てきた，よい動きや作戦については，価値づけ，全体に広める。 ・学習を進める上で，不都合が出てきたルールについては，確認しながら修正したり，加えたりする。 ・本時の成果と課題を明らかにし，次時に方向づける。
ま と め	・学習の反省をする。 　楽しかったことや次単元に生かしていけることを出し合う。	

図表3-12 本時案の例

(1) ねらい

ルールやマナーに気をつけて，作戦を工夫し，速攻で攻めるゲームでバスケットボールを楽しむことができる。

(2) 展開

学習過程	予想される児童の学習活動	留意点
1. 学習の場を設定し，準備する。	○準備をする。 ・各グループの係がコート，ボール，ゼッケンの準備をする ○準備運動を行う。 ・各グループ毎に，計画された練習を行う	●短時間で準備できるように助言する。 ●グループ毎にストレッチを行い，その後は予め計画した練習（リバウンド，速攻）を行う。
2. 本時のめあてをもつ。	○全体会で課題をつかむ。 「リバウンドをとるぞ！」 「仲間がボールを取ったら，速攻を決めるためにゴールに向かって走るよ！」 「ボールを呼ぶための大きな声を出すよ！」	●前日の反省から，速攻を決めるために自分ができることを具体的に考える。 ●ルールやマナーを守ってプレーすることを再度確認する。
3. ゲームをする。	ルールやマナーに気をつけて，作戦を工夫し，速攻で攻めるゲームを楽しもう。 ○ゲーム①を楽しむ。（5分×2） 《工夫されたルール》 ・ゲームは3人対3人で行う ・接触プレーをしたら相手ボールとなり，その場からリスタートする ・ゴール近く（台形内）でファールしたら得意な場所からフリースローをすることができる ・ヘルドボールになったらジャンケンで勝った方のボールとしてリスタートする ○ゲーム①をふりかえる。（5分） ・水分補給をする ○ゲーム②を楽しむ。（5分×2） ○ゲーム②をふりかえる。 ・水分補給をする	●全体を観察し，それぞれのグループのゲームの様子(楽しみ方)について把握するとともに価値づけたり，活動が停滞しているグループには原因に気づかせたり，問題解決を図る。 ●個人のつまずきに対しては，一緒に動いてコツをつかませたり，グループの仲間に関わるように助言したりする。 ●思うように速攻ができないグループに対して，何がよくないのかを考えるように助言する。解答が得られない場合は，ヒントを与え方向を示す。 ●速攻につながっている個のよい動きや，連携プレイなどを認め，価値づける。 ●ゲームが終わったところから，リーダーが中心となって，今日の学習についてふりかえり，学習カードに反省を記入する。
4. 学習を確かめる。	○全体会で学習をふりかえる。 ・ルールの改善点がないか確認する ・速攻に関するよい点や問題点を出し合って次時への成果と課題を明確にする 「□□君は，リバウンドを頑張っていたよ」 「☆グループは，リバウンドを取ったら全員がゴールに向かって走り出していたよ」 「私は，まだ声が小さいので次は大きな声でリバウンドを『とった！』と言います」 ◇後片づけをする。 ・係がボール，ゼッケン，得点板を片づける。	●子どもの意見を価値づけ，次時に方向づける。子どもの発表では出なかったことでも，速攻につながったよい姿や課題は紹介する。仲間を励ます声かけなども取り上げ広げていく。 ●素早く，安全に片づけをしているか見届ける。

(3) 評価

・ルールやマナーに気をつけて，仲間とともに主体的にゲームを楽しんだか。
・作戦を工夫し，リバウンドからの速攻でゲームで楽しめたか。

ボールの実践例である。かかる単元計画にもとづく体育授業は，子どもと運動との関係が深まっていく学習を常に単元というレベルで構想するため，単元計画を示した後に，あえて1授業時間の学習指導案を提示しないことも多いが，ここでは図表3-12に，6時間めの本時案を授業づくりの参考のために示しておくことにする。

■ 特性のとらえ直しがもつ意味

このようにみてくると，子どもの立場からみた特性のとらえ直しは，体育の授業においてどの子どもも運動とそれぞれに深い関わりをつくっていくために大切な作業なのであり，竹之下が提示したこの単元計画の中で極めて重要な手続きであることがわかるだろう。この単元計画の形式自体は，現在ではあちこちで目にすることができる一般的な書き方となってはいるが，そこに込められた意味，とくに「子どもの立場からみた特性」という項目に竹之下が託した意味は十分に理解されているとは言えないようである。

たとえば，次のようなサッカーの授業を見ることがある。サッカーの「一般的特性」も，それをクラスの「子どもの立場からみた特性」としてとらえ直したものも，単元計画には記述されている。それらを踏まえたはずの教師から提示された学習のねらいは，「相手コートの空いたスペースへボールをけりこんで攻めるゲームを楽しむ」というものであったが，その目標に向かっている子どもたちの姿は妙にぎこちないのである。

確かに学習の初期において，このようなねらいから導かれるいわゆるキック・アンド・ラッシュのゲームが子どもたちにとって魅力あるゲームになる場合もままある。しかしながら，その学校はサッカーが盛んな地域にあることもあって，子どもたちの実態は，パスやドリブルを使って効果的に攻めることができるところにあり，そうするからこそ，子どもたちにとってサッカーの面白さを学習できるところにあった。そういった実態も単元計画の中で触れられていた。にもかかわらず，教師が提示した学習のねらいは，その実態からは離れたものであるがゆえ，ゲームを楽しめる学習を導くものにはならなかったのである。

ここには，単元計画の形式を言わばマニュアル化してしまうことで，その項

目にそって記述していくことが，本来は子どもの実態に対応した授業づくりへ
つながる手順だったものが，実際にはそのように機能していない現実が示され
ている。同様の状況は，いろいろな運動の単元でみられる。「子どもの立場か
らみた特性」という項目が，なぜ単元計画の中に位置づけられているのか，そ
の意味を正しく理解しておくことが求められるのである。　　　　（鈴木秀人）

【さらに学習を深めるために】

1) 團琢磨「バレーボール」宇土正彦編著『体育科教育法入門』大修館書店，1983
年，pp.260-269
中学・高校の体育授業で取り上げられるバレーボールに焦点を当てているが，教
師の運動の特性のとらえ方の違いが，単元計画にどのような違いとして現れてく
るのかがわかりやすく説明されている。小学校の体育授業のあり方を考えていく
うえでも示唆に富む。

2) 新開谷央ほか「運動の特性のとらえ方のちがいと体育授業」宇土正彦・高島稔ほ
か編著『新訂 体育科教育法講義』大修館書店，2000 年，pp.140-159
器械運動やボールゲームの授業を例にして，運動の特性のとらえ方の違いが単元
計画にどのような違いをもたらすのかをさまざまな観点から論じている。

3) 鈴木秀人「運動の特性と授業づくり」杉山重利・高橋健夫ほか編『新学習指導要領
による小学校体育の授業・考え方・進め方』大修館書店，2000 年，pp.106-114
本書でも紹介した機能的特性を大切にした単元計画を支える考え方について，運
動の特性を問題にするようになった経緯から説明している。

4) 竹之下休蔵ほか「計画の立て方とその考え方」『こどもと体育』33 号, 1980 年, pp.
7-15
現在では広く知られるようになった，竹之下による機能的特性を大切にした単元
計画の形式が初めて提案された文献。そこに込められた意味を適切に理解するう
えで，必読の資料と言えるだろう。

3. 体育の方法

3.1　学習指導のあり方を考える視点

① 子どもの自発性と教師の指導性

■ 2つの体育授業の光景

　小学校で目にすることがある2つの対照的な体育授業の姿がある。1つは，ボールゲームの授業などでよくみられるもので，子どもたちは何となくゲームをしていて，教師はそれをただ見ているか，せいぜい審判をしているといったような授業。もう1つは，器械運動の授業などでよくみられるもので，跳び箱の前に整列した子どもたちが，教師の笛の合図の下で一斉に跳び，終わると列の後ろについて次の順番を待っているといったような授業である。

　教師の指導という観点から考えてみると，前者は指導が放棄されているがゆえに子どもたちの自発的な学習がない授業，そして後者は指導が過剰であるがゆえに，やはり子どもたちの自発的な学習がない授業というようにみることができるだろう。運動の文化的な享受能力を育むという目標に向けて，人間にとって文化として，またプレイとしてある運動を，自己目的的な活動として学んでいくことをめざすのならば，体育の授業における教師の指導のあり方は，子どもたちの自発的で主体的な学習をどのようにしたら保障できるのかという点に着目して検討されなければならないはずである。

　したがって，先に取り上げた2つの体育授業における教師の方法は，どちらも現在の体育の方法としては適切なものとは言いがたい。子どもたちの自発的な学習とは，放っておいても生じるような簡単なものではないし，号令や笛による合図で強力に子どもたちを統制することは，言うまでもなく子どもたちの自発的な学習を抑制してしまうからである。

■ 指導のあり方を考える中心的な視点

　体育授業における教師の指導のあり方は，指導の過程にそって使われる実際の指導活動から検討することもできるし，それらの活動が積み重ねられたまとまりとして発揮されることになる機能という面から検討することもできるだろう。ここでは，「指導は活動の概念であり，指導性はリーダーシップのことで機能の概念である」(永島，2000：p.66) とした定義にもとづき，個々の具体的な指導活動を教師による「指導」，それらが授業の中で組み合わされていく中で発揮される教師によるリーダーシップの機能を「指導性」としたうえで，さらに検討を進めていくことにする。

　子どもたちの自発的な学習とは，内発的に動機づけられた状態である自発性に支えられたものと考えられる。その点を押さえると，体育授業において自発的な学習を保障しようとする指導のあり方は，教師が授業の中でさまざまな指導を行っていく結果として発揮される指導性が，そこで保障しようとする子どもたちの自発的な学習に対してどのように関係するかに注意して考えることになる。つまり，教師の指導のあり方を検討する中心的な視点として，教師の指導性と子どもの自発性との関係を問うということがクローズアップされるのである。

② 体育の方法

■「直接的指導」と「間接的指導」

　それでは，子どもたちの自発性を保障しうる指導性を発揮するために，具体的な指導はどのようにしていったらよいだろうか。そこを考えるに当たり，指導活動の中身を，授業場面において子どもたちに教師が直接働きかける「直接的指導」と，授業の基本的な諸条件を整えていく「間接的指導」に分けてみると考えやすいと思われる (永島，1991：pp.21-22)。号令や笛による合図を用いて子どもたちを統制することが体育の指導のあり方とする体育の伝統的な指導観があるが，これは，学級全体を整然と統制するという方向で，直接的指導が強力に行われているということである。

教師の指導が，子どもたちの自発性を保障するためにあるとすれば，こう
いった直接的指導でよいのかをまず考えてみる必要がある。子どもたちの自発
性を保障しうる教師の指導性は，かかる直接的指導の積み重ねで発揮されるは
ずがないからである。むしろ求められるのは，学習を進めていく中で問題に直
面し，教師の手助けがなければ問題を解決できない子どもやグループに対して
積極的に行う直接的指導であって，その積み重ねこそが，子どもの自発性を保
障する教師の指導性の発揮につながっていくと考えられるのである。

　直接的指導を再検討の対象にすることと同時に，ともすると子どもたちの前
に立って行う直接的指導ばかりで指導のあり方を考えてきた体育の指導観も再
検討の対象にしてみなければならない。たとえば，教師が実際の授業において
子どもたちの前に立つまでに行われるべきカリキュラムの編成，単元計画の立
案，学習資料の準備や提供，学習の場の工夫といった指導活動は，子どもたち
の自発的な学習を引き出して発展させていくことを支える諸条件を整えること
と関わるものであるという点で，非常に重要である。直接的指導が中心の指導
観では，これらは指導活動の範疇にはほとんど入れられてこなかったかもしれ
ないが，間接的指導によって発揮される指導性が子どもたちの自発性を保障す
ることに果たす役割は，看過してはならないものになるからである。

■ 学習の段階と指導

　それでは，学習の段階にそってどのような指導が行われていくべきなのかを
みてみよう。はじめの段階では，自発的な学習を引き出し，スタートさせるた
めの指導が行われる。間接的指導としての単元計画の立案，オリエンテーショ
ンでの直接的指導などがあるだろう。

　なかの段階に進むと，スタートした自発的な学習を維持しつつさらに発展さ
せるための指導が行われる。直接的指導としては，問題を抱えている子どもや
グループを発見するための観察が行われる。それぞれの子どもがもつめあてと
そこから設定される具体的な課題をもっているか，それはその子の力からみて
適切なものか，課題を解決していく仕方は正しいものになっているか，などが
観察の観点となる。また，自発的な学習を進めていくための手がかりとしての

学習資料や工夫された学習の場などの学習環境の整備は，主としてここでの間接的指導として行われるものと言える。

　まとめの段階では，これまでに進めてきた自発的な学習を振り返らせ，次回のよりよい学習へとつなげていくための指導が行われる。単元のまとめは，直接的指導を行う中で，学習の反省として行われることも多い。

　以上のように学習の段階に応じて使い分けられる個々の指導活動は，それら直接的指導と間接的指導を組み合わせることによって，総体として子どもたちの自発性を保障する指導性を発揮していくように考えられるとよい。体育授業における指導とは，決して大きな声や笛によって子どもたちを整然と動かすことではないし，また，自発性を尊重するという御旗の下に教師が指導をしないということでもない。そういった意味では，教師が自身の指導活動を，それがどのような指導性を発揮しているかという機能の面からとらえようとする姿勢をもつと，冒頭で取り上げた2つの授業にみられたように，しばしば放棄か過剰かの二極に分裂しがちな体育授業の指導について，自らよりよいあり方を探ることができるようになると思われる。　　　　　　　　　　　　（鈴木秀人）

【さらに学習を深めるために】

1) 永島惇正「体育の学習と指導（自発的学習と指導）」宇土正彦・高島稔ほか編著『新訂 体育科教育法講義』大修館書店，2000年，pp.60-68
　体育授業における学習と指導について，自発的学習を保障する指導という観点から解説している。本書で述べられた指導性の概念，直接的指導と間接的指導という指導活動のとらえ方，学習段階に対応した指導についての見方などは，この論文から多くの示唆を得てまとめたものである。
2) 鈴木理「授業のイニシアティブ」竹田清彦・高橋健夫ほか編『体育科教育学の探究』大修館書店，1997年，pp.271-283
　本書で示した指導についての考え方の批判的検討も含めて，体育授業における教師の指導のあり方に関わる内外の諸見解を理論的に整理して紹介している。
3) 岡沢祥訓「効果的な教授技術」阪田尚彦ほか編『学校体育授業事典』大修館書店，1995年，pp.168-171
　体育の授業で用いる教授技術について基本的な知識を得ることができる。

3.2 学習環境を整える

① 学習形態の検討

■ 集団関係の相違による学習形態

　教師の号令のもとに児童が一斉に運動をする体育授業がある。また，教師がどこにいるのかわからないほどに，児童が主体的に学習を進めている体育授業もある。このように体育授業によって児童の学習する様子が異なっている理由のひとつに，用いられている学習形態の違いがあり，よりよい体育授業をめざして学習形態を検討することは授業のあり方を方向づける重要な要因となる。

　学習形態とは，「学習者の主体性または集団関係などを変数として生起してくる，それぞれに異なる学習の様態」（細江，1995：p.150）のことを言う。主体性の度合いによる学習形態としては問題解決学習や系統学習があげられるが，体育授業は学習者間，そして教師と学習者間のかかわりが問題とされることが多いため，ここでは集団関係の視点から学習形態について検討する。

　学習者の集団関係の相違による学習形態は，一斉学習，班別学習，グループ学習，個別学習に分類されることが一般的である。教師が児童の実態に応じて，運動学習を行いやすいと思われる学習形態をこれらの中から決定し，学習指導を行うのであるが，それぞれには留意しなくてはならない点が存在する。また，生涯スポーツ実践の基礎的能力を養う必要のある体育授業においては，児童に自主的・自発的な学習態度を育むことが求められる。こういったこととの関係からも，学習指導で用いる学習形態は検討されなければならない。

■ 一斉学習

　一斉学習とは，一人の教師が学級集団に対して，共通した内容を一斉に指導する学習形態である。そのため，教師主導の授業が展開されることが多くなる。図表3-13に示すように，一斉学習の授業においては，教師が学ばせようと考えた学習内容について，ある決められたひとつの方法で全員の児童に習得させようとする。

　ここでは，教師は学級集団に対して指導しているのであり，個への対応は少

なく，児童間のかかわり合いも希薄である。すべての児童が教師に引きつけられており，運動に真剣に向かっていることが一斉学習の成立する条件となる。

　一斉学習では，運動をすることに消極的な児童をさらに運動から遠ざけてしまう恐れがある。たとえば，マット運動において開脚前転を学習する際，学級の児童全員がすでに前転を習得しているとは限らない。こういった各々の児童のレディネスが異なる学級集団に

◆　教師
●▲■　児童
── …… 〜 指導方法

図表 3−13　一斉学習
出所）図表 3−13〜3−18 は高島稔(1983：pp.81−85)の図を参考に作成

おいて一斉学習で授業を行うのであれば，開脚前転がなかなかできるようにならない児童や意欲的に取り組めない児童が生まれることは容易に想像がつく。

　また，一斉学習が用いられるひとつの理由として安全性があげられることがある。ひとつの技術を共通に指導することで，教師の指導と安全への配慮が行き届くと考えられているのである。しかしながら，レディネスが合わない児童に皆と同じ技術の習得を要求することは，かえって怪我をする危険度が増すことにもなる。この学習形態を用いる場合，個人差への対応，安全性の問題，そして，学級集団内のコミュニケーションといった課題に対していかに対応するかが課題となる。

■ **班別学習**

　班別学習とは，教師が学級集団をいくつかの班に分け，その班ごとに学習指導を行うものである。一斉学習では，大きな集団を一人の教師で指導していたために個への対応が課題とされたが，班別学習では学級集団を小集団に分けて指導することから，この問題にある程度対応しようとしている。

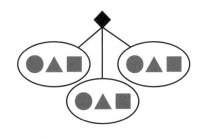

図表 3−14　班別学習

だが，この班別学習にも課題が存在
する。ひとつは，図表3-14に示すよ
うに，班別学習は学級集団を小集団化
したとはいえ，結局は教師が学ばせよ
うと思う学習内容について，班ごとに
共通した方法で児童に学習させる学習
形態であるため，安全性やコミュニ
ケーションなど一斉学習と同様の課題
が残る。

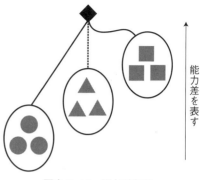

図表3-15　能力別学習

一方，班別学習の小集団を生かした
運動能力を視点とする学習形態として能力別学習がある。班別学習は学級集団
を教師の立場から小集団化させたものであるのに対して，能力別学習は図表3
-15のように班を能力別に編成する。こうすると，教師が班ごとの技術的な課
題を指導しやすくなる。しかしながら能力別学習は，学習者の技能に視点を置
き班を編成するために，とくに技能レベルの低い班に位置づけられた児童は劣
等感を抱きやすく，学習意欲は減退する恐れがある。さらに，班別学習と能力
別学習では，班内のコミュニケーションは問題とされないため，班内の児童相
互の教え合いや学び合いは一斉学習と同様に難しい。

■ グループ学習

グループ学習と班別学習のどこが違うかは，遠目に授業を観察していてもわ
かりにくい。どちらも学級集団を小集団化して授業が展開されているからであ
る。しかし，グループ学習が班別学習と
大きく異なるところは，図表3-16に示
すように，グループ内の教え合いや学び
合いといったコミュニケーションを大切
にしているところにある。

一斉学習と班別学習は，教師が学ばせ
ようと思う学習内容について，ある決め

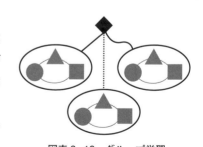

図表3-16　グループ学習

られた方法で指導を行うため，授業の主体者には教師が位置づく。しかし，グループ学習では学習を行う主体者は児童であり，グループの仲間とともに体育授業を自主的・自発的に進めようとするものである。

このグループ学習は，第二次世界大戦以前に盛んに行われていた教師中心の一斉指導からの脱却をめざして，戦後に開発された学習形態である。生涯スポーツ実践の基礎的能力を育むには，体育授業において受動的に運動と向き合うのではなく，自ら，そしてグループの仲間とともに能動的に運動に取り組むことが必要であると考えられ，それに相応しい学習形態としてグループ学習は用いられている。ここでの教師は，運動をしている児童に対して，個別のつまずきに対応した技術指導やグループ内のトラブルへの指導を行うことが中心的な役割となる。

しかしながら，このグループ学習は簡単に成立する学習形態ではない。グループを作って役割を決めたからといって，グループ内のコミュニケーションはすぐにとれるものではない。グループ学習を機能させるためには，「学び方」を学び取るための教師の指導性が発揮されなければならない。つまり，4月に担任をもって体育授業を始めてから3月に学級を納めるまでに，運動をめぐる指導とは別にグループでの学び方の指導が計画的に行われる必要があるのである。この指導がなされないのであれば，グループ学習は機能せず，仲間とのコミュニケーションを図れないばかりか，運動に関わる学習内容の習得も保障されない，形式的な授業に陥ってしまう危険性がある。

グループを編成する方法は，いくつかある。児童の実態が把握し切れていない4月当初は，前担任から情報を得るなどして教師がグループを決定するのがよい。また，グループ学習が機能してきたら，教師が決定したリーダーを中心にグループ編成をしたり，リーダーも含めて児童のみでグループ編成をしたりしてもよいであろう。このように教師の関与の度合いを少しずつ減らし，児童に委ねていくことが重要である。

ここで留意すべきことは，児童にグループ編成を行わせるようになっても，教師は児童に任せっきりにしないことである。グループはグループ間等質，グ

グループでの話し合い

グループへの教師の指導

ループ内異質で編成されなくてはならない。また，技能差だけでなく，人間関係，性格などを考慮してのグループ作りが必要となる。児童も教師も納得できるグループ編成を行うことが必要であり，この作業によりさまざまな能力，考え方をもった異質集団内のコミュニケーションが図れるようになる。

　さらには，グループの実態に応じた指導が教師によって行われ，児童はグループごとに異なった運動課題に向かって取り組むことができる。そのため，レディネスが合わない運動を行うことは少ないと言える。各グループに応じた取り組みができることでそれぞれの力は高まり，等質集団間において勝敗の未確定性が保障されたゲームを行いやすくなるのである。

　こういったグループ学習の特長から，体育授業の学習形態としては，同じ小集団学習ではあってもコミュニケーション能力の育成や安全性の確保に課題が残る班別学習よりも，グループ学習が用いられるべきであろう。

■ **個別学習**

　個別学習は，図表3-17に示すように教師と児童が一対一で学ぶ学習形態である。いわゆるマンツーマンでの学習と言うことができる。体育授業は，児童が運動とどのように向き合っていくのかを問題としていることを考えれば，すべての体育授業において個別学習が位置づく必要がある。すなわち，個別学習こそが最も求められる学習形態と言うことができる。

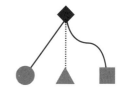
図表3-17　個別学習

また，図表3-18に示したように，小集
団のグループ学習が機能している体育授業
においては，個別に対応しながら教師が
指導を行うことが容易となる。30人から
40人という学級集団で行われることが多
い体育授業において，教師が少数の児童の
みに対応する個別学習は困難なことを考え
ると，グループ学習を基盤として個別学習

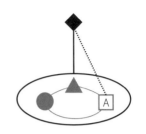

図表3-18　グループ学習における
　　　　　個別学習

を行うことが望まれると言えよう。つまり，個別学習とグループ学習は表裏一
体なのである。グループ学習を基盤とした個別学習では，個別対応をすべき数
名の児童を予め選定して体育授業に臨むことが教師に求められる。たとえば，
サッカーの学習をグループで自主的・自発的に進めていても，図表3-18に示
す児童Aがボールに積極的に関われないという課題があるのであれば，教師
はあらかじめ児童Aに対する個別指導の計画を立てて授業に臨み，指導すべ
きである。

　また，授業によっては教師の予想に反してつまずく児童が出てくることはよ
くある。こういった児童に対して臨機応変に個別指導を行うことも，教師の重
要な役割であることを忘れてはならない。

■ 学習形態を組み合わせる

　ここまで，一斉学習，班別学習，グループ学習，個別学習と4つの学習形
態について述べてきたが，実際には，ひとつの学習形態のみで体育授業を展開
するわけではない。たとえば，教師が全体に指導すべき安全面に関する内容や
技術ポイントなどは一斉学習の学習形態が取られるべきであるが，ゲームが始
まればグループ学習で進められることが必要になるだろう。さらには，その過
程でつまずきのある児童に対して個別に指導する場面も出てくると思われる。

　生涯スポーツ実践の基礎的能力を育むことを念頭に置き，自主的・自発的に
運動と向かい合える児童の育成を考えるとき，グループ学習が最も中心的な学
習形態と言える。一斉学習や班別学習は，教師主導で学習指導が行われるが，

グループ学習は児童が中心となり学習が展開されるからである。グループ学習を基盤としながら，児童の実態，指導する内容に応じて一斉学習と個別学習を使い分け，組み合わせることは教師に課せられた責任なのである。

　また，中学校や高等学校では選択制授業が行われているが，小学校においても，器械運動や水泳では技や泳法を選択して課題別の学習が行われることはある。この課題別の学習は，児童の興味関心の伸張を図ったり，課題に応じた運動をめぐる学習内容の習得をめざしたりするものであり，めあてが似通った者同士の学習集団が形成される。こういったある程度等質の児童が集まった集団においても，グループ学習を基本として体育授業を展開することが，より課題を達成することにつながる。

　近年の体育授業では，複数の教師でティーム・ティーチングを行うことがある。学習形態が児童の立場から考えられたものであるならば，ティーム・ティーチングは教師の立場から考えた指導形態と言うことができる。今後，一人の教師が体育授業を行うという固定観念に囚われることなく，ティーム・ティーチングや地域の優れた人材の活用など，工夫した指導形態を開発していくことも，学習形態の検討と並行して重要な課題になると思われる。（佐藤善人）

② 学習の場づくり

■ 児童に合わせた学習の場

　体育授業でサッカーの学習をするとき，各学校の校庭の広さによって作ることができるコートの大きさは違うし，3面作るのか，4面作るのかでも授業展開の仕方は異なってくる。また，マット運動を学習するとき，学校にあるマットの枚数によってグループ編成を考えたり，扱う技の種類を変更したりする必要も出てくるであろう。つまり，体育授業のあり方は学習の場によって規定されているといっても過言ではない。

　しかしながら，体育授業を現状の学習の場に合わせて作ってしまうことは望ましいことではない。40人の児童が在籍する学級がサッカーの学習をするときに，コートが2面しか準備ができないのであればゲームに参加できない児

童は大勢生まれるし，マットの数が5枚だけしか用意されておらず，ひとつのグループを8人編成としてマット運動の学習を進めるのであれば，児童の試技の回数は多くは保障されない。このように体育授業を学習の場に合わせていくことで，その場で学習する児童はゲームを楽しんだり，技に挑戦したりする機会が制限されてしまうのである。こういった体育授業では，児童は運動に親しめないばかりか，運動嫌いや体育嫌いを生む危険性もある。

　すなわち，現状の施設や用具に児童をあてはめて体育授業をつくるのではなく，目の前の児童に合わせて豊かな学習の場を工夫することが必要なのである。学習の場が整った体育授業では，児童が学習内容を学び取ることはより期待できると考えられ，教師には学習の場を工夫したうえで，学習形態も考慮しながら体育授業を行うことが求められている。

■ 児童にとって意味のある施設・用具の活用

　校庭や体育館，プールといった固定施設を造り替えることは，多くの経費と時間がかかるために，すぐには困難である。こういった固定施設で体育授業を行う場合は，学習内容に制限が加えられるのはやむをえない面がある。しかし，たとえば，40人の児童が在籍する学級でサッカーを学習するのであれば，普段よりも小さいコートを4面つくり，固定されている通常のサッカーゴールを使用するのではなく三角コーンを用いたり，移動式の簡易ゴールを用いたりしてゲームを行えば，より多くの児童がボールに親しむ機会が保障される。このように，固定施設の空間自体を柔軟に活用することは可能である。

　もちろん，校庭や体育館といった固定施設の柔軟な活用だけでなくても，学習の場を整えることはできる。たとえば，走り高跳びの学習のときに，バーの代わりに裁縫用のゴムを用いて恐怖心を和らげたり，リズムよい助走を学ぶために助走路にプラスチック製の輪を置いたり，助走と跳躍のタイミングを合わせるために助走のスタート地点にビニールテープで印をつけることもできる。マット運動で開脚前転を学習するときに，ロイター板をマットの下に敷いて回転の勢いをつける場を設定したり，頭はね跳びを学習するのであれば，マットの下に跳び箱を入れて段差をつけ着地をしやすいようにしたりする。ボー

ルゲームでは，右のような作戦板を準
備するだけで，児童の学習意欲は高ま
り，児童なりのさまざまな作戦を考え
ることに活用されるのである。

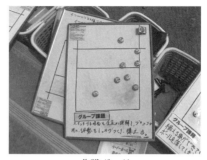

作戦ボード

　さらに，今ある用具を用いて学習の
場を工夫することもできる。たとえば
サッカーやタグラグビーの学習の際，
苦手な児童のボールへの恐怖心を和ら
げるために，ボールの空気を適度に抜くことは容易にできる。走り幅跳びで踏
み切りのタイミングを学習するときには，踏み切り位置に跳び箱の一段目を設
置すると効果的である。跳び箱運動で台上前転に対して恐怖心がある児童に
は，跳び箱を使わず，ロングマットを巻き寿司のように巻いたものを使うとよ
いであろう。また，ハードル走の学習において，予め設定されたインターバ
ルに歩幅を合わせるのではなく，3歩や5歩でリズミカルに走るために，イン
ターバルの距離を児童に合わせて変えることは決して難しい工夫ではない。

　このように施設・用具に児童を合わせるのではなく，運動する空間を柔軟に
変更したり，簡易な用具や現在ある用具を組み合わせたりすることで，多様な
個人差へ対応した場，児童にとってやさしい練習方法を導く場，さらには豊か
な運動量を保障する場といった児童に
合った学習の場を作ることができる。
こういった工夫を教師が示すことで，
グループ学習を行っている児童自ら学
習の場を選択したり，創り出したりす
るようになり，児童の自主性・自発性
を育むこともできる。

さまざまなインターバルの場を設定した
ハードル走の授業

■ 個に対応した多様な場の活用

　ここまで述べたように，教師が児童の実態に配慮しながら工夫した学習の場を用意して授業を行うことで，豊かな体育授業が展開される基盤は整備されたと言える。しかしながら，用意した場がすべての児童に適した場であるかどうかはわからない。走り高跳びを例にすれば，児童の記録が伸びない理由は，恐怖心なのか，助走のリズムにつまずきがあるのか，踏切の強さに問題があるのかは個人によって違う。もちろん，いくつかの要因が複雑に絡み合っていることも多い。こういった場合，それぞれの児童のめあてに対応した学習の場は当然異なってくると思われる。つまり，図表3−19に示すような多様な学習の場を教師が準備したとしても，それを児童が活用できないのであれば意味はない。児童の実態に応じた学習の場を設定するだけでなく，教師が場へ導いたり，児童自身が自分に合った学習の場を選択できるように指導しなくてはならない。

　ところが，児童の実態に応じた多様な学習の場を作り，それらを児童が用いて運動していたとしても，単元が進むにつれて前日まで活用していた場を必要としなくなる児童は必ず出てくる。反対に，あまり活用されていなかった場を

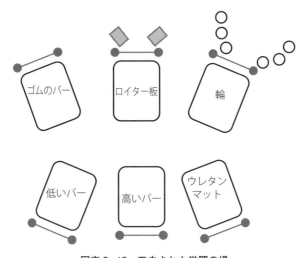

図表3−19　工夫された学習の場

多くの児童が必要とする場合もある。これは，学習の過程で児童の実態が変化するために起こることである。こういった状況をよく把握して，児童に合わせて学習の場を臨機応変に変えていく力も教師には求められている。

③ 学習資料の提供

■ 体育授業における学習資料の現状

学校教育の中では，さまざまな学習資料が用いられている。体育授業においても例外ではなく，学習資料を用いることはよりよい授業づくりのために必要である。学習資料を活用することで児童は運動が上達したり，没頭してプレイしたりするきっかけを得ることができるからである。

しかしながら，教室のように校庭や体育館には黒板が常設されていない場合が多いこと，また教室から学習資料を持ち出す手間があることなどから，その必要性は理解しながらも，学習資料を用いて体育授業を行うことは広く浸透していないようにも思われる。そのためか，ただ運動をするだけで児童は何を学んだのかが曖昧なままの授業も少なくない。

体育授業で用いられるべき学習資料には，さまざまなものがある。たとえば，単元の流れや本時の課題，技術ポイントを示す掲示資料，児童が自主的にグループ学習を進められるように促す学習カード，DVDといったメディアで技術ポイントを示したり，デジタルビデオカメラやタブレット型端末で撮影した自分の運動する様子を見たりできる映像資料などである。これらの資料を効果的に用いて体育授業を行うことについて，導入，展開，終末という授業の3つのまとまりに沿って考えてみよう。

■ 学習資料の活用

体育授業の導入時に活用する資料は，主に掲示資料である。次頁の写真のような単元計画を表す掲示資料で第1時に単元全体の見通しを確認することは重要である。また，毎時間の導入時にもこのような掲示資料を用いて，本時の位置づけを確認したり，前時の課題をもとに技術ポイントを図示したり，そこから導き出した本時のめあてを提示したりすべきである。前時の児童の姿が撮

影されているのであれば，技術ポイントを説明しながら映像を見ることもよい。こういった学習資料を提示することで，本時は何を学習するのかが児童の中で明確になる。

展開時にはさまざまな学習資料が用いられる。走り高跳びであれば，右のような学習カードに本時のめあてや跳んだ記録，授業の反省を書き，学習のつみかさねがわかるようにするとよい。学んだ技術ポイントを学習カードの右側に自由に書き込むことで，自分に必要な技術ポイントを整理することもできる。

ボールゲームであれば，右に示すような技術ポイントが書かれた掲示資料を用いて，グループの作戦を工夫する作業を随時進めなくてはならない。

また，器械運動や陸上運動，表現運動などでは自分の運動する様子を撮影した映像を試技や演技の直後に見ることで，技の精度や動きの高まりを客観視して練習に生かすことができる。市販されている映像資料を用いることで，完成された技のイメージをもったり，練習への助言を得たりすることも可能である。

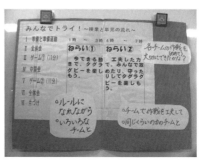

単元の流れを示す掲示資料

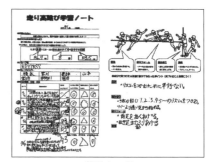

学習カード

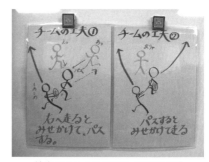

技術ポイントを説明した掲示資料

終末時には，再度導入時に用いた掲示資料を使って，本時のめあての達成度について振り返らなければならない。よい姿や頑張っている姿については，実

際に児童から範を示してもらい，そのよさに関して板書し，技術ポイントを整理することも必要であり，その板書自体が掲示資料となる。

　このように，導入，展開，終末という学習の展開に合わせ必要に応じて学習資料を提示し，児童に活用させることが教師の役割となる。児童は学習資料を活用することで自主的・自発的な学習が促され，運動の面白さに触れることができ，自分のめあてやグループのめあてを達成することができるのである。

■ 学習資料の効果的な活用法

　教師が体育授業で扱う運動について研究し，前に紹介したような学習資料を作成したとしても，次の二点について配慮しないのであれば，児童にとってそれらの学習資料は生きて働かないと思われる。

　ひとつは，学習資料を提示するタイミングである。たとえば，走り高跳びの空中動作について学習する際に，その技術ポイントを整理した掲示資料を示すのであれば，体育授業の終末時より導入時の方がより効果的に活用されるであろう。また，まだ一度も走り高跳びを跳んでいない段階で，助走から着地までの技術ポイントを事細かに説明したビデオを観たとしても，児童に自分が跳んでいるイメージをもたせることは難しいと思われる。このように，どれだけよい学習資料を提示しても，どの資料をどのタイミングで提示するかが練られないままに用いるのであれば，その学習資料は児童の学習に生かされない。

　もうひとつは，教師は児童に対して学習資料の用い方を指導しなければならないということである。学習カードを児童一人ひとりに配布したとしても，その用い方や必要性を指導しないと，学習カードは生かされないばかりか，運動する時間を削られることから，児童は学習カードに書くこと自体を面倒で苦痛に感じてしまう。また，走り高跳びの技術ポイントが丁寧に記された掲示資料を作成して掲示しても，助走でつまずいている児童と，空中動作をさらによくしたいと考えている児童では，用意された掲示資料の活用する部分が異なってくる。したがって，児童に資料の活用の仕方を指導しないのであれば，せっかく教師が準備した学習資料も大きな効果を発揮しない。

　教師には，学習資料作成のみに力を注ぐのではなく，その効果的な活用法も

検討したうえで児童に提示することが求められる。この作業を行うことで，児童はより上達したり，学習のめあてに向かって意欲的に取り組んだりすることができ，その運動の面白さに触れることができるのである。　　　　　（佐藤善人）

【さらに学習を深めるために】

1) 高島稔「体育の学習(指導)の形態」宇土正彦編著『体育科教育法入門』大修館書店，1983年，pp.76-87
   学校教育における学習場面の一般的な学習形態について論述されている。学習形態の構造要因の中でも，体育授業では学習者相互，教師と学習者の関係が重要であり，その点から学習形態を検討すべきであることが主張されている。本書において学習形態を考えるため用いた図表3-13から図表3-18は，上記に掲載されているものを参考に筆者が新たに作成した。

2) 細江文利「体育授業の方法」阪田尚彦ほか編『学校体育授業事典』大修館書店，1995年，pp.150-158
   学習形態を含めた体育授業における方法について論述されている。教師側から指導過程の考え方，学習者側から学習過程の考え方が示されており，設定された学習形態をどのように活用しながら体育授業を進めていけばよいのか理解できる。

3.3　体育における安全指導

① 体育授業の負傷状況

■ 体育・スポーツ活動をめぐる事故の状況

体育・スポーツ活動は，子どもたちの欲求充足，体力向上，集団規範の育成などさまざまな面からその教育的効果が注目される。しかし，忘れてならないのは，それは怪我や重大事故のリスクを伴う活動であるという点である。

日本スポーツ振興センター

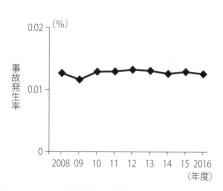

図表 3-20　小学校体育活動中における事故発生率
出所）日本スポーツ振興センター「学校の管理下の災害」各年より

(2017)の報告によると，小学校において，2016年度に体育授業で災害共済給付（医療費，障害見舞金または死亡見舞金の支給）のなされた事故件数は81,931件に上る。報告されていない事故も含めるとその数はもっと多いはずである。

図表3-20は，体育授業中における事故発生率の年次推移を示している。事故発生率は，1年間の事故発生件数をその年度の災害共済給付加入者数で割って算出した値である。「学校安全保健法」が施行された2009年度をのぞいて，事故発生率はほぼ横ばいである。つまり，小学校における体育授業中の事故は，毎年一定数発生しているということになる。

■「スポーツに怪我はつきもの」は本当か？

「スポーツに怪我はつきもの」という言葉をよく耳にするが，体育・スポーツ活動中に起きた事故による怪我は，本当に「つきもの」なのだろうか。

図表3-21は，2016年度における体育授業中の事故事例を一部抜粋したもの

図表3-21　小学校体育活動中における事故事例

事例番号	被災時学校種・性別	障害種類別名	運動名	概要
1	小5年女	視力・眼球運動障害	バスケットボール	5時限の体育の授業中，体育館でバスケットのドリブル練習をしていた。反対方向からドリブルをしてきた他の児童の頭が顔面に当たり負傷した。
2	小5年男	外貌・露出部分の醜状障害	陸上運動（走り高跳び）	体育の授業中，体育館で高跳びをしていたところ，走って跳んできた他の児童が支柱を倒し，その支柱が左ほおに当たった。
3	小6年女	下肢切断・機能障害	跳び箱運動	体育の授業中，跳び箱の頭ハネ跳びという技をしていた際，着地時に右足関節を捻り負傷した。
4	小6年男	外貌・露出部分の醜状障害	組体操	3時限の体育の授業で，体育館で運動会の組体操の練習をしていた。3段タワーを完成させた後，教師が付いて順次降ろしていた。1番上の児童がしゃがみ，2段目の段を降ろしていたときにバランスが崩れ，タワーが倒れた。2段目にいた本児童は，他の児童の頭で右額を強打し，7〜8センチほど打ち切った。

出所）日本スポーツ振興センター「学校事故事例検索データベース　小学校の各教科等における事故災害事例」https://www.jpnsport.go.jp/anzen/anzen_school/anzen_school/tabid/822/Default.aspx より。

である。それぞれの概要を確認すると，これらの事故は「スポーツに怪我はつきもの」として片づけられるべきものではないことがわかる。

　たとえば事例1では，バスケットボールのドリブル練習中に，反対方向からドリブルをしてきた子と衝突し，当該児童は顔面を負傷している。高学年であっても，まだドリブル技術が未熟な子たちは，ボールを床につくことに夢中になって周りの状況が見えなくなることは想像がつく。このような状況でさまざまな方向からドリブルをすれば，衝突するリスクが高まることはいうまでもない。子どもたちが同じ進行方向に向かって順番にドリブルをつくよう指導すれば，この事故は防ぐことができたかもしれないのである。

　他の事例も，「この事故はなぜ起きたのか？」「防ぐためにはどのような指導が必要だったのか？」という視点から考えてみれば，これらの事故は防ぐことができたのではと思われる。「スポーツに怪我はつきもの」という考えは，指導者側の勝手な思い込みであり，運動そのものや子どもに責任を押しつけているともいえる。体育・スポーツ活動中の事故を防ぐ鍵は，現場の一人ひとりの指導者の裁量に委ねられていることを，教師は自覚しなければならない。

■ 指導者の経験年数からみた負傷状況

　このように，体育・スポーツ活動の安全を確保するうえで，指導者の存在が重要な鍵を握っていることは今さらいうまでもない。しかしながら，同センターが報告する「学校の管理下の災害」では，事故に関する概要や状況，怪我の種類，怪我の身体部位などの視点から分析された情報は記載されていても，事故が起きた際の指導者に関する詳しい情報には一切触れられていない。いわばブラックボックスともいえるので，指導者側に関する分析が必要である。

　そこで，学校内で起きた負傷を記録している保健室来室記録をもと

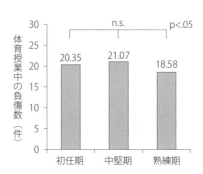

図表 3-22　教職発達区分の違いによる負傷数
出所）中村，2016：p.38

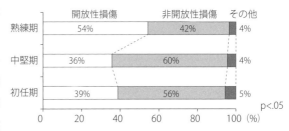

に，小学校における1年間の体育授業の負傷数を集計し，それらを指導した教師を初任期（教職経験年数5年未満），中堅期（教職経験年数5年以上15年未満），熟練期（教職経験年数15年以上）に分類

図表3-23　教職発達段階の違いによる負傷の種類
出所）中村，2016：p.42

して検討した（中村，2016）。図表3-22からわかるように，初任期，中堅期，熟練期の間で体育授業中に発生している負傷の数に大きな違いは見られない。

　ところが，体育授業中に発生する負傷の種類に着目すると，初任期，中堅期では非開放性損傷が多く，熟練期では開放性損傷が多く発生している傾向が図表3-23から読み取れる。すなわち，体育授業中に発生する負傷数は同じであっても，指導者の経験年数で起きている怪我の種類は異なっていたのである。

　開放性損傷は，皮膚の連続性が断たれた状態（皮膚が破れた状態）で擦り傷や切り傷などである。一方で非開放性損傷は，皮膚の連続性が保たれたものの皮下組織が損傷をきたした状態を指し，挫傷・打撲，捻挫，脱臼，骨折などである。怪我の重症度からとらえると，初任期・中堅期は，比較的に重症度の高い非開放性損傷が多く発生しており，熟練期は擦り傷などの軽症の開放性損傷が多く発生しているといえる。つまり，教職経験年数を積み重ねることによって安全配慮をめぐる教師の力量が形成されていく結果，子どもたちの怪我の中味が変わっていくのである。

■ 体育授業の安全配慮をめぐる教師の成長

　秋田（1999）の授業力量に関する教師の「成長・熟達モデル」では，教師は生涯を通して成長し続ける存在としてとらえられ，教職経験とともに教授技能や認識のしかたが増大し安定するとともに，より適切に子どもにとって豊かな経験を保障できるよう変容していくとされている。

　小学校教師の体育授業における安全配慮をめぐる力量形成では，初任期は授

業の中にある危険の予見が抽象的であるが，中堅期は授業経験から蓄積された知識をもとに具体的に危険を予見した安全配慮を行うようになり，熟練期になると危険を具体的に予見するだけでなく，授業で取り扱う運動の特性や子どもの実態を踏まえた安全配慮を行うという成長を遂げていく(中村・鈴木，2016)。このような成長過程を鑑みれば，負傷数は教師の成長とともに減少していくように思われるが，変化が見られない理由はどこにあるのだろうか。

　小学校教師は，教職経験年数によって体育科授業研究に求める機能が「指導技術向上」から「教科内容追究」へと変容し，「どう教えるのか」という方法論から「なぜ教えるのか」「何を教えるのか」という目標論や内容論に関心が移行するという(鈴木，2010)。すなわち，熟練期の教師たちは教科内容の追究に努め，子どもの実態に合う授業を模索するのである。そのため，熟練期になるほど授業の幅は広がり，さまざまな授業方略を取り入れた挑戦的な授業が展開され，子どもが運動に没頭する状況が増える。そのような状況であれば，擦過傷等の軽症な怪我が起こることは想像がつく。先述した負傷状況の違いが示す重要な点は，数が同じでも，それらは指導者が力量を蓄えたうえで発生した怪我であったかどうかという点なのである。

　ここで注意しておきたいのは，安全配慮をめぐる教師の力量は，教職経験を積み重ねれば自然と形成されるといったものではないということである。安全配慮をめぐる力量形成には体育を研究教科としているかどうかが強く影響しており，熟練期になるほどその影響が強くなることがわかっている(中村・鈴木ら，2017)。つまり教職経験年数だけでなく，体育の研究をしているかどうかが最も重要なのである。普段からよりよい体育授業をめざして研究を重ねることが，結果として安全が配慮された体育授業を創り出すことにつながるのである。

■ 安全に「縛られた」体育からの脱却

　最近は，体育・スポーツ活動中の重篤事故がメディアに大きく取り上げられる。たとえば2015年，組体操の「ピラミッド」が崩れ落ちる映像がネットを通じて拡散し，世間に衝撃を与えた。翌年3月，スポーツ庁は全国の教育委員会などに「組体操等による事故の防止について」を通知し，各自治体は組体

操の中止や「ピラミッド」「タワー」の段数を制限する等の対応を行った。

　このように，体育・スポーツ活動の安全確保については，国策レベルや各都道府県レベルで危険性がある運動を学習内容から取り除くことや規制をかける等の対応がとられるケースが多い。これらの対応によって，子どもたちの重大事故へのリスクは一時的に軽減されるだろうが，体育・スポーツはますます安全第一主義に陥り，その魅力の幅を狭めていくという危険性も孕んでいる。

　このような安全に「縛られた」体育から脱却するためにも，指導者一人ひとりが体育科授業研究を通して安全配慮をめぐる力量を高め，存分にスポーツの魅力を伝えることのできる体育授業へとシフトしていかなければならない。

（中村有希）

② 水泳の学習からみる安全指導
■ 水難事故の状況

　前項において，よりよい体育授業をめざす不断の教材研究が，結果として安全配慮につながることが理解された。ここでは，重大事故が多発する水難事故の防止に焦点をあて，安全指導についてさらに考えてみる。

　統計（警察庁生活安全局地域課, 2017）によると，2016年中，我が国では1,505件の水難事故が発生し，1,742人が水難者となっている。このうち，死者・行方不明者は816人に及ぶ。水難事故による死者・行方不明者の場所別構成比は，海52.1％，河川30.6％，用水路9.9％，湖沼池5.4％，プール1.1％，その他0.9％であり，行為別構成比は，魚とり・釣り29.0％，水泳8.5％，作業中7.6％，水遊び7.5％，通行中6.0％，その他41.4％である。また，中学生以下の死者・行方不明者だけをみると，場所別構成比は，河川64.5％が最も高く，次いで湖沼池9.7％，用水路9.7％，プール9.7％，海6.5％であり，行為別構成比は，水遊び45.2％，水泳12.9％，魚とり・釣り6.5％，その他29.0％である。したがって，重大な水難事故は，自然環境下での発生率が高く，不意に水中に投げ出されるケースが少なくないと推察される。

　なお，死者・行方不明者の場所別に占めるプールの構成比は，全体1.1％，

子ども 9.7％であり，自然環境下の水域と比較して高くない。しかし，このことはプールが無条件に安全であることを意味しない。1998 年度から 2015 年度までに，学校管理下の体育授業，運動部活動，体育的行事に発生したプールにおける死亡・重傷害事故は，溺水 32 例，脊髄損傷 31 例，突然死等 23 例である。また，小学校の管理下における溺水は 23 例である（日本スポーツ振興センター，2017）。水辺の活動は，楽しく魅力的であると同時に，常に危険と隣り合わせである。

■ **着衣泳は何を教えるのか**

　近年，水難事故の防止対策として着衣泳を行う学校が増加している。

　以下に示すのは，教育実習の授業において，着衣状態で自由に泳がせた後の教育実習生(学生)と児童のやり取りである。

　　学生「水に落ちてしまったら，慌てないでください。服を着ていると泳ぎに
　　　　くいです。気をつけてください。」

　　児童「はい。」

　　学生「返事が小さいです。もう一度聞きます。分かりましたかッ！？」

　　児童「はーいッ！」。

　学生の言ったことは，間違いではないが役に立たない。児童の関心は，"大きな声で返事をすること"だからである。着衣泳は，服を着たまま自由に活動させるだけでは効果が得られない。また，着衣泳という泳法を指導するわけでもない。服を着て泳がせることが目的化しないよう，内容を考える必要がある。

　では，着衣泳ではどのような内容を指導したらよいのだろうか。まず，着衣泳の目的を確認する。着衣泳の直接の目的は，"着衣状態で不意に水中に身を投げ出された際，パニックに陥らず，冷静に対処して自己の生命を守ること"である。

　こういった点で，プールのない時代の水泳指導は，着衣泳の内容の構成に参考になる。たとえば，我が国における初期の水泳の指導書である『游泳童論』(武田，1876)は，子どもにお椀を持たせ，河川の深いところで潜って砂をすくわせたり，息を 8 分目まで吸わせ，水面を移動させたりしている。これら

は，浮く，潜る，移動するという "人と水との機能" に着目して構成されている。クロールや平泳ぎ等の指導で散見されるように，キックやプル等の部分を切り取って練習させるのではない。着衣泳で重要なのは，生命保持のため水中で呼吸を確保する術を身につけさせることである。よって，中心的な内容は，呼吸を確保しながら長く浮くことになる。

■ 着衣泳はどのような実践か

それでは，着衣泳で行う具体的な方法をみていこう。着衣泳は，以下に示す活動を，児童の実態，学習環境等に応じて実施する。いずれも，活動だけを模倣するのでなく，内容を明確にして行う必要がある。

児童には，長袖・長ズボンを着用させる。靴は，浮力がある。履かせた方が望ましい。水泳帽やゴーグルは，学校の実態に合わせればよい。

① **水中の歩行**……水深の違いと水の抵抗を体感させるため，低学年用の浅いプールと通常のプールを歩行させる。授業のはじめに行う。歩行だけでなく，走らせてもよい。

② **各種泳法での泳ぎ**……着衣状態で泳ぐことは困難であること，むやみに泳ぐことは危険であること，どのようにしたら水面をスムースに移動できるかを体験させる。泳法は，横泳ぎ，平泳ぎのような動きを仰向けで行うエレメンタリーバックストローク，平泳ぎでゆっくりと泳がせる。クロールや背泳ぎは着衣状態には不向きである。短い距離を泳がせるだけで理解させられる。

③ **浮き身**……着衣泳の中核となる活動である。何も使わない方法として，エレメンタリーバックストロークがある。ビート板やペットボトル，ビニール袋等を利用して行うことも経験させるとよい。授業では，30秒とか1分のように時間を設定し，背浮きで呼吸を確保できるようにする。

④ **流水での歩行**……水の流れから受ける抵抗を体験させる。プールに水の渦をつくる "渦巻" を利用する。渦ができたら合図に合わせ，一斉に逆方向に歩かせたり走らせたりする。

⑤ **不意の入水**……水着泳と同様に，足から静かに入水させる。不意に水中に身を投げ出されたことを想定する場合には，体を丸めた状態で入水させた

り，遠くへ入水させたりした後，プールサイドに戻らせる方法がある。

⑥ 救命胴衣の着用……救命胴衣が使用できる場合は，積極的に活用する。水難事故に対する生存率は，救命胴衣を着用することにより飛躍的に高まる。脇を締めて襟をつかみ，足を曲げるヘルプ姿勢，ヘルプ姿勢の状態のまま複数名で円陣を組むハドルポジションを体験させる。また，"渦巻" を利用して，進行方向に足を向けて進むフローティングポジションを経験させることも可能である。

■ 着衣泳の指導における留意点

次に，着衣泳の授業における指導上の留意点を 6 つ示す。

① 着衣泳は，自身の生命を守る泳ぎである。個々の児童が客観的に自己の能力を知り，技能を身につけることが大切である。速く泳ぐことは目的でなく，競争は意味がない。"着衣状態での泳法" が他者よりも優れているという誤った認識は，児童の生命を脅かす水難事故につながりかねない。

② 着衣泳をはじめて経験する児童には，泳法は指定せず，浮いたり，水面を移動させたりする時間を設け，水着泳と異なる感覚を体感させる。

③ 浮き身の練習では，ペアで体を支えるといった教え合い活動を行う。背浮きの状態で顔に水がかかると学習意欲が削がれる可能性があるので，ふざけを許してはならない。

④ 背浮きがうまくできない児童には，個別に指導する。脱力させること，顎を引かずに少し上げること，ゆっくりと手足を動かすこと等を指導する。

⑤ 不意の入水を疑似的に経験させる際は，児童が勝手に飛び込まないよう，十分な指導が必要である。少しでも不安があれば，行わない。活動の最中に少しでも危険を感じたら，すぐに活動を停止させる。

⑥ 救命胴衣は，正しく着用させること。児童には，浮力を得るためベルト等は強めに調整すること，股下を通すベルトは正しく装着するよう指導する。

■ 着衣泳，水難事故防止学習の可能性と課題

最後に，着衣泳の発展的な可能性，水泳指導への示唆および水泳の安全指導に関する課題について述べる。

水難事故は，被水難者に対する死者・行方不明者の割合（46.8%）が著しく高

い。よって，児童の水難事故に対する未然防止能力を育成することも重要である。着衣泳を核にして，水面に浮いて呼吸を確保するといった事後対応的危機管理（クライシス・マネジメント）の側面だけでなく，未然防止的危機管理（リスク・マネジメント）の側面を加えた水難事故防止学習を構想することができる。このような，着衣泳から発展的に構想した水難事故防止学習は，危機管理教育のモデルともなる。

　着衣泳を河川で行うことで，学習者が水難事故の原因を体験的に理解すると同時に，河川への親しみを増加させることも報告されている（稲垣・岸，2015）。これらの知見は，河川や海等の実際的な場面で実施する着衣泳の教育的な効果の拡がりと可能性を示している。

　着衣泳の教材研究を通して得られる水泳指導への示唆には，たとえばカエル足の認識の仕方がある。水域における安全を視野に入れて水泳指導を考えると，足裏で水をとらえる技能は深みで呼吸を確保するための立ち泳ぎや，水面を移動するための横泳ぎに欠かせない重要な技能であるといえる。平泳ぎのカエル足を定着させる意義は，競技規則だけでなく安全面からも確認できる。

　水難事故は，予測困難な条件のもとに発生する。着衣泳は，一定の効果は期待できるが万能薬ではない。したがって，児童各々の自己判断能力を育成することが重要である。自己判断能力の育成には，豊かな体験を積ませることが不可欠であると考えられる。水難事故防止学習においては，危険予知トレーニングを取り入れるといった工夫も有効だろう。

　2017年告示の学習指導要領では，水難事故の防止を企図して水泳系領域に「安全確保につながる運動」（高学年）が加えられた（文部科学省，2017）。水難事故は，日常の生活圏外の海や河川といった自然環境下の水域で発生することが少なくない。したがって，安全に関するこれらの内容は，学校の立地条件や水遊びをする児童の多寡等に関係なく指導する必要がある。　　　　　（稲垣良介）

【さらに学習を深めるために】

1）中村有希「小学校教師の体育授業における安全配慮をめぐる力量についての研

究」東京学芸大学大学院教育学研究科修士論文，2014 年

教職経験年数の違いと子どもの怪我の種類の違いとの関連など，興味深い調査結果を知ることができる。

2) 高橋宗良「日本泳法に見る安全水泳の教育内容に関する研究」『野外教育研究』15 巻 1 号，2012 年，pp.33-44

水難事故防止学習の指導内容について日本泳法に焦点をあて詳細に検討し，立体泳法等にみられる，浮くことに関する知見と游泳術が水難事故発生予防，被害発生予防等に資することを報告している。

3) 城後豊「「遊泳童諭」における技術指導に関する研究」『上越教育大学研究紀要』11 巻 1 号，1991 年，pp.301-310

水泳指導は記録向上に偏る傾向がみられるとして，我が国の水泳指導の黎明期に著された「遊泳童諭」の指導内容を分析している。そこには，水域での安全という理念が通底していて，現在の水泳指導にも有益な知見があるとしている。

4) 稲垣良介「水難事故の未然防止を促す着衣泳の事後指導」『体育科教育』63 巻 7 号，2015 年，pp.50-53

水難事故に対する未然防止能力の育成を企図して，着衣泳に加えて事後指導を行う等，3 条件の授業をもとに教育効果測定を行っている。

3.4　体育の学習評価

① 体育の学習評価とは

■ 評価をめぐる問題

「先生，どのように児童を評価したらよいですか？」

若手教師からこのように質問された。話を進めても，どうも議論がかみ合わない。その理由を考えていると，先ほどの言葉は「どのように児童を評定したらよいですか？」という主旨であったことに気づかされた。つまり，この教師は，評価と評定を混同して用いていたのである。

評定とは，評価の手続きの一つであり，教師があらかじめ定めた評価基準や評価規準に基づき，数値などで価値判断することを指す。たとえば，A さんの通知表の成績を 3 段階で「C」と判断するのは評定である。ところが，これを指して評価と理解して用いている学生や教師は決して少なくない。こういった理解のままに評価活動を行うと，教師は授業中に児童の運動する姿をチェッ

クし，いわゆる「えんま帳」に結果を記録することに終始するであろう。

　体育の授業は，生涯スポーツ実践の基礎的能力を育むことが目標である。教師から，「あなたは『C』だ」とレッテルをはられることで，児童はその目標に向かうどころか，体育嫌いになる恐れさえある。評価と評定を混同しないで適切な評価活動を行い，児童を運動の面白さに触れさせる，そんな授業づくりが我々には求められている。

■ 学習評価のもつ意味

　学習評価とは「学校の授業として行われる体育の学習指導をめぐって，担当の教師が，学習の成績や学習指導のよしあしを確かめ，必要に応じていっそう望ましい方向に改善するために有益な情報を得る営み」であると定義される（宇土，1981：p.8）。そして，この有益な情報を児童にフィードバックすることで，児童は行う運動の面白さに触れる可能性が広がる。つまり，体育における学習評価でめざされるべきは，学習者である児童が，自身のめあてに向かって挑戦するために有益な情報を得て，それを活用することといえる。

　たとえば，走り高跳びの学習ではさみ跳びに挑戦しているB君は，踏み切りにつまずきがある。右脚で踏み切るために，左側から助走をしなくてはいけないのに，右側から助走をすることでベリーロールのような跳び方になってしまっている。このつまずきに，教師が「左側から助走してみよう」と声をかけることや，映像や掲示資料を活用することで，自らつまずきに気づいて正しい助走の位置から練習するように方向づけることが学習評価の機能である。この学習評価を活かした挑戦の連続により，児童はより運動の面白さに触れることができる。

　しかしながら，こういった評価活動が行われていない現状がある。B君に対して「はさみ跳びができないから『C』だ」，「80cmしか跳べないから『C』だ」という具合に評定を出すことに終始する，誤った評価活動は少なくない。ここには，評価と評定の混同，そして教師が学習評価の目的や内容，方法を十分に理解していないといった問題があると思われる。そこで，次項では体育授業における学習評価の実際について，具体例を挙げながら述べる。

② 学習評価の実際

■ 何のために評価するのか

(1)学習者の自己理解・自己評価を促すため

　運動に挑戦している児童が，教師から有益な情報を得ることで「わかった！」「できた！」といった成果を獲得したり，「ここが課題だ！」「こんな練習をすれば上手くなるかも！」といった気づきを得たりすることが学習評価の大きな目的といえる。また，教師だけでなく仲間からのアドバイスによって，運動の面白さに触れることもできる。そのため，一斉学習ではなく，グループ学習を中心とした授業を行う必要がある。

　教師や仲間から必要な情報を得ることは「他者評価」といえるが，生涯スポーツ実践の基礎的能力を育むうえで「自己評価」の力はとりわけ重要となる。他者からの評価を頼りに運動をしている限りは，いつまで経ってもそれを拠り所にしないとプレイできない。自身のめあてに挑戦し，現状はどうであるかを映像や掲示資料を用いてふり返ることで，めあてを修正したり，練習方法を工夫したりして上達できる。教師には他者評価だけでなく，児童の自己評価を促す学習を仕組むことが求められている。

(2)教師の学習指導をふり返り，改善するため

　評価というと，どうしても教師が児童に対して実施するものという印象が強い。しかし，決して一方通行ではなく，教師は学習評価の過程で自身の学習指導をふり返り，改善しなくてはいけない。

　たとえば，バスケットボールのゲームを観察する中でシュートの成功率が低く，得点する楽しさを味わえていないと教師が児童の姿を評価したとする。そのため，次時のはじめにレイアップシュートの方法を指導し，その後，制限時間内にどれだけレイアップシュートが決まるかをチーム対抗で競争するゲーム性のある準備運動を行えば，その授業のゲームでは多くの児童が得点を決めることができるかもしれない。このように教師が自身の学習指導を児童の姿からふり返り，改善していく営みはとても重要である。

(3)通知表や指導要録の記載を充たすため

　昨今，通知表に対する保護者の目は厳しい。進学との関係から，教師が提示した評定に対して疑問を示す保護者は少なくない。具体的な示し方は後ほど述べるが，評定の根拠となる日常的な評価活動とその記録が大切となる。同様に，指導要録に記載するためにも，学習評価から得られた情報を記録しておくことが求められる。

■ 何を評価するのか

(1)観点別評価

　しばしば問題となることは，児童の技能ばかりに注目した評価活動のあり方である。上手ければ褒められるし，上手くなければ助言を受ける。大切なことではあるが，技能中心の学習指導と評価活動では，「できることだけがよいこと(結果至上主義)」という価値観を児童に教え込むことになる。

　2020年から完全実施された小学校学習指導要領では，育むべき資質能力として，「知識・技能」，「思考力・判断力・表現力等」，「学びに向かう力・人間性等」の3つが示された。それに対応するかたちで，「知識・技能」「思考・判断・表現」「主体的に学習に取り組む態度」の3つの観点が観点別学習状況の評価として示されている(国立教育政策研究所，2020)。児童が行う運動の面白さに触れるには，「できた」という結果のみならず，その過程を大切にする必要がある。過程を大切にするためには，結果としての「知識・技能」だけでなく，作戦を考え，それを仲間に提案したり，場やルールを工夫したりして楽しんでいるかという「思考・判断・表現」，学習に意欲的に取り組んでいるかという「主体的に学習に取り組む態度」を評価する作業を欠くことはできない。

(2)評価基準

　これら3つの観点を評価する際，明確にしておくべきなのが，「評価基準」と「評価規準」である。評価基準は，客観的な到達基準のことである。たとえば，短距離走の学習で50m走を8秒で走れる，水泳の学習で25mを泳ぎ切れるといったもので，誰が見てもわかりやすい。しかし，知識や技能など客観的な到達基準が示しやすいものを対象に評価するときには用いやすいが，そうで

ないものについては用いにくい。また，評価基準のみで学習評価をしようとすると，結果ばかりに重きを置くことに陥りやすく，そのため運動が苦手な児童は楽しめない場合がある。

(3)評価規準

　一方，評価規準は，質的な到達目標を児童の具体的な「状況」として示したものである。図表3-24 には，ハードル走における評価規準の一例を示した。これは，児童がハードル走の学習で仲間と競争したり，自身の記録に挑戦したりする面白さに触れる過程で予想される児童の具体的な姿である。すなわち，運動の面白さに触れるにはこういった姿が学習の中で導かれるはず，といったものである。決してハードル走における普遍的な評価規準が先にあるのではないし，児童をチェックするための指標でもない。

　図表3-24 に示した「知識・技能」の評価規準である「②自分に合った易しい場において，インターバルを決まった歩数でリズミカルに走り越すことができる」を評価する際，「十分に満足できる」と判断される場合はA，「おおむね満足できる」と判断される場合はB，「努力を要する」と判断される場合はCと評定する。こういった情報を技能の向上に活かすために，教師から児童へ具体的な方法を示しながらフィードバックする。これにより児童は自身の課題を理解し，上達しようと学習を主体的に進められるのである。近年では，評価規準を学校毎に作成して学習評価に用いることが求められている。

■ **どのように評価するのか**

(1)目標に準拠した評価

　昨今，目標に準拠した評価の重要性が強調されている。体育授業に限らず，本時のねらいに即して評価活動は行われなければならない。たとえば，ハードル走の学習で競争や記録を達成する面白さを味わうために，「自分に合った易しい場において，インターバルを決まった歩数で最後まで走り越すことができる」ことを本時のねらいに定めたのであれば，教師は図表3-24 に示した「知識・理解」の「②自分に合った易しい場において，インターバルを決まった歩数でリズミカルに走り越すことができる」や「思考・判断・表現」の「③ハー

図表3-24　単元における評価規準の例

知識・技能	思考・判断・表現	主体的に学習に取り組む態度
①ハードルをリズミカルに走り越えるためのポイントを知るとともに，自分の課題を見付けている。 ②自分に合った易しい場において，インターバルを決まった歩数でリズミカルに走り越すことができる。	①課題の解決の仕方を知るとともに，自分の課題にあった練習の場や用具を選択している。 ②自分の記録への挑戦の仕方を知るとともに，自分に合った競走(争)の仕方を選択している。 ③ハードルをリズミカルに走り越えるためのポイントや場や用具の工夫を友達に伝えている。	①ハードル走を楽しむための活動に進んで取り組もうとしている。 ②約束を守り，友達と助け合って練習や競走(争)をしようとしている。 ③計測や記録など分担された役割を果たそうとしている。 ④結果を受け入れようとしている。 ⑤友達の意見を認めようとしている。 ⑥場や用具の安全を確かめている。

ドルをリズミカルに走り越えるためのポイントや場や用具の工夫を友達に伝えている」などを評価活動の中心にしなくてはいけない。リズミカルに3歩助走ができている児童には大きな声で「3歩のリズム，とてもいいよ」と賞賛すべきであるし，4歩助走になっている児童には，インターバルのやや狭い場での練習を促したり，「トン，いち，に，さ～ん」と口リズムでタイミングをつかませたりする評価活動を行う必要がある。

　考えてみれば，こういった評価活動は当たり前ではあるが，一方で本時のねらいとは関係なく「Cさんは前より1秒速くなったね」といった結果ばかりを認めている現状がある。なぜ1秒速くなったのか，そこにはCさんがねらいを達成するためにもった，めあての存在があるはずである。「自分に適した場を選択して練習したから，リズムをつかめたんだね」，「1歩目と2歩目の脚のけりが強くなったから，3歩目でハードルを越えられるようになったね」といった，児童が挑戦したことに対する適切な評価活動により，Cさんはねらい達成に向けてめあてをもって挑戦することの意義を強く認めるようになる。このくり返しにより，運動の面白さに深く触れられるようになるのである。

　他方，目標という言葉には，いくつかの層があることを教師は知っておく必要がある。小学校6年間の目標，1年間の目標，単元の目標，本時のねらいといくつもの層がある。もちろん，生涯スポーツ実践の基礎的能力を育むことが

体育科の大きな目標ではあるが、その達成のためには、どの層でどのような目標を設定するのか、どの目標に準拠して評価していくかを明確にしたうえで学習指導を進めることが求められている。

(2)評価の時期

　評価をする時期についてある教師と議論したとき、「学習の終末」という回答が返ってきた。つまり、授業のまとめや単元終了後に教師が児童の姿はどうであったかを総評するといったイメージである。しかしながら、学習評価は児童が自身のめあてに向かって挑戦するために必要な情報を得て、それを活用する営みであることを考えると、学習の終末に評価をしているだけでは十分とはいえない。評価の時期は、次の3点から説明される。

　　診断的評価(事前)…授業や単元学習が始まる前に、児童の準備状況を評価する。
　　形成的評価(事中)…授業や単元学習の過程において、児童を継続的・反復的に評価する。
　　総括的評価(事後)…授業後や単元学習後の児童の達成状況を評価する。

　つまり、学習が行われている限りすべての期間が評価の対象といえる。なお形成的評価では、教師は「今日はどの観点を評価するか」と、評価規準から評価を行う観点別評価項目を明確に定めて授業に臨む必要がある。そうでないと、何となく児童に声をかけることに終始してしまい、目標に向かった適切な評価活動を行うことは難しい。

(3)絶対評価の重要性

　評価の方法には、相対評価、絶対評価、個人内評価がある。相対評価は集団内での相対的な位置による評価である。つまり5段階で評定をするとき、「5」の割合は○%、「4」の割合は○%…といった具合に、それぞれの割合が決まっている。そのため、どれだけ努力して上達しても、集団内の順位が向上しなければ適正に評価されない場合がある。

　最近では、絶対評価を用いることが求められている。絶対評価は、あらかじめ設定された評価基準や評価規準の達成や実現状況を評価するものである。図表3-24に示した「知識・技能」の「②自分に合った易しい場において、イン

ターバルを決まった歩数でリズミカルに走り越すことができる」という評価規準を例にすると，すべての児童が「十分に満足できる」状態であれば，学習者全員が「A」と判断される。しかし，「決まった歩数でリズミカルに」とは，どういう姿かの判断が教師間で曖昧になることが予想される。そのため，他学級の授業者とよく相談をして，その状況を共通理解しておく必要がある。

　個人内評価は，評価の基準を学習者自身に置いて評価するものであり，自身に適しためあてを設定する能力が必要となる。技能の高低に関係なく，適切なめあてを設定していれば，自身の姿をふり返りながら主体的に学習を進められるであろう。しかし，技能が高い児童が自身の能力よりも低い簡単なめあてを設定すると技能の向上は停滞するし，反対に技能が低い児童が難しいめあてを設定しては基礎が身につかず，こちらも技能の向上は期待できない。教師は，児童が自身の技能レベルに合っためあてを設定できるように，働きかけをしなくてはならない。

③ 評価から評定に至る手順
■ 具体的な作業

　ここでは，これまで示してきた評価活動から，どのようにして評定を導き出し，通知表や指導要録に記載するのかを考えてみたい。冒頭で述べたように，評定とは評価の手続きの一つであり，教師があらかじめ定めた評価基準や評価規準に基づき，数値などで価値判断することを指す。「あらかじめ定めた」とは，児童がハードル走の学習で仲間と競争したり，自身の記録に挑戦したりする面白さに触れる過程で予想される児童の姿を教師間で話し合って定めるということである。児童の予想される姿と関係なく，教師目線で定めた評価基準や評価規準であってはならない。

　たとえば，図表3-24の「主体的に学習に取り組む態度」にある「②約束を守り，友達と助け合って練習や競走（争）をしようとしている」という評価規準は，仲間と主体的・対話的に学ぶ具体的な姿であり，教師はそのような児童の姿が導かれるように，賞賛したり方向づけたりしながら評価活動を行わなけれ

ばならない。その評価活動の過程で，D君はそれができているかどうか，できるようになるためにどういった学習の進め方をしているのかを教師が記録していくのである。

　ここでは，「知識・技能」のみに絞って評定の出し方を考えてみる。教師間で話し合い，ハードル走の面白さに触れるためには「ハードルをリズミカルに越えることができる」ことが必要であり，「①ハードルをリズミカルに走り越えるためのポイントを知るとともに，自分の課題を見付けている」ことと「②自分に合った易しい場において，インターバルを決まった歩数でリズミカルに走り越すことができる」ことが児童の姿として見られるはずであると定める。学習の過程で，そこへ向けて評価活動を行っていく。たとえばD君は「①」と「②」がともに「A」であったとする。その場合，単元の目標である「ハードルをリズミカルに越えることができる」は総合して「A」と判断することができる。つまり，ハードル走の面白さに触れたということになる。D君は，1学期の他の単元の「知識・技能」の評定がすべて「A」であった場合，1学期の「知識・技能」を総合すると「A」と判断されるであろう。もちろんハードル走の面白さに触れるためには，他の観点に関わる学習内容も大変重要であり，これらについても「知識・技能」と同様の作業を実施することで通知表に記載できる。これが3つの学期で繰り返され，それらを総括して指導要録に記載するのである。

　しかしながら，40人いる児童の観点別評価項目について，毎時間すべてを詳細に記録することは困難である。たとえば，何とか技能を伸ばして，より深く面白さに触れさせたいと思う児童など，その日に関わる対象をあらかじめ決めておく。その児童について重点的に指導し，併せて評価した内容を記録するなど，指導対象者を絞っておくことも必要である。

■ 共通理解の必要性

　これまでに，評定の出し方の一例を示したが，児童や保護者が納得する評定を出すためには教師間でめざす児童の姿のイメージを共有し，評価規準を明確にしておく必要があることは言うまでもない。評価規準の状況の判断が，各々

の教師で異なっていては正しく絶対評価を行えないばかりか，児童や保護者の信頼を失いかねない。そのため，学級数が複数ある学年では，教師間で評価規準について綿密に吟味し，たとえば「リズミカルに走り越える」とはどういった姿であるのかを共通理解する作業が不可欠である。

　加えて，観点別評価項目の「A」の数がいくつで総合の評定が「A」となるのかなど，その基準についても教師間で十分に話し合っておく必要がある。

（佐藤善人）

【さらに学習を深めるために】

1）国立教育政策研究所『「指導と評価の一体化」のための学習評価に関する参考資料【小学校体育】』東洋館出版社，2020 年
　新しい学習指導要領に準じて評価をどのように進めればよいのか。具体例とともに示している。
2）「特集　新しい体育の学習評価を求めて」『体育科教育』第 58 巻第 6 号，2010 年
　さまざまな立場の研究や実践者が学習評価のあり方について提案している。実践例を示しながらの論考もあり，学習評価を考えるうえで参考になる。
3）高橋健夫ほか「体育授業の『形成的評価法』作成の試み―子どもの授業評価の構造に着目して―」『体育学研究』第 39 巻，1994 年，pp.29-37
　今日，広く使われている体育の形成的評価法がどのような考えで開発されたのかを知ることができる。
4）武隈晃・武隈順子「体育科における学習評価に関する一考察―学習者の自己評価活動を中心として―」『鹿児島大学教育学部研究紀要教育科学編』第 49 巻，1998 年，pp.55-66
　学習評価の最も重要な機能は，学習者の自己理解を助けることにあるにもかかわらず，子どもたちの自己評価が教師による評価・評定の補助的手段に使われてしまっている現実を鋭く指摘している。そのうえで，自己評価はあくまで学習者自身による自己理解や自己認識を昂進させる「学習活動」の一環として組織される必要があるという問題意識に立って，興味深い実践事例が報告されている。

4. 授業づくりの実際

4.1 子どもに人気のない運動の授業づくりを考える

■ 解 説

　小学校1年生から6年生まで，体育の授業ではたくさんの運動が教えられている。その中には，多くの子どもが好む傾向がみられる種目がある一方，反対に多くの子どもが嫌う不人気な種目も存在する。「なわとび」「持久走」「ラジオ体操」は，その人気がない運動の代表例と言ってよいだろう。

　これらの運動は，ボールゲームなどと比べると面白さに欠けていて，それが子どもにあまり好まれないのは当たり前のことのように考えられがちである。しかし学校の外へ目を転じてみれば，強制されるわけでもないのに，自ら走っているたくさんの市民ランナーがいるし，ラジオ体操の愛好者も多い。

　つまり，これらの運動は他と比較して決して魅力がないわけではなく，その魅力を知っている人はまさに生涯スポーツとして楽しんでいる。裏を返せば，これらが学校の中で子どもに不人気なのは，これまでの体育授業において，その運動に固有の楽しさや面白さが十分に伝えられてこなかった結果なのである。「前回し1分，はじめ！」「マラソン校庭5周！」といった今なお見られる実践は，教師がこれらを体力づくりのための直接的な手段としてとらえているがゆえに，授業の場では運動の量を保障するだけで終わってしまっている。

　こういった実践を乗り越えて，それらの運動の楽しさ・面白さを学習していく授業がここでは紹介される。そこから学ぶべきことは，単にこの3つの運動の授業の具体的なあり方に止まらない。体育授業がめざす目標と一貫した授業のあり方を構想していく時，授業で取り上げる運動の魅力を研究することが体育授業づくりの出発点となるのは，どの運動の授業においても忘れてはならないことだからである。

① なわとびの実践例

佐藤善人（東京学芸大学附属大泉小学校における実践）

■「なわとび」って体力づくりのためにするの？

　秋から冬にかけて，多くの小学校の体育授業において「なわとび」の学習が行われる。その様子を観察すると，いわゆる体操の隊形にひらいた位置で，ただもくもくと短なわを跳んでいる姿を見ることが少なくない。児童は，なわにひっかかると各自の「進度表」に跳んだ回数を記録している。定められた回数や時間を連続で跳ぶと，進級できるシステムで学習が進められているのである。すなわち，現在広く行われているなわとびの学習では，いくつかある技や回数があたかもテレビゲームのレベルのように設定され，それをクリアしていくことが児童の目標となっているのである。

　なわとびの学習は，これまで体力づくりの一環として学校教育に位置づけられることが多かった。1960年代から盛んになった業前・業間体育では，とくになわとびが積極的に行われたことはよく知られている。また，これまでの小学校学習指導要領では，なわとびは「体操」や「体つくり運動」に位置づけられてきた経緯もある。このため，「なわとび＝体力づくり」というイメージが教師に植えつけられた結果，ある技を身に付け，教師が設定した回数や時間をクリアしながら，体力の保持増進をめざす授業づくりが展開されるようになったと考えられる。しかしそのような実践は，なわとびが嫌いな児童を少なくない数生み出すことになったのである。

　では本来，なわとびの学習とはどうあるべきなのだろうか。一般的になわとびの楽しさは，「短なわや長なわを操作して，今できる技を組み合わせて連続技をつくったり新しい技や回数に挑戦したり，友達と跳び方を工夫したりすること」にあると考えられる。新しい技ができるようになったら，すでに跳べる技と組み合わせてさらに連続技をつくって挑戦したり，複数の友達と長なわや短なわを組み合わせて跳んだりすることも面白い，楽しみ方の幅の広い運動なのである。体力づくりの手段としての価値が先行するのではなく，なわを跳ぶこと自体の魅力が児童を引きつけるという授業づくりが求められるであろう。そこでここでは，小学校5年生の学習を例に，児童がなわとびの楽しさに触れる授業について考えてみたいと思う。

■「進度表」から卒業しよう

　先述のように，なわとびの学習では，その名称に多少の違いはあるものの「進度表」

第5学年　なわとび運動の単元計画（6時間扱い）

時	1	2	3	4	5	6
学習内容	学習計画を立てる	ねらい①　今もっている力で横並び正面跳びを楽しもう　　・回数に挑戦する　・3人で跳んでみる				
		ねらい②　工夫した跳び方で横並び正面跳びを楽しもう　　・大人数で跳んでみる　・長なわと組み合わせる				学習をふりかえる

が多くの小学校で用いられている。はじめの技は「両足跳び」であり，前回しや後ろ回しを交えながら，最後は「二重跳び」もしくは「三重跳び」とほぼ決まっている。新しい技ができるようになったり跳ぶ回数が増えたりする毎に「級」や「段」が上がり，すべてをクリアすると「なわとび名人」の称号が得られる「進度表」もある。

　「進度表」自体が悪いのではなく，それを用いることで体力づくりを目標とした授業を進めようとする教師や，「進度表」を児童に与えたことで満足して指導を放棄してしまう教師に問題があるのだが，ここでは「進度表」を使わず，これまでの授業で扱われてこなかった技を取り上げてなわとびの学習を行ってみた。

　右図のように，二人の児童が横に並び，外側の手で自分のなわを，内側の手で相手のなわを持って跳ぶ跳び方を，「横並び正面跳び」と言う。基本的には両足跳びと跳び方は同じであるが，自分が跳ぶなわの柄を1つ持っていないために，挑戦してみると意外に難しい技である。この「横並び正面跳び」を取り上げて，上表のようにスパイラル型の単元計画を立てて，実践を行った。

横並び正面跳び

■ 授業の実際

(1) まずは2人で跳んでみよう！

　ねらい①は，「今もっている力で横並び正面跳びを楽しもう」である。2人でリズムよく跳んで，回数に挑戦することがめあてとなる。上手に跳べる子を観察したり，アドバイスをもらったりしながら，仲間と共に高め合うことも大切な学習内容である。

うまくタイミングがとれないペアには，なわを持たずに手をつないでリズムよくジャンプする練習が有効である。また，はじめから２本のなわで行うのではなく，１本のなわで跳ぶ練習方法を助言することもある。

タイミングを合わせよう

これまでのなわとびの学習で行ってきた技と違い，自分だけでは思うようになわが操作できない「横並び正面跳び」に出会うことにより，悪戦苦闘しながらも，ペアで「せ〜の！」と声をかけ合って跳んだり，跳び方をアドバイスし合いながら取り組む姿が多く見られた。

(2) 工夫した跳び方で跳んでみよう！

毎授業の後半は，２人で行ってきた「横並び正面跳び」をベースとし，「工夫した跳び方で横並び正面跳びを楽しもう」をねらい ② として学習を展開した。ここでは，教師からの「『横並び正面跳び』を工夫して，いろいろな跳び方を考え，挑戦しよう」という投げかけのもと，さまざまな跳び方を児童自身が考え，その技に挑戦することがめあてとなったのである。

まずは，人数を増やして跳ぶ児童が出てきた。３人，４人，５人と人数が増えると難しさが増す。２人の時は，跳ぶなわの柄を片方持てるが，人数が増えると，跳ぶなわの柄を持たずに跳ぶ児童も出てくる。これまで以上に声をかけ教え合い，タイミングをとりながら跳んでいた。また，背の高い児童を中心にするなど並び順を工夫したり，いったん３人ずつに分かれて練習してから６人で再挑戦する姿も見られた。どんどん人数を増やし，隣のグループと合同で 10 人を超える仲間と跳ぶことに挑戦したり，大きな輪をつくって，全員が自分の跳ぶなわの柄

６人でやってみよう

自分の跳ぶなわは持っていないよ

を持たない状態にして挑戦するグループも出てくるようになった。

　人数を増やしていくだけでなく，2人でもさまざまな工夫ができる。たとえば，2人で後ろ回し跳びに挑戦したり，二重跳びに挑戦したりすることもできる。1人が正面を向き，もう1人は後ろを向いた状態で跳ぼうとする姿も見ることができた。学習が単元の終わりに近づいたときに，「先生，長なわを借りてもいいですか」と言いに来た児童がいた。そのグループでは，長なわの中で「横並び正面跳び」を跳ぶことを思いついたのである。実際に挑戦してみると難しく，上手く跳ぶことができない。しかし，簡単にはあきらめず，何度も挑戦する姿が見られ，たった1回だけではあったが6時間目に見事に跳んで，満面の笑みを見せてくれた。

長なわと組み合わせて跳べるかな？

　考え出した技は，自分たちだけのものにせず，毎授業の終わりに紹介し合う時間を設けた。自分たちが考え出した技に仲間が挑戦してくれることに喜びを感じる姿や，仲間が紹介してくれた技をさらに工夫して跳んでみようとする姿が見られた。また，仲間と回数を競い合って楽しむ様子も見られるようになった。

■ 実践をふり返って

　児童にとってなわとびは，「なわ」という道具を使ってさまざまな跳び方で跳ぶことが楽しい運動である。これまでのなわとびの授業は，体力づくりの目標のもと，ある決められた技と回数や時間をクリアするために，それに向かってひたすら練習するという，児童にとっておもしろ味のないものになってしまうことが多かった。

　なわとびの学習を考えるとき，従来の発想から脱却した柔軟な考えのもと，児童が「やってみたい！」と思えるような跳び方で単元を計画する必要があるだろう。今回の「横並び正面跳び」の実践は1つの例であり，他の跳び方での授業やいくつかの技を組み合わせての授業でもさまざまな学習が展開できるはずである。

【さらに学習を深めるために】
榎木繁男ほか『誰でもできる楽しいなわとび』大修館書店，2005年
　なわとびという運動について詳しく解説され，授業づくりを考える際に参考になる。

② 長い距離を走る運動の実践例

樺山洋一（鹿児島県垂水市立水之上小学校における実践）

■ 持久走は嫌い

　「体つくり運動」領域の中の持久走の学習は，子どもたちに不人気な単元である。朝や業間体育のかけ足タイムが雨のために中止という放送が流れると，各教室から歓声が上がることさえある。その理由を聞くと，「きつい・つかれる・おもしろくない・単調」というものや「みんなより遅い」といったものが多い。体力づくりのためと，教師が指定した周回コースを単に走るだけの授業であったりすると，いくら体力づくりになるといっても子どもたちにとってはきついだけの魅力のない運動になってしまう。

　伝統的な学校行事として，また持久走の学習の発展として，持久走大会やマラソン大会は多くの学校で行われている。しかし，往々にしてそれは競争的な色合いが強く，大会当日は保護者も「○番になるようにがんばれ」「□君に負けるな」といった応援をしているのが現実である。本来「達成型」でもあるべき運動が「競争型」としてだけ行われると，なかなか自分のペースで走ることができず，つらい運動になってしまいがちである。その結果，「持久走＝長い距離での競争」ととらえてしまい，厳しい状況の中で運動を行いながら，しだいに「長い距離を走ること」を嫌いになっていく子どもたちも数多くいると考えられる。

　一方，社会の中には，自分が今もっている力をもとに一定の速さで走って楽しむ有酸素的なスポーツとしてのジョギングが存在している。昨今の健康ブームにより，早朝や夕方に汗を流す市民ランナーも多く見かける。彼らは，走る運動を楽しみながら続けている。また，趣味で始めたジョギングが高じて，フルマラソンという過酷なスポーツに進んで挑戦する人々も少なくない。各地のマラソン大会も大盛況である。

　そこで，小学校期の体育の「持久走」を「ジョギング」として学ばせることで，子どもたちにとって単調できつく，ともすると嫌いな運動ととらえられがちな運動から，走る楽しさや喜びを味わう生涯スポーツの一環としての運動にしていくという方向で授業をつくってみることにした。

■ 授業の実際

　子どもたちが生き生きと学ぶためには，(1)学習過程　(2)場づくり　(3)教師の関わりが大切である。

（1）学習過程について

　単元全体で８時間の学習を，オリエンテーション（1 時間）→ねらい ① の学習（3 時間）→ねらい ② の学習（3 時間）→ジョギング大会（1 時間）と構成した。

　オリエンテーションでは，ジョギング（持久走）は「体つくり運動」領域の中の運動であり，走る楽しさを味わうことや自分の健康づくりが主な目的で，他者との競争や学校行事の持久走大会などを意識しないで運動すればよいことを強調した。

　次に，実際に自分のペースで走らせ，その楽しさを体感させた。自分のペースとは「友達と話ができるくらい」「笑顔で走れるくらい」を具体的な目安とした。そして，そのような運動が心身にとってどのような効果があるのかといった問題について，学習資料をもとに理解させた。そのうえで，これからの学習のねらいや道筋を説明した。

　ねらい ① の学習では，10 分間のジョギングを行う中で，自分にあった速さをつかみ，楽しんで走ることをねらいとした。子どもたちにペアを組ませ，一人は実際に走り，もう一人は応援と走りの記録のチェックを行った。それぞれ走ってくる自分の相手に「スマイル！」「ナイスペース」と笑顔で応援しながら励ましたり，すれ違う時にハイタッチをしたり，学習プリントにチェックしたりして楽しく活動できた。また，資料や学習ノートを活用しながら，自分のめあてに向かって取り組むことができるようにした。

　ねらい ② の学習は，ねらい ① でつかんだ自分のペースでより長い時間や距離を走る活動や２～３人で走る活動とし，その中で友達どうしで励ましあったり，挑戦する喜びを味わったりできるような時間も十分確保した。子どもたちは，自分のできそうな時間や距離に挑戦したり，走るときのフォームやペースについて友達どうしで教えあったりしていた。さらに，

すれ違う友達と「ハイタッチ」

コースも自分たちで景色を楽しめるよう工夫させた。ただ単に走るだけでなく，学校内の様子や町並み・季節の変化を目で見ながら走ることも楽しみのひとつと考えた。子どもたちの中には，途中でコースを変えたり，走る方向を変えたりして気分をリフレッシュさせながら走る子どももいた。また，同じくらいのスピードの友達と仲良く話をしながら走る姿も見られた。

　単元を締めくくるジョギング大会では，自分の課題の高まりを確認し，達成感を味

わえるようにした。ここでは，これまでの取り組みを相互に評価したり認めあったりしながら成就感を味わえるように，競争ではないジョギングのイベントを行い，今後の運動の生活化をねらった。

(2) 生き生きと活動する場づくり

　校庭のトラックを使ったコースとトラックの外回りコース，学校の周りのコースと，3コースを設定した。さらに，自分のペースを知るために，距離を示した放射線状の直線コースも準備した。また，間接的な場づくりとして，雰囲気を和らげ楽しく走れるための音楽，「体つくり運動」領域を理解するための学習資料，フォームや呼吸の仕方等を図示した走るときの参考になる絵図，自分のめあてと取り組みや反省等を記録する学習カード等を準備した。

　子どもたちは，思い思いのコースを走りながら学習することができた。しかし，単元の初期では各コースとも同じ地点から同時にスタートさせたため，いつのまにか競争的な気持ちをもたせてしまい，走るペースが他者に影響される子どもたちがでた。そこで，単元途中からは，それぞれいろいろな場所からスタートさせたところ，競争的にならずに自分のペースで走れる子どもが多くなった。また，単元の前半に，折り返しのペースランニングを直線コースで行ったが，ややトレーニング的で子どもたちの興味関心も低下したので，単元後半は設置せず自由に走らせることにした。

　さらに，1周ごとの自分のラップタイムを振り返ることができる学習カードを使用させたところ意欲が高まり，かなり積極的に，そして同じペースで走れるようになってきた。

　授業を行った鹿児島の6月後半はかなり蒸し暑く，それだけでも子どもたちの走る意欲は低下してしまうので，教師がホースで水をかけるシャワーゾーンを設け，子どもたちはそこを喜々として駆け抜けていった。最後のジョギング大会の時はエイドステーションを設け，そこに自分を励ます言葉を書いた飲み物を置かせて走りながら給水できるようにした。子どもたちにとって走りながら給水するのは初めての経験で，はじめはうまく飲めな

シャワーゾーン

エイドステーション

かったが，慣れてくると笑顔で口にしていた。
また，授業終了後には「シャワータイム」と称
して，プールのシャワーで汗を流した。これは
大変好評だったが，スポーツ後のこのような活
動も体育学習に必要なことであると思う。

マイボトル

(3) 教師の関わり

　事前のアンケートから，クラスの40％の子
どもたちが持久走に嫌悪感をもっていたため，楽しく学べる学習過程や場づくりを工
夫する必要があった。また，1時間ごとの子どもたちの意識の変化にも慎重に対応し
ていくことも必要だった。そこで，学習カードの反省の項目に「次時への意欲」の欄
を設け，「またしたい」「すぐしたい」「もうしたくない」の中から選択させた。そして，
子どもたちの学習カードを学習終了後にすべてチェックして次時のめあてや意欲の状
況を把握し，それぞれのめあての妥当性や意欲面について指導の必要がある子どもに
は適時話し合いの機会をもった。

① 事前の調査から1時間目にかけて

　学習前には，13人の子どもたちが持久走を「嫌い」と答えていた。その多くが「き
つい」「遅い」「おもしろくない」という理由だったため，1時間目にジョギングの意
義や走ることの楽しみ方（競争ではない等）を話し，これからの学習の進め方について説
明した。その結果，この13人の子どもたちも授業終了後には「嫌い」という気持ち
がなくなった。しかし，1時間目を終えて，新たに4人の子どもたちが事後の調査に
「もうしたくない」と答えた。その理由を聞くと，「はじめにとばしすぎた（オーバーペー
ス）」「10分走るのは初めてだったので，ちょっときつかった」という理由だった。

② 1時間目～2時間目

　全体を指導しながら，とくに「もうしたくない」と答えた7人の子どもたちに注意
して励ましや助言を行った。とばしすぎていたO子に対してははじめのペースを落と
すように指示したり，「きつい」と答えたT子には教師が伴走したりした。このような
指導を積み重ねた結果，「もうしたくない」と答えた子どもは7人から3人に減った。

③ とくに配慮した3人の子ども

　単元の半分を終えても，学習に積極的になれない子どもが3人いた。M男は喘息を
もっており，走り始めるとすぐに咳き込んでしまう。A子は体育そのものが嫌いで，
どの単元にも積極的に参加しようとしない。B子は肥満ぎみで，走ることに抵抗が

あった。そこで単元後半は，とくにこの3人の子どもに配慮しながら学習を進めた。

　M男については歩くことから，A子とB子は一緒にかなりゆっくり走ることから始めた。教師も一緒になり，リラックスさせるために運動とはとくに関係ないような話をしながら走った。M男は無理のないウォーキングのため咳き込まず，2人の女子は共に走る相手ができたため，表情に笑顔がでてくるようになった。走ることに抵抗感をもっていたこの子どもたちも，楽しみながら走ったり歩いたりできるようになり，7時間目には「もうしたくない」と答える子どもはいなくなった。

■ 実践の成果

・学習過程や場づくりを工夫し，持久走の単元をジョギングとして経験させることは，今後の学習や生活に十分生かすことができる。
・一人ひとりがジョギングの意義を知り，走る楽しさを感じることができた。
・ジョギングとして走る活動を行うことにより，自分のペースを見つけることができた。また，「きつい」とか「おもしろくない」と思う子どもはかなり減った。
・走る楽しさを十分味わった子どもの中には，家族に声をかけて一緒にジョギングをするようになった子もでてきた。
・今後も，さらに一人ひとりを大切にした子どもへの関わり方や，気持ちよく走れる場所という観点から走るコースを検討しながら，よりよい授業をめざしていきたい。

■ ジョギングからのアプローチを終えて

　実践のねらいは，子どもたちにとって不人気な持久走の単元を，いかに楽しみながら，かつ真剣に学習できるか……にあった。単元名も「持久走」から「ジョギング」に変え，はじめの活動は「笑顔で走れる速さで楽しく走ろう」だった。また，興味関心が持続できるような学習過程や場づくりも工夫した。そして，できるかぎり子どもたちの思いを把握しながら個に応じた指導を行った。

　その結果，子どもたちは走る楽しさや喜びを学べたようである。彼らが数年後，数十年後にジョギングをはじめさまざまなスポーツを楽しめていたら幸いである。

【さらに学習を深めるために】
樺山洋一・佐藤善人「走るって，本当は楽しいことなんだね」『体育科教育』58巻6号，
　2010年，pp.42-45
　　本書で紹介されている実践をさらに発展させた取り組みの成果が詳しく報告されている。

③ ラジオ体操の実践例

米川浩司（長野県小諸市立水明小学校での実践）

■ 体操＋α（アルファ）という運動需要

　高齢化社会が現実のものとなり，人々の健康志向が追い風ともなって，世はまさに体操ブーム真っただ中である。体力低下に伴う健康不安を感じ，運動習慣の必要を自覚し始めた大人たちが手軽に取り組む運動の最たるものといえばウォーキングであろうが，エアロビクス理論にもとづくジョギング愛好家の増加や，これに旅行・観光，互いの交流などの楽しさも加わってのマラソン愛好者は増加の一途をたどってきた。また，太極拳やラジオ体操等も静かなブームが続いている。

　こうした取り組みの結果として向上傾向を示す中高年の体力に比べ，子どもたちのそれは全体としてみれば停滞の状況が続いている。運動遊びやスポーツ以外にも多くの楽しみがあり，生活様式のますますの省力化の進行の中に生きる現代っ子たちには，体力低下による健康不安や運動不足病などは縁遠い問題であるともいえるだろう。

　ところで先に挙げた大人たちが健康を意識し，生活の質の向上のために行う運動では，これまでのスポーツにみられるような人や時間との競争，ダンスのテーマ追究や創作の過程におけるパフォーマンス発揮の楽しさだけに強い関心が向けられるというようすはあまり感じられない。また，これらは運動の必要という理由からのみ取り組まれるものでもなく，自然との一体感に包まれる心地よさや自己の体理解の深まり，さらには仲間との交流などという，これまでの運動実践に新たな魅力が加わったものとしてみることができるのではないだろうか。

　このように考えるとき，子どもたちにも"あればあるほど望ましい"という体力観に追い立てられて取り組む体操(体つくり運動)ではなく，自らの健康への願いを指標とし，生活の充実を求めて運動と向き合うという新たな学習のあり方がみえてくるように思われる。

■ 体操（体つくり運動）の学習とは

　従来から子どもたちの体力問題の解決には，スポーツやダンスのように楽しさ追究の結果として好ましい影響が得られることで事足れりとする考え方もある。他方，

直接的に体力づくり・動きづくりのねらいをもって行われてきた学習がかつての「体操」，現在の「体つくり運動」である。これはまずもって「必要性の理解」を始発とする理論と行い方の学習であるが，そもそも体力の必要や健康であることの重要性に関心をもちにくい年代の子どもたちには不人気なものであった。また，競技体力の向上をねらいとするトレーニング理論が子どもたちの意識とかけ離れていたり，教師主導で進められる動きづくりのねらいが曖昧であったりすることもあり，教師にとっても指導の難しい領域であると考えられてきた。

　こうした中で，前述のような大人たちの運動と健康との関わり方を参考にして，勝敗をめぐる楽しさ追究と動きの合理性の獲得や体への関わりを実感する喜びを往還するような運動の行い方や，自分の“体”“健康”に向き合う授業を体つくり運動として子どもたちに意味づけることができたら，新たな興味関心が拓かれていくのではないかと考えた。そのような問題意識から取り組んだものの一つが以下に紹介する「ラジオ体操」の授業である。

　今日，健康体操とよばれる徒手体操には100以上の種類があるともいわれるが，夏休みの早起き体操会の内容として，あるいはまた学校や地区ごとに行われる運動会の準備運動として，全国いたるところで長らく取り組まれてきた「ラジオ体操」は子どもたちにとって馴染みの深い運動であり，その行い方（かたちや動き方）は“音楽を聞いただけで体が動く”ほどである。しかし，そこで見られる単なる“動きの模倣”は，体を通した理論と行い方の理解を通して初めて意味のある運動として認識されるということを，改めて子どもたちの姿から教えられた実践である。

■ 授業の実際
(1) 単元計画の工夫

　これまでスポーツ・ダンスは欲求充足の運動ととらえられるのに対して，体操は必要充足の運動と考えられ，学習者にはまず各自に個別の必要感をいかにもたせるかということが授業づくりの関心事とされた。こうした授業では，単元の冒頭で体力の現状をとらえさせ，いわば欠乏充足の動機をエネルギーとして学習を方向づけるというスタイルが多くとられてきた。しかし，この学習過程の考え方では，肝心な学習者である子どもからみた運動の魅力のとらえが後回しとなり，客観的な体力数値を向上させていく運動の正しい理論や行い方を理解させることに関心が向けられていきがちで

ある。

　本実践では，およその行い方は理解されているラジオ体操を，そのやり方で続け，効果が実感できるような体の動かし方を改めて自分の体に問い直しつつ，心と体に感じられる変化のようすをみつめさせていくことにした。また，こうした自らの心と体の変化についての受け止めは，そのこと自体に慣れていくことが必要であるとの考えから，次のような学習の道すじをとった。

　　ねらい1：ラジオ体操の理論と行い方を改めて確認し，今できるやり方で行って自分の体の動きに気づく。（体育の授業として1時間）

　　ねらい2：ラジオ体操の正しい行い方を理解し，その方法によって継続して行って心と体の変化のようすに気づく。（体育の授業として2時間＋生活の中で毎日最低1回の実践3週間）

　　ねらい3：ラジオ体操を続けて行ってきたことによる心と体の変化を確かめるとともに，運動を続けて行うことの意味を理解する。（体育の授業として1時間）

(2) 学習の実際と子どもたちのようす

① ねらい1（第1時）

　まずは体操という運動のねらいと学習の進め方を提示し，健康体操としても静かなブームとなっているラジオ体操（第一）の歴史と動きの仕組み，効果の概要等について簡単に説明した。その後，昨年の全校運動で実際に自分たちが行っているラジオ体操を録画した映像とNHKテレビで放映されているビデオ映像や写真資料を確かめながら実際に行い，知っていたはずのラジオ体操の正しい行い方と自分の動きの違いをみていった。

　この段階では自分と映像で見るモデルの動き方に明確な違いを見つけることができにくい子どもが多く，体操としてのねらいや合理的な行い方を意識することもできずに，ただお馴染みの伴奏に合わせて漫然と体を動かしているだけといった様子の子どもも少なくなかった。

映像との違いにあまり気づけない子どもたち

② ねらい２（第２・３時＋生活の中での実践）

第２・３時ではペアやトリオを組み，映像と自分た
ちの動きを比較しながら改めて注意深く行わせ，お互
いに詳しく観察し合った。体の動かし方の違いによる
筋や関節の曲げ伸ばしの感じられ方に，何気なくやっ
ていたときとは異なるものを意識する子どもも出てき
た。そして資料や解説により，ねらいとする部位の運
動になるよう適切な刺激を与えるための行い方がある
ことに気づいていったのである。

子どもたちには，自分たちがこれまで行ってきたい

資料で動きを確かめる

わば"模倣の運動"としてのラジオ体操は，実は本
当の体操にはなっていなかったのではないかという気づきが広がり始めた。さらにグ
ループの中で相互に注意深く動きを見合い，ビデオ映像や資料と比較しながら確かめ
ていくと，確かに膝の曲げる深さや方向，踵を上げ下ろしするときの床面への着き方
によって実感される筋や腱の曲げ伸ばしの感覚には違いがあり，あるいはまた，注意
深く資料をみながら体の各部を意識して動かしてみて初めて，体側を伸ばす運動とば
かり思って行ってきた運動が実は背骨を伸ばす運動であったことを知るなど，運動の
ねらいそのものの違いを体を通して納得していく姿がみられてきた。

こうしてラジオ体操（第一）の 13 の運動の１つひとつについて改めてそのねらいと効
果的な行い方を学び直した子どもたちは，その後３週間にわたって学校や家庭での実
生活の中でラジオ体操を続けた。そして，そのたびに感じられる体への実感や新たに感
じ取れるようになった感覚を記録し，体操を継続することに伴う心身の変化をみていく
ことにした。

この間，教師は子どもたちが
ペアやトリオごとに実践を続け
る場に可能な限り立ち合って視
点をアドバイスしたり，ラジオ
体操を続けることで受け止めら
れる変化のようすを一緒に確か
め，言葉としての表し方を助言
したりした。

> ２番の動きはいつもかかとの
> 上げ下ろしに気をつけ十分に
> やりたい。

学習カード

動きを見合う

学習資料

　全校運動やスポーツ前の準備にと，与えられるままに，いわば惰性のようにただ体を動かしていただけのラジオ体操は，やがて行うたびに体が自由に動く喜びや体操を行う効果として受け取れるさわやかさの実感につながっていった。

③ **ねらい3（第4時）**

　3週間の実践を踏まえ，第4時では習得したラジオ体操をみんなで行ったりビデオに撮ったりして初めの映像と見比べた。このときの子どもたちの感想には，教師にとっても衝撃的なまでの変化がみられた。

　「これはひどい」「おれたちはラジオ体操をなめていたね」「これじゃ体操になっていないよ」…。昨年の全校運動でラジオ体操を行う自分たちの姿をみての彼らのつぶやきである。自分の姿をみることが恥ずかしくなって画面から目をそむけてしまう子どもや，大笑いしながら不十分な点を指摘する子どもたち。

　お互いに学習の成果を確かめ合うように見合ったラジオ体操は，姿勢が整い手足の指先までも曲げ伸ばしがきちんと行えており，心地よいリズムにのった滑らかな体操だった。また，動きの洗練とともに確かな効果を実感することができるようになり，それを求めて体操を続けることで自らの体を自由に操ることができる喜びを感じる子どもたちでもあった。

　授業の当初，子どもたちにとっては幼稚園児のころから行ってきた，踊りなのか何なのかわからないという程度の運動は，こうして長い時間をかけて行うことを通して，体の解放感や自由度を保障し，健やかに今日を過ごすことを実感する体操

指先までも意識された体操

として理解が深められていったのである。

■ 実践を振り返って

　体操の授業とは，子どもたち一人ひとりの願いにもとづく体力を高めるための理論と行い方の学習である。しかし，その授業づくりにあたって，これまで私たち教師は，体育では子どもからみた運動の魅力を大切にするといいながら，体操は楽しさよりも正しさが大切であるなどと一方的に考え，子どもたちの現実の姿をとらえきれてはいなかったように思える。それは結果として無理な学習を強いることになり，子どもたちに楽しく学ぶ機会を保障してやれずにきたのかもしれない。

　ここでも紹介したように，体操の学習においても子どもたちは理屈よりも体を通して学ぶことが得意であり，ほんの少し知的好奇心をくすぐってやるような仕掛けをしていくことで自発的な追究も進めていくものである。健康な心と体で毎日を生き生きと過ごすための体操の学習は，決してつまらないものなどではなく，また，継続して行うことによって知るこの運動の魅力は，彼らにとってリアリティに支えられた文化的価値の追究に相応しい健康を考える学習になっていたように思う。

【さらに学習を深めるために】

杉山哲司「体操の授業を考える」松田恵示・鈴木秀人編著『体育科教育』一藝社，2016年，
　　pp.88-102
　　本書で紹介されているラジオ体操の実践を心理学の立場から分析している。外発的動機づけと内発的動機づけのとらえ方は，他の運動の授業づくりを考えるうえでも参考になる。
鈴木秀人・米川浩司「ラジオ体操の授業を構想する」『体育科教育』62巻11号，2014年，
　　pp.26-29
　　ここでの実践を導いた問題意識や第3時までの実践の様子が写真を交えて詳しく報告されている。
鈴木秀人「体つくり運動と子どもをめぐる今日的課題」『体育科教育』59巻1号，2010年，
　　pp.10-13
　　かつて「体操」という領域名であった時には活発とは言えない状況であった「体つくり運動」の授業研究が，近年盛んに行われている背景に問題を見出し，授業づくりの研究のあり方そのものについて授業者自身が問い直す必要性を提起している。「体つくり運動」の授業づくり以外にも共通する問題に対する警鐘となるだろう。
高橋秀美『素晴らしきラジオ体操』小学館文庫，2002年
　　ラジオ体操が日本中に広まった歴史的経緯をめぐるさまざまな事実を知ることができる，興味深い読み物。

4.2　準備運動の工夫から授業づくりを考える

■ 解　説

　体育授業の学習指導案を初めて考える時，ほとんどの教育実習生は「準備体操」からその計画を書き始める。主運動の学習を安全に進めていくために，それに先立つ準備としての運動経験が必要だという認識をもたない人はまずいないから，その項目を省略するような教師もきっといないことだろう。

　だが，それが主運動への準備ならば，主運動がサッカーでも跳び箱運動でも表現運動でも，いつも同じ運動ではたして準備になるのかが問題にされることはほとんどない。多くの教育実習生がオートマティックに「準備体操」と指導案に記すのは，彼らが受けてきた体育授業の始まりが，常にラジオ体操のような同一の「体操」だった経験によるのであろう。つまり，主運動との関係から準備としての運動経験の中身が工夫された授業は多くはなかったのである。

　ここで体育授業の始まりに位置づく準備運動の役割を，主運動との関係から考えてみよう。第1に，次の主運動で使う身体部位の各所を適度に動かすというウォーミング・アップの役割がある。第2に，次の主運動の学習に必要となる動きの経験を積むという役割がある。小学校の低・中学年の場合，その身体発達上の特性から大人ほどの量のウォーミング・アップは必要としないかわりに，まだ運動経験の蓄積が少ない分，この第2の役割を看過してはならない。そして第3には，主運動への動機づけをするという役割もある。これらを押さえると，まさに主運動に先立って行われる運動経験は「準備運動」であって「準備体操」ではない。器械運動は，それが非日常的な動きの経験を必要とすることから，準備運動の第2の役割が主運動の学習の成否に強く関わってくる。ここでは，その点を意識した実践が報告される。

　もちろん，こういった準備運動の工夫は器械運動だけでなくどの運動の授業づくりでも必要となる。しかもそのためには，主運動そのものについて深く研究しなければ工夫できないわけだから，準備運動を工夫することは，主運動の学習を豊かなものにする，体育授業づくりの第一歩なのである。

① マット運動の実践例

武山有香・菅井詩織(岐阜県可児市立今渡北小学校における実践)

■ 楽しいマット運動の授業にするために

　低学年では，いろいろな動きに楽しく取り組むことができ，さまざまな転がり方を楽しみながらその「面白さ」を十分に味わうことができるマットを使った運動も，中・高学年になると，技を身につけたり新しい技に挑戦したりすることが強調されて「できる」ことが求められると，途端に「面白さ」を味わうことができる子は少なくなってしまう。

　よく言われるように，現代の子どもは，時間・空間・仲間の減少によって，体を使って思い切り遊ぶ機会が減少している。以前なら，地域や家庭で自然に育まれていた運動感覚が身につかないことも多い。そのため，マット運動の基礎的な運動感覚である「まわる」「逆さまになる」「手で体を支持する」といった動きの経験が十分でない子どもは少なくない。また，肥満ぎみの子どもは年々増加傾向にあり，その多くはマット運動を苦手としているようである。

　このような実態を考えると，楽しいマット運動の授業をするためには，子どもにただ技を繰り返し練習させるのではなく，予備的運動(アナロゴン)を準備運動に取り入れてさまざまな動きを経験する機会をつくることが必要である。そのことで，先に述べたマット運動の基礎的な運動感覚を子どもが身につける可能性が広がる(佐藤徹，2004：p.140)。そしてその結果，技のできばえが高まったり，できなかった技ができたりして，マット運動の「面白さ」に触れられると思われる。

■ アナロゴンとしての運動遊び

　体育授業の準備運動として，ラジオ体操を一年中実施している小学校は決して少なくない。しかし，それだけでは，子どもたちを主運動に対して準備させることは難しいであろう。

　本実践ではグループごとに簡単なストレッチを，さらに教師とともに入念な首のストレッチを行った後，以下に述べる主運動につながる運動遊びを実施した。けがの防止だけでなく，技の習得，技能の向上も期待するからである。

(1) ゆりかご

ゆりかごは体を揺らして起き上がる運動である。体を起こすタイミングや，重心の移動を経験でき，回転系の技で起き上がる動きのもととなる。グループで一斉に声をかけたり，手をつないで行ったりすると，上手くできない子の助けとなる。

ゆりかご

(2) カエルの足打ち (カエルじゃんけん)

これは手をマットにつき，脚をあげて足裏を打つ運動である。一回ずつ脚を下ろしながら行っても，連続で足裏を打ってもよい。二人一組になり，向かい合って脚を後ろに上げ，じゃんけんをすると楽しめる。頭を下にして脚を上げるため，倒立系の技を行う時の脚の蹴り上げ方や，倒立姿勢に近い動きを経験できる。

カエルの足打ち

(3) アザラシ歩き (アザラシ競争)

これは脚を引きずって肘を曲げずに腕で歩く運動である。腕で体を支える力が身につく。子どもたちの実態によって，個人競争やグループ対抗のリレーにしてもよい。

アザラシ歩き

(4) クモ鬼

鬼を数名決め，鬼はお腹を下に四つん這いになる。逃げる側は，背中を下にして四つん這いになる。タッチされると鬼は増えていく。手の平と足の裏をしっかりと床につけ，決められたコート内で行う。鬼はひざをつかず，逃げる側はお尻をつかないようにする。回転系の技の着手や体の状況把握，バランス感覚を養うことができる。

クモ鬼

(5) 肋木倒立競争

「用意，ドン」で，手をマットについて脚で肋木を登り，倒立の姿勢になるとゴールである。降りるときはあわてず一段ずつ脚を戻すことを指示しておくと安全である。慣れてくると，前転して降りる子も現れる。倒立の後，前転までを競争にしてもよい。これは，倒立系の技の補強運動となる。

肋木倒立競争

これらの運動遊びには，習得したい技につながる予備的動作としての働きが期待できると同時に，動きにゲーム性を取り入れることで，毎時間の導入として子どもの学習意欲を高めることもできる。その後の練習に自主的に肋木を使いだす子もおり，新しい動きや運動感覚を得た子どもは技の挑戦に生かすことができる。これらの運動遊びに関しては，子どもの実態や技の習得具合に応じて，方法やルールを変えていく必要がある。

■ 実際の授業づくり
　本実践は5年生を対象に，下に示す単元指導計画にもとづいて6時間計画で実施した。

5年生マット運動　単元計画（6時間扱い）

分　＼　時間	1	2	3	4	5	6
0	はじめ	ねらい① できる技のできばえを高めたり，できそうな技に挑戦したりしてマット運動を楽しむ。				
45		ねらい② できる技を組み合わせたり，技と技のつなぎをスムーズにしたりしてマット運動を楽しむ。				まとめ

(1) 単元のはじめに
　まず，マット運動の授業をするうえで確認すべきことがある。どこにどんなマットを準備するのかという準備の仕方，単元と一単位時間の流れ，マットの扱い方などの安全面の確認である。どこで見ると友達の技を見やすくアドバイスできるかなど，基本的な約束事の確認も行った。加えて，子どもが自分の力で準備できるように必要なものとその配置を掲示しておくとよい。このように約束事を確認することで子どもの自主的な活動が促される。

(2) 視覚的資料で技のポイントの提示
　視覚的資料は，学習が困難な子どもにとってなくてはならないもので，それ以外の子どもにとっても上達には欠かせない。単元や一単位時間の見通しがもてる掲示物，自分のめあてをもち，ふりかえって次につなげることができる学習カードがあれば，

技術ポイントを確認する姿

学習カードを活用する姿

子どもたちを中心に学習をスムーズに進めることができる。

　本実践では，技術ポイントを学習カードの裏に印刷したり，体育館の壁に掲示したりした。それを見て自分の姿との違いを確認して繰り返し練習できる。また，友達に教えてもらった技術ポイントを学習カードに書き込む姿も見られた。このように視覚的資料を活用することで，自分の技能を高めようとする積極的な活動が見られた。ただし，掲示物や学習カードの作成に加えて，使い方の指導や的確な技術ポイントの提示が重要であることも忘れてはならない。

(3) 選択できるさまざまな技の提示

　単元のはじめに，子どもの実態や，やってみたい動きや技から，回転系（前転系・後転系），倒立系，バランス系の３つに分けて以下の技を提示した。

　　回転系：前転，開脚前転，後転，開脚後転，側転

　　倒立系：首倒立，側方倒立回転，倒立前転

　　バランス系：V字バランス，水平バランス，Y字バランス，ブリッジ

　たくさんの技が提示されることにより，興味をもつ子は多い。自信のない子もできそうな技から取り組み，上手くなったら新しい技に挑戦することができる。また，単元後半のねらい②における組み合わせ技づくりの選択肢が多くなり，子どもが考える組み合わせのパターンは多様になる。

　実践中，自信のない子がはじめはバランス系の技を行い，仲間からの評価を受けて開脚前転に挑戦し，単元の終わりには側方倒立回転に挑戦する姿が見られた。練習中に自分が挑戦したい技につながる運動遊びを繰り返しすることで，技のできばえを高めようとする姿もあった。

　このような学習には技能レベルや心の状態に合わせて，自分のペースで進めてよいという安心感がある。普段体育で活躍している子だけでなく，全員がのびのびと活動

した姿が印象的であった。

（4）多様な場の設定

　技別に練習場所を設けることで，子どもたちの教え合いを促すことができる。壁を使って技の一部分となる倒立の練習をする場を設けたり，肋木を支えにしてバランス技を練習する場を設けたりして，子どもが自分の力で練習しやすい場を工夫した（下図）。セイフティーマットの上にマットを置いた倒立前転の特設練習場では，倒立から倒れ背中を強打するのではないかという恐怖感から解放され，積極的に練習する子どもが増えた。このような場の設定によっ

壁倒立の練習

肋木を使って練習

倒立前転特設練習場

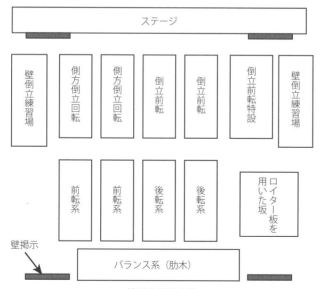

技別の練習の場

て，子どもの意欲は向上し，練習に取り組むことができた。

(5) 仲間との教え合い

① 技別グループで学ぶ

　自分のめあてに合った場に移動し，同じめあてをもっ
た仲間と教え合いながら練習をする。友達に教えても
らったことを次のめあてに設定する子もいた。教師がつ
まずきのある子へ指導したり，技別グループごとに技術
ポイントの指導をしたりするのに，この形態での学習は
効果的である。

親グループでの交流

　実態に応じて場を工夫してよいことを指導することは
大切である。また，子どもがめあてに合った場で練習しているかを確認し，そうでな
ければ他の場所への移動を促すことも重要な指導のひとつである。なお，技別グルー
プは子どもに優越感や劣等感を生みやすいため，とくに苦手な子に対しての教師の配
慮が必要となる。

② 親グループで学ぶ

　準備運動や用具の準備・片付けとグループ会をする親グループの仲間と，授業の終
末に練習のできばえを交流した。また，単元後半の組み合わせ技の練習も親グループ
の仲間と進めた。「アーチ形にブリッジができたね。」「倒立であごを突き出してマット
の先をみていたよ。」「前転から倒立前転へのつなぎがスムーズになったよ」「手を肩幅
にひらいてマットを強く押すといいよ」などと意見を出し合う中で子どもは自信をもっ
たり，新たな技に向かって挑戦したり，具体的なめあてをもったりすることができた。

■ マット運動の授業を終えて

　この単元中に，引っ込み思案な外国籍のA子は，バランス系の技から取りかかり，
開脚前転で自信をつけ，倒立前転に挑戦するという変容が見られた。体育が得意で活
発なB男は，初の倒立前転に何度も挑戦し，倒立で数秒とまってから前転ができ，大
きな喜びを感じることができた。とくに，苦手だった子や自信がなかった子が自分か
ら新たな技に挑戦していく姿が多く見られたことは大きな成果である。最後の2時間
はオリジナルの組み合わせ技づくりを学習の中心としたが，自分だけの組み合わせ技
に挑戦することで，子どもの意欲は高まったようである。

　ここまでに紹介した学習活動によって，単元の終わりには，「準備運動がとても楽し

くて，他のことにも挑戦したくなった。」「マットでの不安や怖さがなくなった。」「友達とコツを見つけ合ったり，教え合ったりして上手にできるようになった。」「たくさんの技があったからとても楽しかった。」「次の学年でのマットが楽しみ。」という子どもの前向きな意見を聞くことができた。

　本実践のように，運動のアナロゴンに注目して運動遊びを行い，また個に応じた場で選択した技に挑戦したり，オリジナルの組み合わせ技を作ったりする授業を行えば，中・高学年の子どもであってもマット運動の「面白さ」に触れながら，自分のめあてに向かって活動することができる。そして，自信をもって新しい技に挑戦し，次の学習への意欲を高めることができるのである。

【さらに学習を深めるために】
高橋健夫・藤井喜一・松本格之祐・大貫耕一『新しいマット運動の授業づくり』大修館書店，2008 年
　マット運動の技術ポイントが図とともに分かりやすく示されている。実際の実践例も提示されており，授業づくりの参考になる。

② 跳び箱運動の実践例

安達光樹（東京都世田谷区立松沢小学校における実践）

■ 跳べなければいけないの？

　跳び箱運動ほど児童の好き嫌いがはっきりする種目はないように思う。跳び箱は跳べる跳べないがはっきりし，できない場合，できるようになるために一生懸命練習に取り組む児童と，できないことで意欲を失ってしまう児童とに分かれてしまうのである。とくに高学年は，跳べないことが意欲を失わせる原因になることが多く，主体的に学習に取り組む児童と，嫌々学習をする児童に二極化しやすい傾向がある。

　また，単に跳べれば楽しいかというと，必ずしもそうではない。自分の能力より低い課題を一方的に教師から与えられれば学習は退屈なものになるだろうし，反対に自分の能力以上の課題を与えられれば学習に恐怖を感じるだろう。できれば楽しいと感じることができるのは能力に合った課題を達成した時であって，その課題のレベルは一人ひとりの能力によって違うのである。よって，苦手な子にはやさしい課題を，得意な子にはそれなりに難易度のある課題が設定されるべきである。

しかしながら，学校現場では相変わらず「今日は開脚跳びをやります」「今日のめあては台上前転です」と，教師が一方的に全員に同じ課題を設定して学習を行わせている例も少なくない。全員が同じ課題を与えられ，それを達成することを求められれば，与えられた課題が能力に比較して高すぎる児童は，「できるようになりたい」という自発的な気持ちより，「できなければならない」という義務感で跳び箱の学習を行うことになる。これでは，苦手な子が跳び箱運動を楽しいと感じることは難しい。ここでは，すべての児童が跳び箱運動は楽しい！と感じることができる授業を，準備運動を工夫しつつ考えてみる。

■ 高い跳び箱を跳べる方が価値があるのか

　テレビ番組の影響などで，より高い跳び箱が跳べるほど「すごい」と言われる傾向がある。児童も親も，そして一部の教師も，4段が跳べたら5段，5段が跳べたら6段とより高い跳び箱を跳べるようになることに価値を見出していることがある。教師は，より高い跳び箱を跳べるようにするべきなのだろうか。

　大人が3段の跳び箱で開脚跳びを行おうとしても，前のめりになって着地に失敗する危険を伴う。逆に，小学生に大人用の跳び箱の6段を跳ばせようとしても，そびえ立つ跳び箱に恐怖を感じ踏み切り板で足が止まってしまうか，勇気を出して跳び越えようとしても，跳び箱に激突したり跳び箱の上に乗ってしまう。跳躍力のある児童が無理に跳び越そうとして，跳び箱上でバランスを崩し，着地に失敗するのは最悪のケースである。低すぎる跳び箱や高すぎる跳び箱は着地の失敗に直結する可能性が高く，それは骨折などの大きな怪我につながる危険がある。このように考えてみても，高さの追求を求めることは児童を危険にさらすことにつながるのである。

　では，跳び箱運動でめざすべき目標は何だろうか。跳び箱運動は，跳び箱という障害を跳び越す運動である。そして，跳び箱の跳び越し方にはさまざまな方法があり，一般的にそれは「技」とよばれている。跳び箱はその跳び越し方，すなわち技の完成度を問われるものであり，決して高さを追求するものではないのである。教師はこのことをしっかり理解しておかないと，児童にとって跳び箱運動がつまらないものになってしまうばかりか，児童を無用な危険にさらしてしまうことにもなりかねない。

■ 跳び箱運動を楽しむために必要な動き

　跳び箱運動では，踏み切り，着手，そして着地という3つの基礎的な運動経験が必

要である。しかし，必要だからといって訓練的に身につけさせようとしたのでは，嫌がる児童も出てくるうえに，運動そのものの楽しさを知ることにつながらない。とくにこれらは低学年から中学年の間に身につけておくことが大切で，児童が楽しみながら自然に身につけていけるような工夫が教師には求められる。

(1) 運動ができるような身体の準備

じゃんけんサッカーや鬼遊びなどを通して，楽しみながら身体をあたためる。夏季や休み時間直後の時間に体育がある場合は内容を柔軟に考え，逆に寒い時期にはしっかり身体をあたためておく。次にストレッチ系の運動を行い，身体の各部位を伸ばしておく。とくに負担がかかりやすい首や手首，足首の関節はよく動かしておく。

(2) 踏み切りの技能につなげる運動

① ケンパージャンプ

ケンステップ等を使い，ケンパージャンプで移動する。これを行うことにより，決められたところへ着地する動きやリズムよく助走する動きを経験する。

② 両足ジャンプの連続で前に移動

腕を振り上げ，両足を揃えてリズミカルに連続ジャンプをする。これにより，両足でリズムよく踏み切る感じをつかむ。

(3) 着手や着地の技能につなげる運動

① 跳び箱をつなげてドンじゃんけん

４段程度の跳び箱をつなげて両側からまたがった状態でスタート，両腕で身体を支えて前に移動する。向かい合ったところでじゃんけんをし，負けた方は跳び箱から降りる。勝った方はそのまま前に進み，次の相手と対戦する。跳び箱のはじまで移動できたら勝ち。跳び箱にしっかり手を着いて身体を支える経験をする。

② 馬跳び

友達とペアになり，馬になる方は相手が跳びやすい高さにする。跳ぶ方は馬の背中にしっかりと

手を着き体重をかけて跳び越す。腕で身体を支えて跳び越し，手をしっかり着く感じや安全に着地する感じをつかむ。

③ 跳び箱からの跳び下り

　着地の衝撃を膝や上半身を使ってやわらげ，両足をそろえて着地をする。児童の実態に応じてさまざまな高さの跳び箱を用意する。空中でポーズをとったり，向かい合って空中でじゃんけんをするなどの工夫をすることで，楽しみながら行うことができる。

　このように準備運動では，楽しみながら踏み切り，着手，着地の動きにつながるような内容の運動を取り上げていくことで，その後の主運動である跳び箱運動を楽しむために必要な動きを経験することができる。この経験が十分ではない児童に対しては，決して訓練的にならないよう，楽しみながらできる工夫をすることが大切である。学習の入口となる運動でもあるので，児童がその日の体育学習に意欲をもてるようにしたい。

■ 授業の実際

　準備運動が終わったら場の準備である。中心となる用具は跳び箱，マット，踏み切り板，調整箱だが，それぞれの持ち方，運び方を単元のはじめにきちんと確認して，安全に準備できるようにしておくことが大事である。また，それぞれの用具の配置についても事前に役割分担と置き場所を確認しておくと，時間の短縮になる。準備が終わったら，教師は安全に問題がないか全ての場をきちんとチェックする。

　場の準備ができたら，一度集合してその日の学習の流れを確認する。ねらい ① では何をするか，ねらい ② では自分の能力にあった技を課題としているか，またどのようにして学習を進めるか等，児童と一緒に確認する。この確認はしっかり行っておく必要があるが，児童が学習の流れをきちんと把握するようになったら省略できる。

(1) ねらい ① の学習〈今もっている力で跳び箱運動を楽しむ・できる技の完成度を高める〉

　ここでは，今もっている力で跳び箱運動を楽しむ学習が行われる。苦手意識をもっている児童には，ここで跳び箱運動の楽しさをしっかり味わわせたい。

①「技の完成度を高める練習」

　ねらい①の学習には，自分ができる技の完成度をさらに高めるという活動がある。技の完成度を高める学習をさせていくためには，児童が練習すべき課題を教師が理解しておくことが必要である。

　たとえば開脚跳びの場合，教師自身が切り返し動作のない単なる馬跳びの状態を開脚跳びであると誤解し，そこから開脚跳びに発展させるような働きかけを児童に行わないケースが多い。また，たまたまできただけなのに，児童も教師もできるようになったと勘違いして，いつでもできるようにするための練習を行う機会を逃してしまうケースもある。このようことを避けるためには，技の構造を教師がしっかり理解し，児童が解決すべき課題を教えることができるようにしておかなければならない。

②「1台の跳び箱を2方向から交互に跳び越す」

　下の写真のように1台の跳び箱を縦と横の二方向から跳び越せるようにセットする。互いに衝突しないようにタイミングをとりながら，交互に跳び越していく。縦を跳んだら横を跳ぶための列に並び，横を跳んだら縦を跳ぶための列に並ぶことを繰り返していく。始めはゆっくりと，慣れてきたら跳ぶタイミングを早くしていく。

　跳び箱運動は個人で行う運動だが，このように友達と動きを調和させて行うことで，跳び箱を跳び越すという動きを友達と一緒に楽しむことができる。高さは児童の実態に応じて用意しておき，無理のない状態で楽しめるよう配慮する。

(2) ねらい②の学習〈もう少しでできそうな技の練習に取り組む〉

　もう少しでできそうな技の学習では，児童ができるようになりたいと思う技と実際の能力の差が大きいと，できるようにならないうえ危険も伴うので，教師は児童が課題とした技がその児童の能力に照らして適切かどうか見極める必要がある。

　学習はグループ学習とし，友達同士で見合ったり教え合ったりしながら学習を進めていく。見合ったり教え合ったりするためには，技に対する知識が必要となるので，

友達同士で見合う　　　　　　「手を着く位置をもう少し前にした
　　　　　　　　　　　　　　　　らどうかな」

適時教師が見合うポイントをアドバイスしたり，学習資料を用意しておく。
　グループで学習を進めていくことによって，見合う活動や教え合う活動，さらには
励まし合う活動が期待できる。教師は各場を回りながら技術的なアドバイスを行っ
ていく。また，跳び箱のまたぎ越しができない等，とくに指導が必要とされる児童に
は，その児童に合った練習の場を用意するなどの配慮を行う。

【さらに学習を深めるために】

安達光樹・鈴木秀人「小学校の器械運動における技の習得に関する研究―運動形成の五位相
　とその識別方法に焦点を当てて―」『体育科教育学研究』25 巻 1 号，2009 年，pp.15-38
　器械運動の学習において，子どもの技の習得をどのように見るのかに関する運動学の理論
　を小学校の授業実践に適用した実践研究が報告されている。

三木四郎ほか編『中・高校器械運動の授業づくり』大修館書店，2006 年
　技の説明が詳しくされており，予備的運動や場の工夫も示されている。

三木四郎『新しい体育授業の運動学』昭和出版，2005 年
　器械運動の授業づくりを支える運動学の理論がわかりやすく解説されている。

水島宏一「器械運動の授業を考える」松田恵示・鈴木秀人（編著）『体育科教育』一藝社，
　2016 年，pp.103-116
　難しいとされている器械運動の指導に必要なさまざまな知識が，写真を使ってわかりやす
　く解説されている。

4.3　学習の発展を視野に入れて低学年の授業づくりを考える

■ 解　説

　世は早期教育が花盛りのようで，運動をめぐる教育でも，幼稚園でサッカーや鉄棒の逆上がりや跳び箱の開脚跳び越しなどが教えられている。しかし多くの見解を引くまでもなく，こういった低年齢の子どもに，ある年齢以降に学習するべき運動の形態を無理に学ばせることは，身体発達のうえから少なくない問題を生じさせる。小学校でも，低学年の体育授業で教える運動については，その発達段階をよく考慮しながら指導しなければならない。

　一方，そのような中・高学年で行う運動を低学年に下ろしてくることは避けられているものの，低学年の体育授業における運動の学習が，一過性の単発的な運動経験に終始し，それ以前やそれ以降の学習とのつながりが希薄な実践も見受けられる。こういった現状に問題意識をもって，ここではまず低学年への連続性を意識した幼児期の「運動遊び」の実践を紹介する。次に「鬼遊び」と「跳び箱やマットをつかった運動」の実践を，中学年以降の「タグラグビー」や「跳び箱運動」「マット運動」に発展させるという視点から報告してみた。

　こういったことに着目して実践をつくる場合，ともするとそこでの運動経験が，あたかもそれ以降の学習のための訓練的色彩を強めてしまうこともありうるが，その辺には十分に注意して，まず子どもにとってそこでの運動の楽しさ・面白さを味わうことを保障しつつ，そこでの経験がその後の学習に発展していく素地を自然に形成していくことをめざしている。

　小学校6年間の体育のカリキュラムを構想しようとする時，それはさまざまな視点から組み立てられていくことになるだろうが，ここで取り上げられているような視点もその1つとなるだろう。したがって，ここでの授業づくりから学びうることは，低学年の授業のあり方を考える際に有用であるだけでなく，中学年と高学年の授業をつくっていく上でも活用できる。そこでは，常にその運動に固有の楽しさ・面白さを大切にしながら，運動の学習経験の継続的な発展を見通していくことが求められるからである。

① 保育園・幼稚園と小学校をつなぐ実践

佐藤善人（岐阜県本巣市での実践）

■ 保育園・幼稚園と小学校の溝

　保育園・幼稚園と小学校の連携（以後，幼小連携）の必要性が言われるようになって久しい。幼稚園教育要領は「幼稚園教育において育まれた資質・能力を踏まえ，小学校教育が円滑に行われるよう，小学校の教師との意見交換や合同の研究の機会などを設け，『幼児期の終わりまでに育ってほしい姿』を共有するなど連携」が必要だと述べているし（文部科学省，2017：p.9），小学校学習指導要領には「幼稚園教育要領等に基づく幼児期の教育を通して育まれた資質・能力を踏まえて教育活動を実施」するように示されている（文部科学省，2018：p.21）。

　このような配慮事項が提示されているということは，この問題は未だに解決には至っていないし，幼小連携は引き続き取り組まなければならない課題と言える。幼小連携が進まない理由は多々あると思われるが，それは大人の都合であろう。神経系の発達が著しく，多様な動きを身につけやすい幼少期は，まさにゴールデンエイジであり，心身の健全育成を考えるとこの時期を逃すことはできない。幼小連携は待ったなしといえる。

■ 岐阜県本巣市での取り組み

(1) 本巣式体育の概要

　岐阜県本巣市では，2017年度から「本巣式体育」という取り組みを実施している。幼児園（保育園と幼稚園が一体となった保育施設）の先生方からは，「体幹が弱く姿勢を保てない」「動きや身のこなしがぎこちない」という子どもの実態が挙げられていた。また，小学校で実施している新体力テストの結果は，全国平均を下回る岐阜県平均をも下回っている現状であった。本巣市教育委員会では，こういった問題状況は幼児期における遊び体験の減少が影響していると考えた。そこで，岐阜大学教育学部の春日晃章先生（発育発達学・測定評価学）と連携して，運動遊びを核にした取り組みを開始した。

　本巣市の幼児園は8園あるが，ほとんどの園児が市内の小学校へ進学する。そのため，2018年度からは体育授業に運動遊びを積極的に取り入れた実践をスタートした。運動遊びは，体力・運動能力への効果だけでなく，社会適応力の育成，認知的能力の発達にポジティブな影響を及ぼすといわれている（小林，2014：pp.38-39）。本巣

市では運動遊びを核にした幼小連携により，子どもの心身の育成に取り組んだのである。以下，幼児園と小学校での取り組みについて紹介する。

(2) 幼児園での取り組み

　取り組みの開始前，幼児園の先生方とすべての保護者に対して，「本巣市の幼児園が今後向かう方向性」と題した講演会で，運動遊びを核にした取り組みを実施する理由を，春日先生が説明した。先生方の意識改革，そして家庭の協力は必要不可欠であり，また先生方と保護者が同じ方向性を共有することは子どもの成長にとって重要だと考えられたからである。幼児園で実施したのは，「運動会種目の工夫」と「アクティブ・チャイルド・プログラム（以下，ACP）概念を用いた運動遊び指導」である。

　これまでの運動会では，集団演技に力を入れてきた。そこでの指導では，園児の身体活動量を高めるという発想は弱く，どちらかといえば保護者に見せるためにきれいに動きをそろえることが目的となっていた。そのため，集団演技の内容を，走・跳・投を中心とした基礎的運動能力の向上につながるものに変更したのである。たとえばある園では，新聞紙を丸めて布ガムテープで補強したボールを使った集団演技にした。演技中にボールを突いたり，転がしたり，キャッチしたりする動作を組み込むことで，練習段階から投能力を高めることができるようになった。

　ACP は日本スポーツ協会が普及を進める，運動遊びを核にして子どもの心身の成長を促そうとするプログラムである（日本スポーツ協会，2020）。この ACP の概念や指導法を用いて，「仲間と，楽しく，多様な動きを，遊びをアレンジしながら」幼児園に取り入れた。そのために，すべての先生方に座学と実技の研修会を実施して，ACP への理解を深める機会を提供した。また，ACP に関する研修を終えた体育専攻の大学生が，3 か月間にわたって各園 8 回ずつ，1 回 45 分間の運動遊び教室を実施した。た

とえば，走能力を高める「新聞紙ランニング」，跳能力を高める「言うこと一緒，やること一緒」，投能力を高める「ボールかご入れ競争」など，基礎的運動能力を高める運動遊びを数多く実施した。大学生が実施した運動遊びを，幼児園で日常的に実践してもらうように促し，先生方が一からプログラムを考える手間を省いた。

　実践の効果を検証するために，立ち幅跳

園児が進化ジャンケンをする様子

び，25m 走，ソフトボール投げを実践前と実践後に実施した。その結果，立ち幅跳び
とソフトボール投げが著しく向上するという結果を得た。

(3) 小学校での取り組み

　2018年度からは小学校低学年での実践を開始した。幼児園での取り組みと同様
に，まずは先生方に ACP の研修会を実施した。幼児園以上に，何かが「できる」こ
とを求めがちな小学校体育は，たとえば前転の技術指導を行ったり，その技術を教え
合ったりすることが低学年であっても少なくない。そこで，ACP の概念や指導法を用
いて，楽しく身体活動量を増やすことをねらい，体育授業の導入時 10 分から 15 分を
主運動につながる準備運動を行う時間にあてて，運動遊びを実施したのである。

　A 小学校 1 年生では，「宝運び鬼」の実践時，準備運動として 3 つの運動遊びを行っ
た。ジャンケン遊びをしながらストレッチングする「体じゃんけん」，タグの取り方を
経験する「ペアでのタグ取り鬼」，鬼をかわす動きを経験する「全員でタグ取り鬼」を
行った。これらは，宝運び鬼につながる動きを含む運動遊びである。こういった運動
遊びを経験した児童は，宝運び鬼の際に，相手を巧みにかわしたり，素早く相手のタ
グを取ったりする動きを随所でするようになった。授業者からは，昨年度までの子ど
もと比較すると，遊びの中で転んだり，衝突したりしなくなったという報告を受け
た。幼児園からの継続した取り組みの過程で遊ぶことに慣れ，子どもの動きの質が高
まった成果と考えられる。

　この実践では，子どもの心理・社会面の成長に注目した。単元をまたぎながら，3
か月間継続した取り組みの過程で，子どもの感情，社会性，集中力を継続して測定し

全員でタグ取り鬼をする様子

た。その結果，肯定的感情，社会性，
集中力は高水準で安定して推移し，否
定的感情は低水準で推移した。この結
果が導き出されたのは運動遊びを取り
入れた影響だけとは言い切れないが，
休み時間に仲間と楽しく遊ぶ姿が増え
たという変容も報告されており，運動
遊びが一定の役割を果たしたと考えら
れる。

■ 本巣市での幼小連携は「内容」

　本巣市では，現在も継続して本巣式体育を継続している。体力・運動能力，社会性といった数値の向上だけでなく，「給食の残菜が減った」「保健室に来る子どもが減った」「転んでも泣かずに，すぐ立ち上がって遊び出す」といった姿が増えたことが報告されており，先生方は子どもらの成長を実感している。

　幼小連携が語られるとき，話し合いの場をもつとか，要支援児に関して引き継ぐといったことの必要性が主張される。もちろん，これらはとても重要であるが十分とはいえない。子どもの実際の姿が見えない状態での情報の伝達では，それぞれの先生の受け取り方により，伝わらないことがあるためであり，そのことが幼小連携の障害の一つになっていたと考えられるからである。一方で「運動遊び」という内容は客観的なものであり，先生が変わっても引き継がれる。そして何より，子どもも先生も楽しいから継続しやすい。こういった本巣市の取り組みこそが，大人の都合に影響されない，まさに骨太の幼小連携といえるのではないだろうか。このような幼小連携が礎となって，子どもを運動遊び好き，スポーツ好きに導くのだと思われる。

　（本項は，『体育科教育』(大修館書店)67 巻 7 号，pp.45-53「小特集 本巣式体育授業で子どもの心も体も元気に」を参考に執筆した。）

【さらに学習を深めるために】

杉原隆・河邉貴子『幼児期における運動発達と運動遊びの指導』ミネルヴァ書房，2014 年
　　実証的なデータと豊富な実践例が示されており，幼少期の運動遊びの必要性と実践のヒントが提示されている。

(公財) 日本スポーツ協会「JSPO-ACP(アクティブチャイルドプログラム)ガイドブック」
　2020 年
　　幼少期における運動遊びの必要性が，豊富なデータとともに主張されている。また多くの運動遊びが紹介されており，体育授業での実践に役立つ。

② 鬼遊びの実践例

松元優彦(鹿児島県鹿児島市立明和小学校における実践)

■ 鬼遊びからボールゲームへの発展

　低学年で扱う鬼遊びは，幼い頃から親しんできたという点で子どもたちにとって身近で魅力的な運動である。鬼遊びは，「スピードを変えてさまざまな方向へ走る」「方向を変える」「急に止まる」「体をかわす」「相手のいないところに走る」「相手を追い込む」といったさまざまなスポーツで使われる動きをふんだんに含んでいる。さらに，チームスポーツでよく課題となる個人としての動きから集団としての動きへの移行も比較的容易である。そのために，鬼遊びはさまざまなスポーツへの発展が考えられるわけだが，なかでも陣取り型ボールゲームであるタグラグビーへのつながりに焦点を当て，鬼遊びからタグラグビーへの発展という視点で授業を考えてみた。

　タグラグビーは腰にタグを付け，それを相手から取られないように逃げながら，ゴールまでボールを運ぶことによって点数を競いあうボールゲームである。ボールを持って自由に走り回り，それを相手が追いかけるというこの動きは，鬼遊びの「(走りながら)逃げる―追う」という動きの経験と非常に似ているので，子どもたちは大好きな鬼遊びに夢中になる中で自然とタグラグビーにつながる動きを身につけ，中学年以降のタグラグビーの学習に抵抗なく入っていくことが期待できる。

　また，タグラグビーを取り扱わない学校でもこのような発展を考えることによって，ともすると「活動だけの」「その場を楽しむだけの」授業になってしまいがちな鬼遊びの授業について系統的に考えてみる良いきっかけにもなるし，個人から集団やチームとしての動きを意識することは，中学年以降のチームスポーツをするうえでも重要な学習経験を与えることだろう。

■ 授業の実際

　1年生を対象とした授業は全8時間で，単元全体のねらいは，① 鬼をうまくかわしたり，相手を捕まえたりして楽しく鬼遊びができる，② 規則を守って，互いに仲良く鬼遊びができる，③ みんなが楽しめるような規則・場やより良い動きについて考えることができる，とする。8時間の中で，タグ取り鬼，通り抜け鬼，宝運び鬼と発展していく。それぞれは，一人の鬼と向き合う形になる「個人」，複数の鬼と向き合う形になる「集団」，複数の仲間で複数の鬼と向き合う形になる「チーム」へと発展する。

タグラグビーとの関連から見た鬼遊びの系統

段　階	1	2	3
鬼遊び名	タグ取り鬼	通り抜け鬼	宝運び鬼
楽しさ	タグを取ることが楽しい	通り抜けることが楽しい	宝（ラグビーボール）を運ぶことが楽しい
個　人	一人鬼	1対1通り抜け鬼	1対1宝運び鬼
集　団	増やし鬼, みんな鬼	集団通り抜け鬼	集団宝運び鬼
チーム	チーム対抗タグ取り鬼	チーム対抗通り抜け	チーム対抗宝運び鬼 一つの宝運び鬼

(1) いろいろなタグ取り鬼をしよう

鬼は相手を捕まえる時に，タッチする代わりにタグを取る。範囲は 20m × 30m 程度とするが，範囲を決めないでしても面白い。

① 一人鬼（個人）

タグを1本取られたらアウトになり，取られた子が鬼になる。これはよく行われる鬼遊びでの「タッチ」を「タグを取る」に置き換えたものである。

② 増やし鬼（集団）

タグを取られた子も鬼になり鬼が増えていく。

③ みんな鬼（集団）

誰のタグでも取れるが，自分も周りからタグを取られる。タグをいくつ取ったかを競う。これは「逃げる」「追う」の両方を一度に経験できる。

④ チーム対抗タグ取り鬼（チーム）

タグを取るチームと逃げるチームを決めて行う。時間を決めて取ったタグの数を競い合う。相手チームのタグを取れるが，相手チームからもタグを取られるというルールに発展させる。

(2) いろいろな通り抜け鬼をしよう

鬼にタグを取られないようにして，前方に引いてある線をめざす。間が 10ｍ～ 20ｍの線を引き，両側から同時にスタートする。最初は鬼の区域を決めてしてもよい。

① 一人通り抜け鬼（個人）

1対1で勝負する。相手を代えて楽しむ。

③ 跳び箱を使った運動の実践例

樺山洋一(鹿児島県垂水市立水之上小学校における実践)

■ 遊びの学習活動を大切にしながら器械運動(跳び箱運動)の学習と関連させる

　低学年の跳び箱を使った運動は, 子どもが嬉々として取り組む運動である。いろいろな高さや大きさ・向きの跳び箱で活動させると, ほとんどの子どもたちはさまざまなとびのり方やとびおり方を行いながら, 楽しく取り組む。しかし, 学習経験の浅い1年生や運動を苦手とする子, または過去(幼稚園・保育園等)に失敗して痛い思いをしている子などは, あまり好意的に受け止めていないこともある。

　低学年を指導する際, 子どもたちの運動能力・運動経験等は未発達・未分化な状態であるため, 系統立てた技の習得を学習内容にするより, その時その時で楽しさを味わうといった「遊び感覚」的な活動を中心とした授業がよく行われる。たとえば「にんじゃごっこ」「どうぶつらんど」といった単元名で, 楽しく学習活動が展開される。けれども, 指導者が跳び箱遊びを「単に遊ばせるだけ」で行ってしまうと, 子どもたちは思いつくまま・気の向くままといった刹那的な楽しみ方の運動に終始し, その後の学年の学習につながるような運動の高まりや発展性という面はあまり期待できず, 学習は低次元で這い回ってしまう場合もある。

　学習を学びの連続(小学校なら6年間)としてとらえた時, 低学年の「跳び箱遊び」の学習経験は「単なる遊び」にとどまらず, その後のさまざまな体育学習に良い影響をもたらすべきである。とくに, 中学年や高学年の器械運動「跳び箱運動」には, より密接につながっていくべきであろう。したがって, 低学年の跳び箱を使った遊びと言えども, 「遊び」という学習活動の中に, 跳び箱運動(器械運動)の基礎となる内容を含めて指導することは, 極めて重要である。

　跳び箱遊びをこのようにとらえて学習計画を立案し, 場作りを行い, 低学年の子どもたちに学習させると, 跳び箱を使っていろいろな運動遊びを楽しく行いながら, 自然に跳び箱運動に必要なことがらや技能を身につけさせることができるはずである。つまり, 遊びを通して中学年や高学年の器械運動と深く関連をもたせることになる。

　また, このような学習を経験した子どもたちは, その後の器械運動の学習では易しい技から順に技を習得することができ, より難易度の高い技の獲得に発展していくと思われる。2年生の跳び箱遊びを, 以上のようにとらえて実践を行ってみた。

■ 授業の実際

　低学年の子どもたちが楽しく豊かに学習活動を行えるよう(1)学習過程，(2)場づくり，(3)教師の関わり，の3点に焦点を当てて指導を行った。

(1) 学習過程について

　学習過程は，オリエンテーション(1時間)→ねらい①の学習(2時間)→ねらい②の学習(2時間)→発表会(1時間)と構成した。

　オリエンテーションでは，学習のねらいや進め方を話し合い，4つの場での遊び方やいろいろな跳び方(とびのり方やとびおり方)などを教えた。事前のアンケート調査から，子どもたちは幼稚園の時の跳び箱遊びの経験から，ほぼ全員が「跳び箱は跳び越して楽しむもの」ととらえており，「跳び箱を跳び越せないから嫌い。こわい。」と考えている子どもが数人いることが分かった。そこで，跳び箱にとびのったりとびおりたりしながら楽しく運動すればよいことや，はじめから跳び越す必要のないことなどを説明した。緊張していた子どもたちも，説明を聞いて安心した笑顔になった。その後，試しに跳ばせてみると，いろいろなとびのり方やとびおり方を楽しく試していたが，高い所(ステージ)からのとびおりは初めてのことで恐がる子どももいた。

　ねらい①の学習では，「いろいろな跳び箱をとんだりおりたりしながら，たのしく遊ぼう」というめあてで活動させた。学級を4つのグループに分け，4つの場を時間制のローテーションにして活動させた。各グループのメンバーは，運動が苦手な子やリーダー性のある子で構成し，お互い教えあったり協力したりしながら運動できるようにした。それぞれの場の近くに遊び方(運動の仕方)の例を示すボードを置いたところ，その絵図を参考にしながら楽しく運動をすることができた(次頁参照)。

　ねらい②の学習では，「自分たちで場所を作り変えたり遊び方(跳び方)を考えたりして，楽しく遊ぼう」というめあてで活動させた。場の作り変えについては，子どもの好き勝手にさせるのではなく，あくまでもねらい①の場をもとにした場作りを子どもたちに考えさせた。これまでの学習の深化を図るためである。その結果，子どもは階段状の3つの跳び箱の場を2つの跳び箱に減らしたり，飛びつくものの高さを今までより高くしたりしながら場を変え，易しい場から，少し難しい場にしていった。また，低い跳び箱の場では，ほとんどの子どもが「またぎのり→またぎおり」ではなく「跳び越すこと(開脚跳び)」を自分のめあてにして取り組み，跳び越せるようになっていった。新しい楽しみ方として，ねらい①ではステージから1人で跳び下りて楽しんでいたが，2～3人で手をつないで歓声をあげながら跳び下りる子どもたちも現れた。

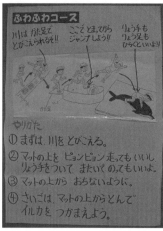

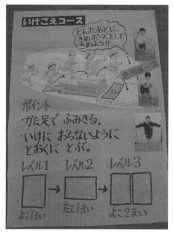

　発表会では，自分のできるようになった運動を，友達のグループに自信たっぷりに発表できた。跳び箱遊びの学習に入る前に跳び箱が恐いと言っていた子どもは，このような学習を進めていく中でいなくなった。

(2) 中高学年の跳び箱運動との関連を意図しながら楽しく遊べる場づくり

　今回の実践では，低学年の運動遊びを遊びとして楽しく行わせながら，中高学年の学習とも密接に関連をもたせたいというねらいがあった。

　跳び箱運動では，技の獲得に「助走」「踏み切り」「空中姿勢（第1空中局面）」「着手」

「空中姿勢(第2空中局面)」「着地」の局面での技術が大変重要である。そこで，それらに関連するような動きが経験できる場を構成した。

① ケングーコース（主に，助走から両足での強い踏み切りと腕支持を経験する場）

　跳び箱の運動に慣れていないこの時期の子どもたちは，助走の勢いのまま片足踏み切りになることが多い。そこで助走路に体操用の輪を置き，けんぱのリズムで調子よく走らせ，両足でしっかり踏み切ることができるようにした。また，「ケンケンパ」だと始めの2歩が同じ足でけんけんをして最終的な3歩めで足が開くため，「かけ・あし・グー」という合言葉を作った。この言葉で行うと，はじめの2歩が左右の足を使った駆け足で，3歩目の踏み切り足が閉じた両足となった。学習が進むと，どの子も両足でしっかり踏み切れるようになった。また，跳び越すことがめあてになってきた学習後半の段階では，強く踏み切ろうと助走に勢いがつき，それぞれの子どもの歩幅の差が大きくなり，目印の輪がかえって危険となったのではずした。

② 山のぼりコース（主に，着手を経験する場）

　体育館のステージに向かって3台の跳び箱(2段4段6段)を階段状に設置し，だんだん山を登っていくような場を作った。山登りという場面の雰囲気が出るように跳び箱の両側には山の景色を描いた紙を貼った。また，うさぎの耳かざりも付けさせた。低学年の発達段階として，アニミズムの世界にいる子どもたちはうさぎに変身して運動を楽しんでいた。初めのうちは，跳び箱をすべるようにして着手して危険だったため，上からたたくようにアドバイスした。この動きは準備運動にも取り入れた。

③ ふわふわコース（主に，体の投げ出しや空中での姿勢コントロールを経験する場）

　ロールマットを円柱状に巻いて跳び箱のようにした場と，海水浴で使う浮き具(低学年の子より大きなシャチの浮き具)をマットの上に置いた2つの場を用意した。

　2つの場とも強い踏切から自分の体を投げ出し

て，抱きついたり乗ったりして楽しめるようにした。ロールマットの場では前転する動きも紹介し，台上前転に発展できるようにした。しかし，当初準備したロールマットの高さでは子どもたちには高すぎてうまく運動ができなかったり恐がったりしたため，巻き数を減らし高さを低くした。すると，子どもたちにとって前転しやすい高さになり，積極的に運動するようになった。また，シャチの浮き具に抱きつく場は，ねらい②の学習の段階で子どもたちはもっと高くしたいと考え，高跳び用エアマットの上に浮き具を置き，よりダイナミックに高くとんで抱きつくようになった。

④ **いけごえコース**（主に，片足踏み切りや安定した着地を経験する場）

　跳び箱の着地の場所辺りに障害物を置いた場を準備した。片足で踏み切ってとびのり，障害物を踏まないように跳び箱の端からより高く・遠くへ着地できるようにした。面白さと安全性を考え，色画用紙にゴムの蛇やとかげを置いたものを障害物としてマットに置き，それを跳び越して着地できるようにした。はじめの段階では，跳び箱の高さへの抵抗もあり着地までの距離も近いところで満足していたが，学習が進むうちに色画用紙の障害物を縦長に置いてより遠くへ着地するようになった。着地後のぐらつきも，後半は膝をうまく使うことができるようになり，しっかり止まってかわいいポーズができるようになった。片足踏み切りは，あお向けとびの踏み切りに発展できるように仕組んでみた。

(3) 教師の関わり

　学級を4つのグループに分け，運動が苦手な子とリーダー性のある子をグルーピング（グループ内異質）して，教えあったり協力したりしながら学習できるよう働きかけた。たとえば，着地のあと自分の好きなポーズをとる時にぐらつかないよう，同じグループの子に「1・2・3」と声をかけさせたり，授業終了後に「友達と仲良く助け合いましたか」とふりかえらせたりした。初めのうちは自分のことで精一杯だった子ど

もたちだったが，声かけや反省を行っているうちに仲間を意識し始め，友達との関わりが深くなってきた。出来具合を教えたり元気の良いかけ声で声援する場面が多くなった。

　とくに，跳び箱に対してやや恐怖心をもっていたY子には，簡単にできるとびのり・とびお

りを声をかけながら一緒に繰り返し行わせることで徐々に恐怖心を取り除いていった。また，昼休みの遊びの中でタイヤ跳びのできないK男とM男に対しては，「またぎおり」の運動局面がよく現れる場（ケングーコース）で個別指導を行い，腕支持の感覚や動きをしっかり体感させた。この2人は，もともと運動に対して積極的だったので，しばらくして運動のこつがわかると簡単に跳びこせるようになった。

■ 実践の成果

・工夫して跳び箱あそびを行わせることにより，子どもたちは跳び箱で楽しく遊びながら跳び箱運動の基礎となる感覚や動きを身につけることができた。恐怖心や苦手意識をもっていた子どもも，簡単な運動から行うことで楽しく運動できるようになった。

・近くの保育園の幼児用の跳び箱を借用して場の中に取り入れたところ，数も増え，子どもたちの活動する場が広がった。また，学校と園の連携も深まった。

・学校全体で取り組むことにより，教師の跳び箱運動に対する理解が深まり，各学年の跳び箱運動の授業が充実してきた。また，跳び箱・踏み切り板等の修理も行い，施設用具が整った。

■ まとめ

　今回の実践のねらいは，低学年の「跳び箱を使ったあそび」を，あくまで遊びの学習活動として行いながら，中・高学年の「跳び箱運動」につなげていくことにあった。幼稚園や保育園時代に，「跳び箱は跳び越すもの」と覚えさせられてしまった概念崩しを行い，誰もが簡単にできる遊びから学習に入った。また，学習の発展を視野に入れて跳び箱運動に必要な基本的な感覚や動きを遊びの中に組み込んだ。

　子どもたちは抵抗なく楽しそうに学習することができ，基本的な内容を身につけていったようである。このような学習を行った子どもたちが，今後の学年で跳び箱運動に親しみながら技を獲得していけるか，継続して研究を進めていきたい。

【さらに学習を深めるために】
髙橋健夫ほか編『体育科教育別冊　新しい跳び箱運動の授業づくり』大修館書店，2009 年
　跳び箱運動につながる運動遊びが紹介され，技への系統性が図とともにわかりやすく説明されている。

④ マットを使った運動遊びの実践例

山里拓哉（琉球大学教育学部附属小学校における実践）

■ 遊びをもとにした実践

　器械運動で行われる技はその系統性がはっきりしており，技の習得には類似の運動を経験することが必要である。それゆえ，低学年の体育の授業においては，特定の技の習得に向けたトレーニングの要素を含む反復指導が行われることがある。なぜその動き（技）をするのか納得や理解が得られないままに挑戦するのでは，子どもにとって文脈のない「させられている」運動となってしまう。

　また，１年生の初めての体育学習であっても，入学前にマットや跳び箱を使って「前転・後転・側方倒立回転」や「開脚跳び」を経験している（させられている）子どもは少なくない。そのような子どもの中には，マットや跳び箱を使った遊びは「○○（技）をやるもの」という意識が強い。そして，それらの技ができない子どもは，「難しい」「苦手」という思いが先行し，意欲的に学習に参加できない場合もある。

　このような点からも，運動・スポーツに本格的に関わる出発点である低学年の体育学習が「運動遊び」として行われるということは，大変重要なことである。しかし，運動遊びととらえるとしても，子どもが楽しんで遊んでいればよいというものではなく，その学年以降の学習とのつながりを意図して行われてこそ，子どもにとって意味ある遊びとなる。

　低学年のこの時期に，「○○ができる」ということだけではなく，遊びだからこそ「できないことを探す」ことや「できなくても面白がれる」ような子どもを育てることが，その後の運動との関わりにおいて大切であると考えた。子どもが遊ぶ中で，確かな学びを促す低学年の体育学習のあり方を探ってみたい。

■ 授業の実際

(1) 遊びの世界「マット島の大冒険」の設定

　マットを使った運動遊び（以下，マット遊び）では，マットを使って遊んでいれば何でもよいのではなく，中学年以降のマット運動につながる動きを導く必要がある。かといって，技の習得のための反復練習となっては子どもにとって遊びではなくなる。

　単元の導入では，マットの上で身体を使ってどんな遊びができるかを自由に考えさ

せた。多くの子どもは跳ねたり這ったりしながら，自分が面白いと思う動きでマット
上を移動していた。そこで，「前転がり」や「後ろ転がり」をしている子どもの動きの
面白さを取り上げ「マットから落ちずにいろいろな転がり方でマットの端から端まで
いけるか」ということをテーマとし，「マット島の大冒険」という遊びの世界を設定し
た。

　マット上という限定された遊びの空間の中で，いかに転がることができるかという
テーマのもと，子どもが自分や仲間のアイディアを生かしながら動きを発展させてい
くことを意図した。そして，マットを使ったさまざまな場に触発されながら，子ども
がどんな転がり方で転がれば面白いのかを試行錯誤し，多様な動きを経験できるよう
にした。

　子どもの中には，「転がる」ということを広い意味で「回る」ととらえる子どもがい
て，腕をくるくる回しながら跳ねる子どもやコマのように水平方向に回転する子ども
がいた。そこで，「手や背中などがマットに触れる」ことを条件に加え，マット運動の
回転系の動きが引き出されるように，マット遊びの枠
組みをつくった。

(2) 子どもの見立てをもとにした場づくり

　単元の導入においては，ビニルテープで線を引いた
4枚のマットを一直線に並べ，いろいろな転がり方を
それぞれのグループで考えさせた。子どもが多様に転
がる中で，「前に」「後ろに」「横に」転がる転がり方
があることを全体で確認した。

　その中で，マット中央に引かれた線とマットの端を
「細い道」に見立て，そこでも転がれるかに挑戦して
いる子どもがいた。今ある場を何かに見立て，あえて
難しい条件で遊ぶ面白さを全体に紹介し，そのような
遊び方が広がるようにした。

　子どもが転がることに慣れてくると，多様な動きが
出てくるように「こんなマット島でも転がれるかな」
と問いかけながら，基本となる場を意図的に設定し
た。具体的には，

① マットの間を離した場

②マットの端と端をせり上げた場
をつくった。

　子どもは，このような場をそれぞれ川と山に見立
て，「マット川」「マット山」と名づけ，マット島の設
定に盛り込んだ。マット川では，大きく足を踏み込ん
でから側転をする動きや逆立ちに近い姿勢から前転が
りをする動きが見られた。上手くできている子どもの
動きをグループで観察すると，どちらも「後方のマッ
トを強く踏み切ると良さそう」という声が聞こえた。

　また，マット山においては，山先に触れないよう足
を高く上げて腕支持跳び越しをする動きや山を押しつ
ぶしながら転がる動きが見られた。山を押しつぶして
転がる転がり方では，始めは山に押し戻されてなかな
か上手く乗り越えられなかった。グループで代わる代
わる挑戦していくうちに，「手は山に近い方に着いた
らいいんじゃない？」「少し助走もつけて勢いをつけ
るといいんじゃない？」と，どうすれば山を押しつぶ
して転がることができるかを試行錯誤する姿が見られ
た。

　「マット島の大冒険」という遊びの世界の中で，ど
うしたらより難しくて面白くなるのか考えるようにな
ると，子どもは体育館にあるモノを使って遊びを広げ
るようになっていった。あるグループは踏切板をマッ
トの下に置き「坂道コロコロ」という場をつくった。
そこでは転がる勢いがつくため，それまではあまり見
られなかった後ろ転がりに挑戦する子どもの姿が出てきた。

　あるグループは，上履きを「毒」に見立て，マット上に散りばめられた毒（上履き）に
触れないよう転がり方を工夫する姿が見られた。その毒を使って教師がやや狭い長方
形をつくり，「この中でも転がれるかな」と子どもに問うと，転がった後の足をお尻に
引き寄せ，体を小さく丸める動きにすると狭い空間でも転がれることに気づくように
なった。子どものアイディアに教師の一工夫を加えることで，マット運動の前転につ

ながる動きを導くことができた。

この様子を遠くから見ていた別のグループでは，上履きを「マット山」の山頂に咲く「花」に見立てて，いかに花を潰さず落とさず反対側へいけるかを楽しんでいた。ただの山より一層山に触れてはいけないという緊張感が高まり，動きが大きくなっていた。

また，マット島に「ワニ」を出没させ，ワニにつかまらないように転がるグループも出てきた。ワニにつかまらないようにするためには「スピードをつけて転がるといいよ」という意見が出た。同じグループの子どもがワニ役をやるため，転がる子に合わせ，ドキドキワクワクが保たれる程度を考えて邪魔の仕方を考えていた。

(3) マット運動につなげる教師の関わり

① 遊びの世界の確認

「マット上で転がる」という遊びの世界を理解していない子ども（マット運動の動きにつながらない動きをしている子ども）を見取り，その動きの面白さに共感しつつも「マットから落ちないように転がるんだよ」と声をかけて回った。

② 動きの仲間わけ

子どもが自由に転がる中で，転がる方向（前や後ろ，横）や体の部位（手や背中）の着き方等の視点で動きの仲間わけをする。そうすることで，子どもから引き出された多様な転がり方が整理され，自分に合った転がり方を選択することができるようになる。

③ マット運動につながる動きの価値づけ

マット運動につながる動きをしている子どもの遊びを取り上げて全体の場で紹介したり，子どもの転がる姿を写真に撮って掲示物を作成したりして共有できるようにした。

④ 動きを広げる声かけと動きの質を高める声かけ

　横転がりでは「手や足を伸ばしたり縮めたりすると転がりやすさが変わるね」と言って，いろいろな横転がりに挑戦させた。「手を着く位置はどこがいいかな」「足の動きはどうしたらいいかな」「もっと速く転がれるかな」等，視点を与えてよりスムーズな転がりとなるよう考えさせた。

⑤ 安全の配慮

　遊ぶ中で怪我をすることがないよう，安全確保には積極的に関わった。手を着く時に指が曲がっていたり，額や頭頂部を着けて転がろうとすると手首や首筋，背中を痛める恐れがあるため，「指を伸ばす」「後頭部をマットに着けてから転がる」ということは始めに伝えた。また，子どもの動きが発展していくと組体操「ピラミッド」の3段の上から転がろうとするグループもあった。そのような場合には，直ちに止め怪我をする恐れがあることを伝えて，「2段の上からならできそうだね」と遊び方を修正した。

■ まとめ

　今回の実践では「マット島の大冒険」という設定の中で，子どもがさまざまな場やモノを何かに見立てて遊びながら，マット運動につながる動きを導くことをねらった。

　低学年の運動遊びの意義は，幼児期の運動遊びから中学年以降のマット運動へつなぐ重要な「接続」にある。幼児期の運動遊びの延長でありつつ，技能の向上へ向かう緩やかかつ着実な学習が望まれる。子どもが「楽しい・面白い」と感じるからこそ，「やってみたい・できるようになりたい」という思いがもてる。そして，その動きをやってみたいと思ったときにこそ，手や頭の着き方やスピードなど技術の意味を理解して学ぶことができる。低学年の運動遊びだからこそ，やるべきことはたくさんあるのではないだろうか。

【さらに学習を深めるために】
松田恵示『「遊び」から考える体育の学習指導』創文企画，2016 年
　「遊び」と体育学習のつながりについて，くわしく解説されている。

4.4 個人差への対応を工夫した授業づくりを考える

■ 解　説

　子どもたちの間にみられる個人差を考慮し，それぞれの子に合っためあてをもたせることの重要性が体育の授業においても言われるようになって久しい。けれども，そのもたせ方については十分検討されていない面もみられ，ただ単に子どもたちに「しっかりめあてをもちましょう」と言うだけで終わってしまっている授業も少なくないようである。

　ここで紹介する陸上運動の実践では，当たり前のようにめあてとされる目標タイムが，低学年の子どもにとって実質的に意味のあるめあてとはなっていないことを明らかにし，真に個に合っためあてとは何かを追求している。

　また，ボールけりやボール投げの実践は，ボールを投げたりけったりしたことがない子もいれば学校の外でスポーツを習っている子もいる状況の中で，個人種目のような個に応じためあての設定ができないボールゲームの学習を，ゲームの形式やボールを扱う経験を広げる工夫によってつくっていこうとしたものである。

　こういった視点から進められる授業づくりによって，ただ走っておしまい，ただボールを投げたりけったりしておしまいといった貧しい姿になりがちなこれらの運動の授業づくりも，子どもたちにとって魅力ある学習の場になっていく可能性が拓けてくることだろう。

　これらの授業づくりから学ぶことを陸上運動やボールゲームの授業づくりの中だけに閉じ込めてしまう必要はない。多様な個人差へ対応するということは，単に教師が複数課題を提示して，その中から子どもにめあてを選ばせるといったテクニカルな問題に矮小化されてしまうことがある。どの子どももその運動の楽しさ・面白さを味わうために挑戦していく具体的な手がかりとして，意味のある学習課題を設定していけるように子どもを導くのは，体育授業における教師の大切な役割である。どの運動の授業においても，子どもの実態からみてリアリティのある学習活動の在り方が研究されなければならない。

① 走の運動と陸上運動の実践例

北村雅之（東京都世田谷区立太子堂小学校における実践）

■「めあて」を決めなさいと言うけれど…

　体育の授業では，児童が主体的に学習に取り組めるようにし，生涯スポーツにつながる資質や能力を育てていく必要がある。そこで，子ども自身が何を学習課題にするかを明らかにし，自ら考え，主体的に判断し，それを解決しようとする学習を展開することが重要となる。それは，子どもが適切な「めあて」をもち，それを解決するために積極的に学ぶことである。小学校低学年，中学年の授業でも学習カードに「めあて」の記述欄を設ける場合が多い。

　しかしながら，小学生が自分の力でどの程度適切な「めあて」を設定できるのであろうか。教師が「自分で決めなさい」と言えば，確かに，初めこそ子どもたちは喜ぶが，その後，何をしたらよいか戸惑う子がいるのも小学生の実態である。そして，ともすれば表面的な興味や関心による決め方や，ただ友達がしているからという主体性の弱い決め方になってしまうこともある。「自分は何をしたいのか」「自分はどうなりたいのか」がわからないからであろう。真に意味のある「めあて」は，子どもに自らの運動能力や既習経験を把握させ，「自分は何をしたいのか」「自分はどうなりたいのか」を常に考えさせ，意識させるような活動を前提として設定されるべきである。

　ここでは，小学校低学年でも子どもが自らの運動能力や既習経験を自己評価して，自らの学習課題を自分自身で決定できるような学習を展開していくことを願って，2年生を対象とした授業を組み立てていく。

■ 子どもが自己評価できる視点を明らかにする

　子どもが運動能力や既習経験を自己評価して，自らの学習課題を自分自身で決定するときに，子どもが自己の能力をとらえる指標としてハードル走タイムに注目し，小学校低学年，中学年，高学年の子どもが自分のハードル走タイムを意識したうえで，「めあて」を自己決定できているかを調査した。その結果は以下のとおりである。

・小学校2年生は，ハードル走タイムを目安にしては，実現可能な「めあて」を自己決定できていなかった。

・小学校4年生は，ハードル走タイムを目安にして，実現可能な「めあて」を自己決定できていた児童と，実現可能な「めあて」を自己決定できていない児童とが混在

していた。

・小学校5年生は，ハードル走タイムという指標で自己の能力把握ができ，実現可能な「めあて」を多くの子が自己決定できていた。

・小学校2年生も，競争相手を目安にすると，実現可能な「めあて」を自己決定することができた。

児童が自己決定した「めあて」の実現の可能性

	2年生	4年生	5年生
実現の可能性の高い「めあて」を自己決定した児童	6% (16%)	0%	13%
実現するかもしれない「めあて」を自己決定した児童	16% (65%)	50%	56%
ほぼ実現しないであろう「めあて」を自己決定した児童	77% (19%)	50%	31%

※2年生欄の(　　)内の数値は競争相手を「めあて」にしたときの実現の可能性を表す。

　これらの結果から，以下のように考えた。自己の能力をとらえる指標をハードル走タイムに限定すると，小学校4年生くらいから，自己の能力把握ができるようになると言えるのではないだろうか。小学校低学年では，自己の能力把握の指標としてハードル走タイムを意識させることは，まだその発達段階から難しいと言える。

　しかし，その低学年も競争相手を目安にすると，実現可能な「めあて」をある程度自己決定することができた。ハードル走タイムという指標で自己の能力把握をさせようとするには無理があるようだが，日常のさまざまな活動や体験を通して自分と友達との走力の相違については意識化でき，他者との関係の中で自己の能力把握はできるようである。小学校低学年においては，さまざまな活動や体験を通して，自己の能力把握をさせていくことが必要と言えるであろう。

■ 授業の実際

(1) 学習過程

○2年生　小型ハードルを用いてのリレー遊び単元の学習過程

今できる力で運動を楽しむ	工夫した力で運動を楽しむ
1・2	3・4・5
・リレー遊びの学習の進め方を知る。 ・簡単な折り返しリレーの方法を知る。 ・ルールを決めて競争を行う。	・めあてや作戦を考えて運動に取り組む。 ・バトンパスや小型ハードルの越え方などを工夫してリレー遊びを楽しむ。

○４年生　ハードル走単元の学習過程

今できる力で運動を楽しむ	工夫した力で運動を楽しむ
1・2	3・4・5・6
・ハードル走の学習の進め方を知る。 ・自分に合ったインターバルやハードルの高さを見つける。 ・ルールを決めて競争を行う。	・自分の力を確かめたり，記録に挑戦したりしてハードル走を楽しむ。 ・友達と競争したり，グループ同士で競争したりしてハードル走を楽しむ

○５年生　ハードル走単元の学習過程

今できる力で運動を楽しむ	工夫した力で運動を楽しむ
1・2・3	4・5・6
・ハードル走の学習の進め方を知る。 ・自分に合ったインターバルやハードルの高さを見つける。 ・ルールを決めて競争を行う。	・自分の力を確かめたり，記録に挑戦したりしてハードル走を楽しむ。 ・友達と競争したり，グループ同士で競争したりしてハードル走を楽しむ

(2) めあてのもたせ方の工夫

　２年生の〈今日のめあて〉の欄には，あらかじめ競争したい相手の名前を書き込める枠を設けた。低学年の児童には，「何を書いてもいいです。」と指導するのではなく，「競走して勝ちたい相手を書きましょう。」と具体的に指導する。

　４年生の〈今日のめあて〉は，単元のはじめこそ未記入だったり，自分の能力とかけ離れた目標タイムを記入するであろうが，毎時間〈きょうのきろく〉を測ることで，徐々に自己の記録に対する認識ができ，自分の能力に近い目標タイムなどを記入するようになる。まずは本単元だけでなく，さまざまな活動や体験を通しての自分の走力と友達の走力とを意識し，他者との関係の中で，自己の能力把握ができるように指導・助言していく。

　５年生になると，ハードル走タイムという客観的指標で自己の能力把握ができるようになる。〈今日のめあて〉の欄にも自分の目標タイムを書き込む児童もいれば，目標タイムに迫るための運動技能の実現を書き込む児童もいる。

　指導者として，この単元でどのような力を身につけさせていきたいかという願いが児童に伝わり，それが児童の記述となって表れてくるのである。

　しかし，高学年とはいえ，自己の能力に適した「めあて」を把握できていない児童もいる。その場合には，まずは，低学年の段階に戻って，競争して勝てそうな相手との勝ち負けを「めあて」としたり，その児童の障害物のないときのタイムに迫ること

を「めあて」とするなど具体的な例を挙げて助言する。

■ 今後の実践へ向けて

　個に応じた「めあて」を設定しようとする「楽しい体育」や，その「楽しい体育」における学習過程の理論的根拠のひとつであるチクセントミハイのフローモデルでも，さらには，「めあて」の自己決定プロセスを重視する立場の理論的根拠とされているスポーツ心理学の目標設定においても，自己の能力把握を重要視しているにもかかわらず，小学校低学年・中学年の児童には，はたしてその力があるのかどうかは十分検討されていなかった。

　本実践で明らかにされたことをふまえ，その小学校低学年や中学年に焦点をあてて，自己の能力把握ができているかどうかに注目しながら，走・跳の運動や陸上運動以外の単元でも，個に合った「めあて」のもたせ方を今後も検討していきたい。

【さらに学習を深めるために】
北村雅之『小学校の体育授業における「めあて学習」の検討』東京学芸大学大学院教育学研究科修士論文，2006 年
　本書の実践のもとになった研究がまとめられている。
池田延行ほか編『体育科教育別冊　新しい走・跳・投の運動の授業づくり』大修館書店，2015 年
　ハードル走を含め走の運動の技術ポイントや場・用具の工夫などが，図とともにわかりやすく説明されている。

② ボールけりゲームの実践例

菅井詩織（岐阜県高山市立南小学校での実践）

■ ボールを上手にけれない子どもたち

　子どもにとってボールをける楽しさとは，「思い切りボールをけること」や「けったボールがねらったところへ飛んでいくこと」，もしくはゴール型のゲームであれば「ゴールが決まること」であろう。では，このような楽しさを味わったことのある子どもは，どれくらいいるのだろうか。

　小学校 1 年生 32 人の子どもに，ボールをけって遊ぶのが好きかを尋ねたとき，元気いっぱいに「好き！」と答えたのは，わずか 5,6 人であった。「普通」と答える子が

最も多く、「一度もボールをけったことがないからわからない」「けると足が痛いからあまり好きではない」「ボールをけるのは難しい」と答える子が何人もいた。就学前にボールをける経験をしたと答えた子どもは少数であった。ボールをけることは、非日常の動きであり、足でボールをコントロールすることは子どもにとって簡単ではない。単元が始まる前、ボールをける楽しさを知っている子どもはほとんどいなかった。

　この実態の背景として、次のようなことが考えられる。ひとつめは、ボールを自由にけって遊ぶ場が限られていることである。ボールをけって遊ぶには、ある程度広く安全な場所が必要であるが、ボールの使用が禁止となっている公園もある。2つめは、最近の子どもは習い事で忙しく、外で思いきり遊ぶ機会が減っていることである。加えて、遊びの多様化により、室内で通信型ゲームをするなど、子どもの身体活動そのものが減っている。

　一方で、サッカー少年団に入っている子どもは3人いる。彼らはボールをけって遊ぶのが好きと答えており、実際にけるのも上手である。これらの実態をふまえ、得意な子どもだけが活躍するような体育授業ではなく、どの子もめあてをもってボールけりを楽しんで欲しいという願いを実現するために、1年生を対象としたボールけりゲームの学習を単元計画のように構想した。

■ 単元計画の工夫

(1) 攻守交代型で楽しもう！

　どの子も思いきりボールをけってゴールする楽しさを味わえるように、単元前半は攻守交代型のゲームを行った。そのほうが易しいゲームになると考えたからである。バレーボールコート（半面）を使用し、エンドラインを過ぎたらゴールとした。シュートをするオフェンスは5人でボールの数も5つである。アタックラインの後ろからボールをけるようにし、キーパー役のディフェンスは2人からスタートし、途中3人に増やした。

　ゴールが広く、守りも少ないため、1試合に25〜30点程の得点を獲得するグループもあった。ゲーム後には、汗いっぱいの子どもたちが「たくさん

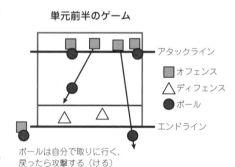

単元前半のゲーム

オフェンス
ディフェンス
ボール
アタックライン
エンドライン

ボールは自分で取りに行く、
戻ったら攻撃する（ける）

シュートを決めたよ！」と満足そうに話してくれた。ボールの数が多いため，どの子も思いっきりボールをける楽しさや，得点する楽しさを感じることができた。

ゲームの様子

しかし，ディフェンス側からすると勝つために一生懸命にボールに飛びついても，ボール数が多いために守りきることはできない。次第に「悔しいな」，「シュートを決めさせないようにしたいな」という気持ちが芽生えてきた。この気持ちから，少しずつ守ることが意識されるようになり，ルールの工夫や作戦を立てる必要性が生まれた。

(2) 攻守分離型で楽しもう！

単元後半からは，バレーボールコート全面を使い，攻守分離型のゲームを行った。サッカーのように攻守が入り乱れるゲームは，1年生の実態を考えると難しさがあり，楽しめない子がでてきてしまう可能性がある。そこで，サッカーへの発展を意識しつつ，攻守分離型のゲームを考えた。サッカーと同様に攻守を同時に行うが，ドッジボールのように中央のラインでオフェンスとディフェンスは分かれている。ボールの数は6個とした。

単元後半のゲーム

中央ライン
□Aチーム
△Bチーム
●ボール
エンドライン

ボール取ったら中央ラインへ行き，
攻撃する（ける）

5対5になったことで守りが多くなり，以前よりシュートは決まりにくくなった。そのため，今度は思い切りけるだけでなく，ねらってける必然性が生まれてきた。どの辺りをねらうとよりゴールが決まるか，どのようにけると相手に捕られないかを考え，「隅っこをねらう」や「勢いをつけて強くける」，「ななめにける」といった個人の工夫がみられるようになった。

次第に，グループ会で「一斉にければ，相手に捕られないから，『一斉けり作戦』でいこ

グループ会の様子

う！」や「みんなでボールを追いかけたらその間にシュートされちゃうから，2人組を作って守ろう」という作戦を立て，簡単な連携をしながらゲームを行うようになった。ゲームのふりかえりでは「作戦が上手くいって，勝つことができたので嬉しかった」などの感想が聞かれた。こういった姿から，個人でけり方を工夫したり，チームで連携したりしてゲームをする楽しさを味わうことができたのではないかと思う。

第1学年　単元計画 (6時間扱い)

時	ねらい (☆)と活動	教師の手だて
1	☆単元の進め方やめあてを知り，学習の見通しをもつことができる。 ・グループで協力して道具の準備や片づけを行う。 ・グループでトンネルくぐりや二人組でパスをする。	・5,6人×6グループにする。 ・周囲の安全を確かめてからけることや，ボールの基本的なけり方を指導する。
2・3	☆安全に気をつけ，ルールを守ってゴールに向かってボールをたくさんけり，ボールけりゲームを楽しむことができる。 ・オフェンス (OF) 5人 対キーパー (KP) 2人の攻守交代型のゲームをする。(攻撃時間は2分間，その後攻守交代) ・オフェンス (OF) 5人対キーパー (KP) 3人の攻守交代型のゲームをする。(攻撃時間は2分間，その後攻守交代)	・バレーボールコート半面を使い，OFはアタックラインからエンドラインに向かってボールをける。エンドラインを超えたら1点。KPはKPエリア内で守る。制限時間内にたくさん得点した方が勝ちのため，たくさんシュートするように指導する。 ・審判は，ボールがエンドラインを越えたら大きな声で「ゴール！」と言い，得点係に知らせるように指導する。 ・怪我防止のため，KPの子は手袋をして行う。 ・ねらってけっている子どもの姿をとりあげ，価値づける。
4	☆ルールを守って，ボールけりゲームを楽しむことができる。 ・5対5の攻守分離型のゲームをする。(ゲーム時間は4分間) ・ボールは6個使用する。	・バレーボールコート半面にAチーム，もう半面にBチームというように分かれてコートに入り，5対5のゲームを行う。中央ラインからゴール (相手コートのエンドライン) に向かってけり，ゴールラインを越えたら1点。 ・たくさん得点するためには，どの辺りをねらうとよいか考えさせ，簡単な作戦を立てられるようにする。 ・つまずいている子には，個に応じた助言をする。 ・学習を進めるうえで，不都合が出てきたルールについては，子どもと一緒に考え，修正したり加えたりする。
5・6	☆簡単な作戦を立て，ボールをねらってけって，ボールけりゲームを楽しむことができる。 ・5対5の攻守分離型のゲームをする。(ゲーム時間は4分間) ・勝つための簡単な作戦をグループで考えてゲームを行う。	

■ 楽しむための工夫

　運動を楽しむうえで，実態に応じたルールづくりや場の工夫はとても重要である。いくら運動自体に魅力があっても実態に合っていなければ，子どもは十分にその運動を楽しめず，怪我やトラブルの原因になるからである。怪我やトラブルが起これば，当然楽しかったはずの運動はつまらなくなってしまう。場合によっては，運動嫌いの子をつくりかねない。そこで，子どもたちがボールけりゲームをより楽しむことができるように，子どもたちの実態に合わせたルールや場の工夫を行った。

・広いゴール（9m）

　ゴールを広くすることで得点しやすくなり，シュートする楽しさを味わうことができる。キーパーが守るときも，あちこちに飛んでくるボールを捕ろうと自然に運動量も増えた。

・隅をねらうためのカラーカード

　ゴールは，コートの端にコーンを立て，ビニール紐をかけたものである。その端に子どもが作ったカラーカードをぶら下げることで，「隅をねらってける」ことを意識づけた。「ピンク（カード）にけって！」というように，仲間からの声かけが多く聞かれた。

・ボール

　ボールはけるのに適度な重さと大きさがあり，かつ跳ねにくいゴムボールを使用した。このボールは柔らかく，キーパーが痛くて怖がることはなかった。

・得点カード

　たくさん点数が入るゲームであり，場合によっては立て続けにゴールが決まるので，得点板の数字を間違えないようにめくるのは1年生にとって難しいようであった。そこで，あらかじめ1〜36までの数字が書いてある得点カードを審判が持ち，ゴールが決まったら数字にチェックを入れるようにした。このことでゲーム後によく

広いゴールとカラーカード

見られる得点数の正誤によるトラブルは回避され，子どもはゲームに集中することができた。

　ボールけりゲームを楽しむためには，仲間を大切にしながら自らめあてをもって挑戦していくことが必要だと考える。そこで，勝つために仲間と円陣を組むことや，グループで話し合う時間を取り入れた。また，みんなで楽しむために，ゲームの挨拶はもちろんのこと，勝ったときは喜び，負けた時は相手に拍手を送るという姿も大切にした。その結果，より勝ちにこだわって真剣に，生き生きとプレイすることができた。

■ まとめ

　ゲーム前には，相手に聞かれないようにと頭を寄せ合い小さな輪になって一生懸命に作戦を考えたり，ねらい通りにゴールが決まってガッツポーズをしたり，ゲームに勝って仲間と大喜びしたりと，単元が進むにつれて子どもたちが夢中になって取り組む姿がたくさんみられた。

　単元終了後に，ボールけりゲームが楽しかったかどうかを聞いたところ，学級全員が，元気いっぱい「はい！」と手を挙げた。それだけではなく，「もっとやりたい！」「またやろう！」と声を弾ませていた。本実践の一番の成果は，やはり子どもたちが「ボールをける楽しさ」や「得点する楽しさ」，「作戦を立てる楽しさ」を味わい，ボールをけることが好きになったことである。

　近年，ICT機器の普及やゲーム機の浸透，少子化など子どもを取り巻く環境は大きく変化した。今後，地域社会に子どもが思い切り体を動かして遊ぶ機会や場はそう簡単には増えていかないと思われる。そのため，運動の楽しさを味わううえで，これまで以上に体育授業は重要な役割を担わなくてはならない。今後も常に子どもの実態から構想し，運動の楽しさを味わえる体育授業ができるように日々努めていきたい。

【さらに学習を深めるために】
加藤陽子「1人ひとりが取り組む低学年のドッジボール」全国体育学習研究会編『「楽しい体育」の豊かな可能性を拓く』明和出版，2008年，pp.138-141
　本実践と同様，1人ひとりがボールゲームを楽しむためのルールや場，用具の工夫が具体的に紹介されている。

③ 投の運動遊びの実践例

武山有香（岐阜県可児市立春里小学校における実践）

■ 楽しい投の運動遊びを求めて

　人間の発達・発育の段階から考えて，「投げる」動作は「歩く」「走る」「跳ぶ」動作より，後天的に獲得される動作である。獲得するには投動作を繰り返し経験する必要がある。にもかかわらず，最近では子どもたちが運動遊びをする時間・空間・仲間自体が減少している。加えて，投運動をするには，投げたボールを捕球し，返してくれる相手が必要なことが多い。ゲームをするには複数の仲間や広い場所が必要となり，行う条件としてはさらに厳しくなる。これでは，投能力の獲得が難しくなっているのも無理はない。事実，子どもたちの姿を見ても，走能力や跳能力より投能力の獲得に問題を感じることが多い。

　本校の体力テストの結果を見てみると，ソフトボール投げの学級の最高値が21m，最低値が4mであった。2年生にしてその差はすでに大きく，全体的に投能力が低下しているというよりは，個人差が大きいことがわかる。この差が顕著に表れるのがドッジボールだ。ドッジボールをすることを告げると，喜ぶ子とあからさまに嫌な顔をする子に分かれる。喜ぶ子の多くはスポーツ少年団などでボールに触れる機会が多い子で，主に男子である。嫌な顔をする子の多くは外遊びより室内遊びを好む女子か，外遊びは好きだがボールに触れる機会が少ない子である。苦手な子にとってボールは恐ろしいものである。当たると痛い，捕ろうと努力しても突き指をしてしまう。上手く投げられない。遠くに跳ばない。ましてや動く人間を狙うことは不可能に近い。楽しむどころではない。それなのにコートに入っただけで的として狙われ，これらのことを強要されるドッジボールはまさに地獄に等しいといったところだ。喜々として勢いよくボールを投げ，捕る得意な子。一方で，端っこに逃げたり，おしゃべりしたりして時間の経過を待つ苦手な子。これらはよく見る残念な光景だ。

　しかし，子どもたちが休み時間に最も多く行うボール運動はドッジボールである。このように低学年ですでにできてしまった苦手意識や恐怖感が，その後の遊びの嗜好や遊び仲間づくりをも左右し，ますます個人差や男女差が顕著なものになっている。その結果，ルールや用具の工夫をもってしても，投の運動遊びやボール運動でその特性を十分に味わうことが難しくなる。これらの背景をふまえ，その後の遊びにも生か

すことができ，比較的易しい「中当てドッジボール」を主の活動として選択した。そして，ゲームのみを授業の中心とするのではなく，経験差や男女差を補えるよう，投運動に繋がる多様な動きを投の運動遊びとして取り入れた。また，恐怖感を軽減するために使用するボールの種類に配慮して授業づくりを行った。

■ 授業計画

本実践は2年生を対象に，下に示す単元計画にもとづいて，7時間計画で実施した。

2年生 「投の運動遊び(中当てドッジボール)」単元計画(7時間扱い)

時	1	2	3	4	5	6	7
学習内容	学習計画を立てる	**わくわくタイム** ねらい①ボールを使ったいろいろな動きに挑戦して楽しもう。 ・的当て・バウンド・投げ上げ・パス					
		中当てドッジボール					リーグ戦
		ねらい②捕って，投げて，よけて，中当てドッジを楽しもう。 ・積極的に動いて補球し，狙って投げる。・パスをする。					学習をふりかえる

授業の前半にボール操作に慣れる運動や投能力の向上が期待できる運動を行い，後半は中当てドッジボールを行った。第6，7時はリーグ戦を実施した。中当てドッジボールでは，コートの中に守りのチームが入り，コートの外に攻撃側のチームがついた。中の人にボールを当てたら1点。キャッチはセーフ。2分で攻守を交代して，得点を競うゲームである。

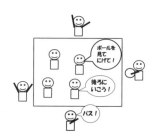

中当てドッジボール

■ 授業の実際

(1) 投の運動遊びを楽しもう

① 紙鉄砲を鳴らしたい

紙鉄砲の作り方を教え，リサイクルの紙で「マイ紙鉄砲」を作っておく。体育授業だけでなく，雨の日の休み時間などの隙間時間を利用して遊ぶ。いい音が鳴ると子どもたちは大喜びだ。上手な友達を真似て，腕だけでなく体も使ったダイナミックな動きになってくる。

② ゲーム感覚でボールと仲良くなる

　授業前半に「わくわくタイム」の活動を位置づけ，「的当て・バウンド・投げ上げ・キャッチボール」の４つのコーナーで，それぞれ２分ずつ遊んだ。そこでは，ボールを「持つ」「的に当てる」「投げ上げる」「捕る」「バウンドさせる」「ドリブルする」など，さまざまな投の運動遊びを楽しんだ。その中で，投げるという動作だけでなく，ボールの速さや強さを目測し，体の動きとボールの動きを併せて調整するボールゲームに必要な感覚や動きを身につけていった。

【的当てコーナー】

　肋木にさまざまな的を設置する。的は当たると鈴が鳴るペットボトルやケンステップにアニメの悪役を貼ったものである。２分という時間の中で，全部の色に当てようと絶え間なく投げ続ける。当てる的をよく見て，投げる手の反対の足を的に向かって大きく出し，体重を移動させる姿が徐々に出てきた。

的当てコーナー

【バウンドコーナー】

　始めは，続けてボールをつく。ボールをつきながらまわる。右手，左手，両手でいろいろなつき方をする。「あんたがたどこさ」のまりつき遊びをするなどを例示した。ボールをたたきつけて高く上げて手を叩いたり，ドリブルで進んだり，５回ずつついて友達に回していったり，掲示で示したもの以外でも，ボールをついて楽しめる動きが次々と出てきた。バウンドしたボールがどのように動くのか，それに合わせてどのように動くのかという感覚を身につけた。

バウンドコーナー

【投げ上げコーナー】

　ボールを投げ上げている間に何回手をたたけるかに挑戦する「パチパチキャッチ」や，回ってからキャッチする「くるくるキャッチ」など，どの動きもボールから目を離さないことが大切になってくる。高くまっすぐに投げ上げる感覚や落ちてくる速さをつかむタイミングを体感できた。

【キャッチボールコーナー】

　友達とキャッチボールをする。声を出して数え，何回続くかにチャレンジしたり，バウンドパスやチェストパスなどやり方を変えたり，相手との距離を変えたりして楽しんだ。相手とのタイミングを合わせて声をかける。相手とボールを見て，捕るときに動く場所をつかむ。相手のからだの中心に向かって投げたり，力の加減をしたりすることが必要となる。相手がいるため，子どもたちには他のコーナーよりも難易度が高いようだった。

キャッチボールコーナー

(2) 安心して活動にとりかかろう

① わかる安心感を獲得する「わかった。なるほど。やってみよう。」

　運動そのものが苦手な子，遊び経験の少ない女子，特別な支援が必要な子など，子どもの実態はさまざまである。どの子も安心して活動するために，当たり前だと思える１時間の見通しや技術ポイントも視覚的に示し，発展した考えが生まれれば掲示物に書き加えた。これは学習内容を短い時間で理解し，考えて活動を進めていくための支援にもなった。

　男女差への配慮については一概には言えないが，男子が自由な運動遊びの中で投能力を獲得していくのに対し，投運動の経験が少ない女子や苦手な子は，投球する動作自体を理解する過程が必要な場合がある。こうした支援によって，「わかった」「もう一度確認しよう」「友達にこうやって声をかけよう」という子が増えた。わかる安心感を獲得するために，とくに以下の３点を大切に指導した。

１時間の見通し　　　視覚資料の活用

　　・見通し，場，ルール，ポイント（「投げ方」「捕り方」「よけ方」「逃げ方」）などを視覚的に示す。

　　・上手な子の実演でイメージをもたせる。

　　・活動中に具体的なアドバイスや励ましの声かけ

技術ポイントの掲示物

を行う。

② 恐怖感を軽減する「ボールは痛くない。怖くない。」

　ドッジボール1号球・中がスポンジでできたボール・幼児用のソフトドッジボール・新聞紙のボール・テニスボールなど，重さや堅さ，素材が異なるボールを複数用意し，わくわくタイムのボールは選べるようにした。子どもたちは安心できるボール，自分に合ったボール，場に合ったボールを試したり選んだりしていた。より難易度の高いものに挑戦しようと，小さいボールを投げ上げてキャッチしたり，弾むボールに替えてバウンドさせたりする姿があった。

様々なボール

　中当てドッジボールでは，大きさは1号球で，当たっても痛くないものを用いた。そのため，苦手な子も積極的にボールに向かっていくことができた。当たると痛いという恐怖心がなく，守る側になった時も笑顔で活動することができた。

■ 実践をふり返って

　投能力の観点から子どもたちを見たときに，これほどの個人差があるものかと驚いた。本授業を経て，ボールを目でとらえること，投げる手と反対の足を前に出すこと，体重を移動させることなど，どの子も自分なりの進歩があったと思われる。片手で投げることができなかった子が投げられるようになる姿や，体を半身にして足や手を相手に向け，パスができるようになった姿も見られた。いろいろな投げ方を繰り返して楽しむうちに，ボールを怖がって学級遊びもなかなか楽しむことができなかった子が，笑顔で投げたりよけたりする姿もみられるようになった。一方で，この圧倒的な経験の差をわずか7時間の単元で補うことは難しく，さらに継続的に行っていく必要性を感じた。それだけではなく，子どもたちの遊びの機会や種類が限られている今，授業で行ったことを休み時間や放課後，さらには地域での遊びに広げ，日常的に投の運動遊びを楽しんでいくことの大切さを感じた。

　投運動に繋がる運動は折り紙遊び（紙鉄砲），伝承遊び，遊具遊びからボールゲームまで実に多彩で，授業づくりをする教師もやりがいがある。今後ますます，個人差を乗り越える実践のあり方を追究したい。

4.5 ルールの工夫からボールゲームの授業づくりを考える

■ 解 説

　ボールゲームの授業は，一般的に多くの子どもに好まれ，一見すると嬉々とした活発な姿を目にすることができる。けれどもよく見てみると，ほとんどボールに触れなかったり，せっかくボールを手にしても失敗してしまうことを恐れ，すぐにそのボールを放してしまう運動が苦手な子の悲しい姿も見られるのが現実である。こういった子どもも含め，クラスの誰もがそのボールゲームの特性をしっかり味わうためには，正式なルールを絶対視することなく，子どもの実態に合わせた柔軟なルールの工夫が不可欠となる。

　その際に，苦手な子どもへの配慮から，子どもにとって難しい技術を排除するようなルールの工夫がよく行われる。ここで紹介するポートボールの実践で問題にされているドリブル排除はその代表例である。しかしルールの工夫は，攻防のバランスを崩さないという視点を欠くと，特性がどこにあるのかわからないボールゲームを導いてしまうことに注意したい。

　サッカーの実践では，教師がはじめに示したルールに加え，子どもたちと考えたルールでまず学習を始めている。その工夫は，個人差・男女差が顕在化しやすいサッカーを全員が楽しむことができるようにという視点から考えられたものである。そして，そのルールではうまくいかなかったところを，子どもたちの意見から明確にして，ルールはさらに改善されていった。

　こういった慎重なルールの検討は，ボールゲーム全般について，授業づくりの際には忘れてはならないポイントである。それぞれのボールゲームの正式なルールを絶対視せず，目の前の子どもの実態から考えて，どの子もそのゲームの楽しさ・面白さをしっかりと学習できるよう柔軟にルールを考えるのだが，そこで攻防のバランスを崩さないということを配慮し，そのボールゲームの特性をしっかりと保持した運動をつくっていくのである。そしてその工夫は，ひとつの単元の中でも，学習の深まりに応じて工夫をし続けていく必要があるという視点ももたなければならない。

① ポートボールの実践例

田島宏一（東京学芸大学附属大泉小学校における実践）

■ ルールの工夫は慎重に

　小学校におけるボールゲームは，１年生から６年生までカリキュラムの中に位置づき，実践されている。その中でも中学年に焦点を当てると，ラインサッカーやハンドベースボールなど，さまざまな攻防を楽しむゲームを見ることができる。そしてそれらのゲームは何れも，子どもの実態に合わせてルールの工夫がなされている。

　しかし，その中には守備側の子どもが入れないエリアを設けたり，また，子どもにとって難しいと思われるドリブルをなくして，バスケットボール型のゲームにおいてパスだけでゲームをさせていることもある。もちろん，子どもたちにとって運動を易しいものにする工夫は大切である。だが，ルールを変更するとき，教師はもう少し慎重に考えていかなくてはならないのではないだろうか。

■ ポートボールの特性を意識した教師の工夫

　ポートボールは，バスケットボール型の特性を規定する３要素（ボール操作，ボール運び，シュート）のうち，シュートを易しくしたゲームである。そして，２つのチームが入り交じって手を使ったパスやドリブルでボールを運びながら，ゴール（ゴールマンへの最終パス）をねらい，得点を競い合うことを楽しむゲームである。このゲームは，教師のとらえとしてドリブルが子どもにとって難しいとされることが多い。そこで，ルールの工夫としてドリブルをさせずにパスだけでゲームを行わせるという実践例も少なくない。けれども，ドリブルはポートボールにおいてボール運びを遂行する重要な技術であるため，排除してしまうことはゲームの特性を味わわせるためには得策とは言えない。むしろ，ポートボールの特性を知るには，ドリブルをはじめさまざまな技術を含めたゲームを丸ごと学習するための手だてが必要になると言える。

　ポートボールの学習では，シュートをする，ドリブルで相手を抜く，得点につながる動きをする，作戦が成功するなど，数多く楽しさを味わう場面がある。しかしながら子どもの様子を見ると，その楽しさがわからないまま，運動に対して消極的になってしまう姿も見られる。とくに運動を苦手と感じている子どもは，ドリブルやパスやシュートなどの技能が十分でないことが多く，そのため，思い通りに動けなかったり，ボールを持ってもすぐに運動を得意とする子どもにボールを奪われてしまったり

するので，なかなか積極的になれないのである。

　本来ボールゲームは，勝敗の未確定性を維持するために，攻防のバランスがとられている。バスケットボールであれば，ドリブルをしながらでないと移動できないという攻撃側への制約に対し，体には接触できずに進路をふさいだりボールを奪ったりするという守備側への制約，ラグビーであれば，ボールを持って自由に走れるということに対して，タックルをして止められるということなどである。にもかかわらず，体育の学習において，とりわけバスケットボール型ゲームの初期の段階においては，そのバランスがとれていないことが多い。それはたとえば，ドリブルの技能が十分高まっていないうちに，手を出してボールを奪いにいくという子どもの姿を許容する中に生じる。ここで教師は，ゲームにおける攻防のバランスを崩さないという視点から，ルールを工夫することが重要になってくる。

　では，攻防のバランスをとり勝敗の未確定性を維持するために，どのようなルールの工夫ができるだろうか。それを考える糸口は子どもの姿にある。前述のとおり，バスケットボール型ゲームにおいて学習初期の子どもたちは，攻撃側の子どもに対して守備側の子どもが手を出してボールを奪いにいくことが多い。そして，得意な子どもだけがボールを独占して得点をし，苦手と感じている子どもは，ボールを持つ機会さえもてないことがある。そこで，問題を解決するための方法として，ドリブルをしている際には，ボールを奪いにいけないというルールを設定する。すると，ボールを持った子どもは，とことんドリブルするという姿が多く見られてくるのである。そして，ドリブルで攻める機会が増えるので，必然的にドリブルの技能も高まっていく。

　すなわち，このゲームの特性に触れさせることと技能を高めることとの相乗効果が得られるのである。しかし，攻撃側にだけ有利なルールにしては不公平である。そこで，本来のバスケットボールの特性であり，それを保障するルールでもある接触しないで守るということを再度全体で確認していく。具体的には，相手が進もうとする方向に先回りして進路をふさぐという守り方を守備側は使うのである。攻撃側にも接触することが禁じられているのであるから，当然ドリブルしている子どもが先回りしている守備側の子どもにぶつかっていっても反則ということになる。

　このように，バスケットボール型ゲームとしての特性を大切にしながらルールを工夫していくことが，その運動の特性に触れさせ，楽しさを味わわせるために重要なのである。ここでは，小学校4年生のポートボールの学習を例に，攻防のバランスを崩さずにポートボールの特性に触れながら学習していく授業について考えてみた。

■ 授業の実際

　4年生の子どもたちは，3年生でもバスケットボール型ゲームの学習をした。そして，ボールを操作することの楽しさや得点することの楽しさを実感していたので，よりたくさんボールに触りたいという思いをもっていた。ただ，自分がボールを持ちたい，たくさんシュートをしたいという思いが先行しすぎるあまり，試しのゲームでは，守備側の子どもが手を出して相手に接触しながらボールを奪う姿が多く見られた。それらの問題の解決を視野に入れながら，以下のような単元計画を立てた。

第4学年　単元計画(7時間扱い)

時	1	2	3	4	5	6	7
学習内容	学習計画を立てる	ねらい①　今もっている力でポートボールを楽しもう					
	《一人一人が得点をねらう動き》ドリブル，シュート，パスカット				ねらい②　工夫した力で，みんなで攻めたり，守ったりしてポートボールを楽しもう		
		《仲間と協力しての攻守の動き》パス＆ラン，引きつけパス，マンツーマンディフェンス，三角ディフェンス					学習をふりかえる

(1) ドリブルをたくさんしよう！

　学習のねらい①は，「今もっている力でポートボールを楽しもう」である。自分はどんな動きができるのか，どんな動きが苦手なのかを知り，自分たちのチームがたくさん得点し，ゲームに勝つ方法を考えながら楽しむことがめあてとなる。したがって，子ども同士が互いによい動きを見つけ合い，アドバイスをし合うという，学び合う環境を教師がつくることが大事になってくる。

　ルールについては，ドリブルをしているときにボールを奪わないということを確認した。その結果，ボールゲームが苦手な子どもたちもボールを持ったら積極的にドリ

ブルを仕掛けていく姿が見られ，チームとしても，「ボールを持ったらドリブルで攻めよう。」とアドバイスをし合う姿も多く見られた。そのような中で，運動を苦手としている子どもも活躍するようになり，チームの練習やゲームに活気があふれてきた。それらとともに，個人のドリブルの技能も高まっていったのである。

ゲームの様子（ねらい①）

(2) チームで攻めて，チームで守ろう！

　単元の後半では，「工夫した力で，みんなで攻めたり，守ったりしてポートボールを楽しもう」をねらい②とした。ここでは，教師の「たくさんシュートが決まるように，攻め方や守り方を工夫しよう！」という合言葉で，それぞれのグループがたくさんの作戦を考え，ゲームを行った。

作戦会議

　最初は，「たくさんドリブルをして，できるだけゴールの近くまで行こう。」「相手を引きつけてからパスをしよう。」という作戦をたてたチームが多かった。しかし，どのチームともたくさん得点されていることにだんだんと気づき，次第に守りの作戦についても意識し始めた。そして，「ドリブルしている人の前に立って，簡単に進ませないようにしよう。」という作戦が出てきた。このことによってゲームの様相が変わり，「マンツー

ゲームの様子（ねらい②）

マンディフェンス」をするチームや，2人がかりでドリブルを止めたり，パスを奪ったりする動きも出てきた。

　さらに学習を進めると，他チームの動きを見て感心したり，その動きを自分たちの作戦に取り入れたりする姿も見られ，集団としての学習の深まりも見られていった。

■ 実践をふり返って

　本実践を通して多くの子どもたちは，「シュートをたくさん決められて楽しかった。」「ドリブルが上手くなったから嬉しかった。」「作戦通りのプレーができたからおもしろかった。」などの感想をもった。これからも教師として運動の特性を見極め，それを子どもたちの実態に合わせて学習できるよう日々努めていきたい。

【さらに学習を深めるために】

鈴木秀人「よい授業づくりに不可欠なこと」『体育科教育』52巻4号，2004年，pp.18-21
　　ボールゲームの授業づくりにおいて，それぞれの運動の特性を崩さないでルールの工夫をすることの重要性が詳しく論じられている。

② サッカーの実践例

伊藤久善（東京都日野市立日野第五小学校における実践）

■ サッカーを体育授業で取り上げる意味

　かつては，今ほどメジャーではなかったサッカーは，1992年のJリーグ開幕，海外における日本人選手の活躍，最近では2011年の女子サッカーワールドカップ優勝等により，日本においてもかなりメジャーなスポーツへ変化してきた。

　このようにメジャーなスポーツへと変化してきたものの，サッカーを体育授業で教えることはそう簡単ではない。それは，学校の外でサッカーをしている子としていない子の間の個人差・男女差が大きいスポーツだからである。しかし，それを逆手にとって考えると，これほど協力できたとき，チームに貢献できたときに喜びが大きいスポーツは他にはないのではないだろうか。

　今回は，さまざまな工夫を取り入れながら，チームに貢献したり，ハート面（意識・態度）とプレー面（技能・思考）でメンバー同士がつながってひとつのチームになることをめざして，授業を展開した。以下に5年生を対象としたその実践を紹介する。

■ 工夫の方向性

　児童がサッカーの学習で味わう運動の楽しさや喜び，身に付ける主体的に実践する力がどのようなものなのか，サッカーの特性を踏まえて以下のように考えてみた。

運動の楽しさや喜び

[個人]・得点をすること　　　・チームの中で役割があること
　　　　・チームの中で役割を果たしたり，チームに貢献したりできること
　　　　（友達へパスができた，友達からのパスを受け取れた，相手のパスをカットできた）
[集団]・チームで協力したことによって，チームの友達が点を入れたり，ゲームで勝ったりすること

ハート面（意識・態度）		プレー面（技能・思考）
・お互いのよいところを認め合ったり，称え合ったり，励まし合える。		・全員が得点できた。 ・パスをつないで得点できた。 　→自分たちの特徴に応じた作戦を考え，実践できた。 　→実践するための練習方法を考えることができた。

主体的に実践する力
・みんなで（クラス全員やチーム）でゲーム（授業）を振り返り，次はどうすればいいのかを考える力

サッカーは，集団対集団の攻防を楽しむ運動である。攻防を楽しむためには，チームでの協力が大きな鍵となる。個々がもっている力でゲームに取り組み，ゲームの後チームで振り返りをして，チームの特徴に応じた作戦とはどんなものか，どんな練習をすればいいのかを話し合う中で，ハートとプレーの両面ともにチームの協力する力が高まる。さらに，学習が進むにつれて，チームの中での自分の役割を見出し，チームの役に立てる喜びを味わう。そうすることで，一人ひとりに主体的に実践する力が身につき，授業時間以外でも，進んで運動に取り組んだり，ルールや方法を自分達で工夫して楽しんだりしてほしいと考えた。

　一方で，以下のような理由からサッカーの楽しさや喜びを味わうことができなかったり，主体的に実践する力が身に付かなかったりすることが考えられる。

個人	・ボール操作やボールをもつ時の動きがわからず棒立ちになってしまう子
	・パスをもらった時，どうしたらよいかわからず意図なくパスを出してしまう子
	・得点を入れることができない子　・ボールが当たることに恐怖心がある子

集団	・どんな動きをすれば，得点できるのかがわからないチーム
	・チームで困っていることが見出せないチーム
	・チームでの課題を解決する練習方法がわからないチーム
	（協力することの大切さを知っているが，協力するための方法が明確になっていない）

　そこで，① どのチームもハートとプレー両面ともに協力できたと感じることができるようにする，② どの子も得点できるようにする，これらの手立てを工夫すれば，どの子もサッカーの喜びや楽しさを味わい，進んで運動に取り組んだり，ルールや方法を自分たちで考え，楽しむ姿が見られるのではないかと考えた。

　以上のことにより，チームに貢献したり，ハート面とプレー面でチームのメンバーがつながってひとつになることをめざした。

■ 授業の実際

(1) 学習過程の工夫

① 第1時～第5時

　具体的な学習のねらいとして，第1時～第5時は「チームと自分を知り，チームに貢献できることを探る」とした。ここでは，5時間をかけて全チームと1回ずつ対戦するリーグ戦を行った。

1時間めと2時間めには，一人ひとりのよさに気づく時間として「スキルアップゲーム」を取り入れた。各自が基礎技能を楽しく習得できるようなリフティングトライアル，ゲートキック，キックドラゴン，ドリブルエイトといったゲームを行い，これらを経験しながら，各自のめあてを意識することもねらった。

　「チームタイム」を設定して，全チームが共通の練習を行うようにした。ここではまず練習の仕方を習得するとともに，さまざまな練習に取り組むことで，チームの状態に気づくことをうながした。練習内容は，3時間めが3角パスと4対1ボールまわし，4時間めが対面パスとポストシュート，5時間めがリアクションシュートとセンタリングシュートである。

　ゲームの時間は最初に7分と長めに確保して自分のチームについて知ることをめざし，その後に腰を下ろして話し合う「つながりタイム」を2分とって直前のゲームを振り返り，その後4分のゲームにいかせることを考えさせた。そこでは，主にチームのめあてとゲームでの動き方の確認，チームの士気を高め，必要なことの共通理解を図った。教師は，ゲームの回数を重ねるにつれて，話し合いの内容が深まっていくかに注意した。

活発な話し合いが続く

② 第6時〜第10時

　ねらいは，「自分のよさをいかしてチームに貢献しながら，チームに合った作戦や必要な練習を考えてチームを高める」とした。練習はチームで選択できるようにして，ゲームは全チームと2回対戦するリーグ戦を行った。同じチームと再戦できるようにしたことで，自分たちや相手の特徴に応じた作戦を，主体的に考えていくことを期待した。

　チームの特徴に応じた作戦を考える→その作戦を遂行するための練習方法を考える→ゲームで作戦を実行してみて振り返る→次のゲームはどうするかを考える。これらを繰り返すことでチームの力が高まっていった。1時間の授業内で2試合のゲームを設定し，9分のゲームの途中につながりタイムを入れた。

　6時間め〜10時間めのチームタイムでは，これまでに覚えた練習の中から，チームのめあてを意識したうえで1つ選択して取り組んだ。また，チームの状態に応じて，練習内容を付け加えたり，新たな練習を考えて行うのもよいことにした。

③ 単元全体を通して

　常に，めあてを意識できる学習過程にした。チームや自分のめあてを決め，その達成をめざしながら学習することで「協力できた」「貢献できた」と実感し，サッカーの楽しさを味わうことができると考えたからである。

　チームのめあてをもとに，自分のめあてを振り返る時間を設けた。めあてを発表する場をもつようにして，チームのめあてと自分のめあてをそれぞれ意識して活動できるようにした。

(2) 学習ノートと掲示資料の工夫

① めあて表（フローチャート）

　チームのめあてがまとまらない時や，考えるヒントがほしい時に参考となるめあて表を教師が用意して，話し合いの時に活用できるようにした。自分のめあてを考える際にも参考にしてよいことにした。

② 学習ノート

　自分のめあてを書くマイサッカーノートと，チームのめあてを書くチームサッカーノートを分けて，その両方を意識して学習に取り組めるようにした。6時間め以降のマイサッカーノートにはチームのめあてを書く欄を設け，チームのめあてをもとに自分のめあてを考えることができるようにした。

　マイサッカーノートには，スキルアップゲームやチーム練習をそれぞれ図示し，学習の見通しがもてるようにした。また，振り返りカードの自己評価ではレーダーチャートを取り入れて視覚化することによって，自分の高まりを実感しやすいようにした。

③ 掲示資料

　子どもたちが考えた理想のキャプテン像やチーム像を教室に掲示し，チーム意識が高まるようにした。また，「リーグ戦が終了した時にどんなチームになっていたいか？」「そうなるために自分は何をするのか？」をワークシートに記入して教室に掲示した。

　得点ランキング，得点となったシュートの1つ前と2つ前のパスをアシストとしたアシストランキング，リーグ戦の星取表を教室に掲示した。

(3) ルールの工夫

① 教師が初めに示したルール

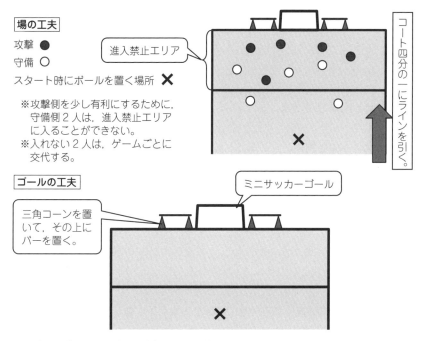

場の工夫

攻撃 ●
守備 ○
スタート時にボールを置く場所 ✕

※攻撃側を少し有利にするために，守備側2人は，進入禁止エリアに入ることができない。
※入れない2人は，ゲームごとに交代する。

進入禁止エリア

コート四分の一にラインを引く。

ゴールの工夫

ミニサッカーゴール

三角コーンを置いて，その上にバーを置く。

※ボールがコーンやバーに当たっても得点になる。
※ボールがミニサッカーゴールのポストやバーに当たってコート内に戻ったときは，得点とせずプレー続行とする。

最初に子どもと考えたルール

※全員で話し合いながら決め，全員が楽しむことができるようにした。

・女子には「得点は3点・スローインは片手投げ可・顔面にボールが当たるのを防ぐためのハンドリングは反則としない」のルールを採用する。

　　→女子の活躍の場を広げるため。

・スライディングタックルはなしとする。

スローインは片手でOK

（シュートカットのための，さらに周りに人がいないという条件でのボールへのスライディングは可とする。）

　　　→全員の安全を確保するため。

・ゲームはキーパーなしとする。

女の子も積極的にボールに向かう

　　　→① シュートを入りやすくして，全員の活躍の場を広げるため。

　　　② 全員の運動量を確保するため。

・オフサイドはなしとする。

　　　→① コート全体を広く使わせるため。

　　　② ルールを簡単にし，全員が楽しめるようにするため。

　　　③ 多様なめあてをもたせるため。

　　　※ルールをより意識して取り組めるよう，教室に掲示した。

② 途中で子どもが追加したルール

〈第4時のルールの確認時に意見が出て，第4時より採用した。〉

・シュートがゴールとなる条件は，相手の進入禁止エリア内からうったシュートのみとした。

　　　→児童の意見「遠くから仲間にパスを出すために蹴ったボールが，そのままゴールに入ってしまうことが起こった。それは，チームで協力したことによって得点できたわけではないため，素直に喜べない。」

　　　〈第7時のルールの確認時に意見が出て，第7時より採用した。〉

・シュートがゴールとなる条件を，相手の進入禁止エリア内からコートの半分に広げた。

　　　→児童の意見「第4時のルールを採用してゲームを行っていたら，進入禁止エリア内からのシュートのみがゴールになるということを忘れていて，進入禁止エリアの少し外側からシュートをうってしまいノーゴールとなってしまうことがたくさん起きた。進入禁止エリアの少し外側であっても協力してゴールはできている。エリアを広げた方がより多くの得点が入り，より喜びを味わう機会が増える。」

　　　〈第8時のルールの確認時に意見が出て，第9時より採用した。〉

・コートの中心から半径3mの円の中には，キックオフをしない側は誰も入ること

ができない状態で，キックオフを行う。

　　　→児童の意見「円のない状態だとすぐ近くで相手が待ち構えていて，キックオ
　　　　フの直後にすぐにボールをとられてしまう。」

(4) グルーピングの工夫

　グルーピングについては，人間関係の質的向上やチームレベルの均質化をねらいと
して次のように編成した。まず，キャプテン6人を全員の投票で選出した。教室に
掲示してある理想のキャプテン像をふまえて投票しているため，サッカーの技能より
も，態度や気持ちの面でリーダーとしてふさわしい者が選出されていた。

　次に，キャプテン6人のリーダー会議で話し合って，それぞれ誰か1人自分のサ
ポートをしてくれる者を選ばせた。ここでは，技能も加味して考えさせることで，技
能面もより平等になるようにした。

　さらに，残りのメンバーは，自分がどのチームのキャプテンになっても責任をもっ
てまとめていけるようにうながしたうえで，キャプテン6人の話し合いによって6
チームに分けさせた。

　最後に，キャプテン6人がくじを引き，それぞれのキャプテンとチームを結びつけ
させた。

(5) かかわり合いを深める工夫

　教師が声かけの手本を示したり，子どものよい
声かけを褒めたり紹介したりして，互いに意識し
て声かけができるようにした。

　チームの中で練習やゲームを振り返って互いの
よさを認め合えるようにし，学級全体にそれを発
表する場を設けることで広めていくようにした。

　第6時の前日から毎日給食をチームごとに食
べることにして，チーム意識を高めるようにし

ゲーム開始時には円陣を組み，チー
ムごとに決めたかけ声をかける

た。授業では，円陣の組み方をチームごとに考えてゲーム前に行い，チーム意識を高
めるようにした。

■ 事前・事後アンケートからみられる子どもたちの変容

これまでに述べてきた工夫によって，子どもたちには以下のような変容が見られた。授業前にはサッカーが嫌いな子が4人いたが，授業後には嫌いな子はいなくなった。

この変容には，次のようなゲームでの学習経験が大きく関わっていると思われる。授業前にはサッカーで得点をしたことがない子が7人いたが，授業終了までにクラス29人全員が得点経験をもつようになった。また，授業後のみの調査になってしまったが，アシスト経験についても全員がもつことができた。

このような個々のプレーの成否だけではなく，チームで話し合ったことをゲームに役立てることができたかという質問に対して，授業前は，できた15人，どちらかといえばできた13人，どちらかといえばできない2人，といった状況であったのに対し，授業後には全員ができたと回答したことから，チーム全体での取り組みの成否も，子どもたちの変容に関係していることだろう。

個人差・男女差が顕在化しやすいサッカーの授業では，このような変容を導くことは半ばあきらめられていたようにも思うが，工夫次第で実現可能であることを感じさせてくれた。

■ 授業を終えて

ある1時間の授業や1つの単元の授業だけ何か特別なことをしようとしてもうまくいかない。日々の積み重ねが大事になってくる。すべての授業，すべての生活，すべての行事に関係があって，そこで今までどれだけ積み重ねてきたかが重要である。

すべてはつながっていて，そこでの高まりによってやれることが決まってくるので，初めて担任になった日からが勝負，毎日毎日が勝負である。子どもたちとの普段のやり取りが非常に大事である。子どもによって性格が違うので，言葉のかけ方，関わり方も状況に応じて変えなければならないし，引き寄せたり突き放したりの判断も正確に行わなければならない。そこがうまくいくかいかないかで学級経営が大きく変わり，授業に大きく影響する。毎日毎日が気の抜けない勝負である。

考えてみると，学校生活に無駄なものは何もなくすべてはつながっていて，そのすべてが授業に表れる。逆に考えると，教師がこの体育の授業で何を育てたいかを明確にし，子どもたちがそれを普段から意識して学校生活を送ることができるようにする必要があるのではないだろうか。私はこの部分を大切にしている。

【さらに学習を深めるために】

鈴木秀人「ボールゲームの授業を考える」松田恵示・鈴木秀人編著『体育科教育』一藝社，
　2016 年，pp.127‑138
　　タグラグビーの「前へのパス OK」ルール，ポートボールの「ドリブルのかわりにボール
　を持って走って OK」ルール，バレーボールの「ワンバウンド OK」「キャッチ OK」ルー
　ルを例にして，それぞれの運動の面白さを学習していくうえで必要となるルールの工夫の
　あり方を論じている。ここで示されている「攻防のバランス」という視点は，ボールゲー
　ムの授業づくりにおいて不可欠なルールの工夫を考える際に，明確な根拠となるだろう。

鈴木直樹・鈴木理ほか『だれもがプレイの楽しさを味わうことのできるボール運動・球技の
　授業づくり』教育出版，2010 年
　　本書では取り上げていない視点からの研究成果をもとに，ボール運動の授業づくりについ
　てさまざまな提案が行われている。

宮本博信「子どもたちが『ナイスゲーム』と言えるゲームにするために」全国体育学習研究
　会編『「楽しい体育」の豊かな可能性を拓く』明和出版，2008 年，pp.166‑169
　　難しさが伴うサッカーの実践について，ルールやマナーの指導の工夫を中心に報告されて
　いる。

水谷豊『バスケットボール物語』大修館書店，2011 年
　　いつ，どこで，誰が，どのようなことを考えて創り出したのかがわかっているバスケット
　ボールの歴史について詳しく知ることができる。スポーツのルールが，どのようにして決
　められていくのかを理解することで，その種目の特性をこわさないルールの工夫を考える
　ことの大切さが認識できるだろう。

守能信次『スポーツルールの論理』大修館書店，2007 年
　　スポーツにおけるルールがもつ意味について詳しく論じられている。ルールの工夫を考え
　る際に，その基盤となる重要な知見を与えてくれる。

中村敏雄『スポーツルール学への序章』大修館書店，1995 年
　　授業づくりにおけるルールの工夫を考えるうえで，基盤となるさまざまな知識を得ること
　ができるだろう。

4.6 学習の場や学習資料の工夫から授業づくりを考える

■ 解 説

　体育授業の学習環境を豊かなものにしていくために，学習の場や学習資料を教師が工夫し，子どもたちに適時提供していくことが大切な指導活動であることは，すでに多くの教師たちにとって共通理解されていることだろう。しかしながら，そういったことについての研究は，ともするとハウツー本のような類からアイデアを抜き出して，それをそのまま授業に使ってみるといったことになりがちである。もう一度，何をめざして学習の場や学習資料を教師は工夫するのか，しっかりと押さえておく必要があるのではないだろうか。

　現在の体育の授業は，子どもたちがそこで学ぶ運動の楽しさ・面白さを味わいながら，自発的な学習を進めていこうとしている。学習の場は，子どもたちの多様な個人差に応じたやさしい学習活動を導くために工夫されなければならないし，学習資料はそういった学習活動の手助けとなる情報が，学習の段階に対応して提供されるように工夫されなければならない。

　ここで紹介する実践は，子どもの実態からするとその運動の特性を学習していくうえで何が阻害要因となるのかを見極めつつ，それを解決しながらやさしい活動を進めていくために学習の場を工夫し，またその学習活動に対して有効な学習資料を工夫している。こういったスタンスを欠いてしまうと，多様な違いのある子どもたちのために工夫しているはずのこれらが，いつのまにかマニュアル化されて一人歩きし，それに子どもを適応させてしまうことにもなってしまう。これは，あらゆる体育の授業において起こりうることなので注意したいところである。

　また，学習の場や学習資料は，それを使用して単なる運動技術の習得練習に子どもたちの活動を矮小化してしまうこともある。それぞれの運動の楽しさ・面白さ，つまり特性をしっかりと学習するということに向けての工夫であることを教師は忘れてはならない。そしてそれは，常に体育授業づくり全般を考えていく上で不可欠な視点なのである。

① バスケットボールの実践例

楢山　聡（北海道教育大学附属函館小学校における実践）

■ どの子もシュートをしてほしい

　バスケットボールは，子どもたちにとって大好きなスポーツのひとつであり，とくに，シュートが決まったときの喜びは格別なものがある。しかし，バスケットが高い位置にあるうえに直径45cmと小さいこと，さらに，床面に平行に設置してあるため，なかなかシュートが決まらず，得点を競い合うにも，ロースコアーでの競い合いになることも多いのが現状である。中には，ゴール下でノーマークなのに，シュートに自信がもてなくてパスをしてしまう子どももいる。

　そこで，学習の場を中心とした工夫により，どの子どももシュートをきめ，ハイスコアーで得点を競い合うバスケットボールを導びくことで，よりバスケットボールの機能的特性を味わうことをめざし，6年生を対象とした授業づくりに挑戦してみた。

■ バスケットボールの特性の把握

　バスケットボールの一般的特性には，おおよそ次のようにとらえることができる。

相対する2チームが入り乱れ，チームでたてた作戦にもとづき，手を用いてドリブルやパスなどを使ってボールを運び，ディフェンスを振り切って高い位置にある小さな円形のゴールにシュートを決め，得点を競い合うことが楽しいスポーツである。

　さらに，バスケットボールには，次のような特有の魅力がある。

① 約30秒間隔でシュートを打ち合い得点を取り合うゲームで，得点が多いほど楽しい。
② 秒単位の時間を意識してゲームを組み立てることが楽しい。
③ 狭いスペースと高さを生かした空間でプレイが展開されることが楽しい。
④ 身体接触に関する罰則が厳しいスポーツであるが，スペースを作り出すためには激しいポジション争いが展開される。

　以上の特性をふまえ，子どもから見た特性を次のようにとらえることにした。

① シュートをたくさん決めることが楽しい。
② チームの作戦を工夫し実行しながら得点を競い合うことが楽しい。
③ 狭いスペースでのパスやドリブルが難しい。
④ パスをもらう場所，出す場所を見つけるのが難しい。

これらの特性を子どもが味わうために次のような工夫をした。

■ ゲームの工夫

(1) ゴールリングのサイズを直径65cmにする。

　正規の大きさである45cmのリングでは，6分間のゲームの合計得点が10点以下の場合がほとんどである。また，シュートの本数に対して実際の得点が占める割合も低い。そのため，子どもたちの意識は「シュート技術の練習」へ向かいがちとなり，シュート練習が学習のプログラムとして多く組み入れられることになる。そうではなくて，バスケットゴールのサイズを大きくすることでシュートが入る確率を上げ，得点を多く取り合う楽しさを味わわせようと考えた。リングの大きさをいろいろ試した結果，65cmのリングだと，6分のゲームで合計得点が24〜30点になり，ほぼ30秒に1回，ゴールできることがわかった。

大きなリングをはめてシュートが入りやすくなるようにする工夫もあるが，中のリングにあたってボールがはじき出されたりするので，下の写真のようにリング自体を大きくする方がよい

(2) 高さ調節式のゴールを採用する。

　学年により投能力に差があるため，バスケットの高さを2ｍ〜2ｍ60cmまで8段階で調節できるものにした。2ｍの高さであれば小学校低学年でもボールが届き，シュートが入るようになる。

　高さを調節し，大きなリングでゲームをすると，シュートエリアに入ると積極的にシュートを打つようになり，みんながシュートを決めることができるようになった。この結果，子どもたちから「シュート練習」の必要性が消え，「どの様にシュートチャンスを

大きなリングにシュート

少し軽くて柔らかいボール

つくるのか」というノーマークづくりを工夫するようになった。このノーマークづくりが「作戦をたててゲームをする」という学習展開を可能にした。

(3) 自分たちにあったボールを選択できるようにする。

　最近では，スポーツ用品メーカーからさまざまなボールが販売されている。バスケットボールでも，大きさ，重さが異なるボールが販売されるようになった。バスケットボールの重い，硬いという問題点を払拭したプレイしやすいボールを提供すると，パスが通りやすくなり，シュートもより遠い距離から打つことができるため，子どもたちが一層バスケットボールの楽しさを味わうことができるようになった。

(4) 3on3 オールコートでゲームをする。

　バスケットボールは，狭いスペースでプレイが行われるため，パスやドリブルがカットされることが多くある。そこで，できるだけプレイスペースを広くするために，3on3 オールコートでゲームをすることにした。2 人でもプレイは可能だが，三角形をつくって攻撃をするためには 3 人のメンバーが必要である。また，4on4 になると，パスがまわってこない子どもが出てくるので，3on3 がよい。

(5) チーム編成を工夫する。

　チーム数が多くなり，コートやゲーム数の関係で，3on3 が実施困難な場合は，「6人制 3on3」にする。これは，1 チーム 6 人とし，ゲームに出る 3 人の組を 2 つつくり，どちらかのチームがシュートを決めると両チームとも 3 人組をまるごと入れ替えるものである。今回のゲームでは，30 秒に 1 ゴール入るので，30 秒間隔でチームが入れ替わり，待ち時間はさほどなかった。前半・後半で分けて行う方法も考えられるが，「6 人制 3on3」の方が素早い入れ替わりがあるため，ゲームに集中するようになり，チームへの声かけも真剣さを増すようになった。

■ 授業の実際

(1) 学習内容と学習過程の工夫

　子どもは，バスケットボールに出会ったとき，「ゲームをしたい」という思いを強くもつ。6 年生では，学習の積み重ねができているので，自分たちの思い描いたプレイをゲームで実現させ，相手チームに勝つことに喜びを感じる。そこで，次のような学習過程を設定した。

6年生バスケットボールの学習過程(8時間扱い)

	1	2	3	4	5	6	7	8
0	はじめ	ねらい① 〈リーグ戦〉 (ゲーム)		ねらい② 〈リーグ戦〉 (作戦タイム)→(ゲーム)				まとめ
45								

　ねらい①では，リーグ戦をしながら相手チームの攻撃や守備，メンバーの特徴を把握することと，自分たちの攻め方・守り方を見つけることをねらいとした。次のねらい②では，作戦タイムを取り入れ，対戦相手との戦い方を決め，攻め方・守り方を明確にし，チーム練習を通して動きを確かめてゲームに臨むという流れで，リーグ戦を行った。自分たちのチームの攻め方・守り方を高めたいのであれば，対抗戦の方が学習成果を確かめやすいが，対戦相手に対応した戦い方を学習内容とした場合，いろいろなチームと対戦する中で自分たちの戦い方を試す方がよりねらいに合うと考えた。

(2) 指導内容

　ねらい①では，相手チームの特徴を把握しながら，今の力でゲームを楽しむので，チームの分析方法と，ルールづくりを指導する必要がある。ルールづくりに関しては，5年生までに学習されているので，6年生では，チームの分析方法を重点に指導した。チームの分析は，①攻撃パターン，②守備パターン，③マークすべきプレイヤーの3点に絞り，「作戦カード」に記録していった。その時，①〜③の各要素を見とる視点を明確にした学習カードを利用することで，子どもたちは，チーム分析ができるようになっていった。

　ねらい②では，チームの分析にもとづき，相手チームとの戦い方を「作戦」として設定し，作戦実行のための練習をして，ゲームを行う。ここでの作戦は，ねらいと同じ意味をもったものとなる。この段階での指導内容は，作戦の設定の仕方と作戦実行のための練習内容や方法となる。

(3) 子どもが夢中になる指導の工夫

　子どもがゲームに夢中になるということは，プレイをしている時はもちろん，応援したり，味方に声をかけたりするのも夢中になっているからこそできることと言える。そこで，ゲームに夢中になるために，「あいことば」を設定することにした。あいことばは，チームのめあてを達成するためのキーワードとなる。今回の実践では，次のようなあいことばを設定してみた。

「シュート」……	ボールを持ったら，シュートを1番最初に考える必要がある。そこで，シュートチャンスにみんなで声を出し合うことで，シュートチャンスに気づいたり，プレイイメージを共有することになる。
「パ　ス」……	バスケットボールのパスは，タイミングとスペースが大切である。そこで，「パス」という声を出し合うことで，パスを出す子どももらう子どもも，タイミングとスペースに気づくようになる。
「作　戦」……	夢中になると作戦を忘れてしまい，結果として負けることもある。夢中になりつつも，チームの勝利のために作戦を遂行していることに夢中になるよさに気づく。

■ 今後へむけて

　発達段階を考慮して学習を積み重ねていくと，子どもはどのような作戦をたてるのかということを考えながら，とくに場の工夫をした実践を行ってきた。この実践では，子どもに過剰な負担をかけることなく，たっぷりとボールゲームの特性を追求できることを実感した。

【さらに学習を深めるために】
新谷士朗「『場づくり』は教具づくりである」『体育科教育』62巻4号，2014年，pp.22-25
　教師が学習環境を工夫する重要性について，器械運動を例にしながら「場づくり」「教具づくり」を観点に論じている。

② 走り高跳びの実践例

石川　賀崇・渡辺　あかね（岐阜県羽島市立正木小学校での実践）

■ 児童が進んで活動する走り高跳びをめざして

　走り高跳びは，リズミカルな助走からバーを跳びこすことが面白い運動である。「走る」，「跳ぶ」という2つの動作が連続して行われるため，勢いよく走るだけではタイミングが合わない。また，力強く踏み切らないとバーを跳び越すことはできない。では，児童はどうすれば走り高跳びの「面白さ」に触れることができるのであろうか。
　まずは，めざす姿のイメージをもつことが大切である。目標記録に向かってどう跳

んだらよいのか，めざす姿をもつことで学習意欲は高まるからである。児童が，踏み切り・空中動作・着地までの一連の動きの具体的なイメージをもつためには，体育館の壁や学習カードに跳び方の図を示したり，教師の示範や仲間の跳び方を見せたりすることが重要となってくる。

　なかなか上達しなければ，児童は「つまらない」という感情をもつだろう。その結果，走り高跳びは嫌いな運動のひとつになってしまう可能性がある。児童一人ひとりが，めざす姿を明確にもち，その達成に向かって多様な場で練習をすると生き生きと学習に取り組むはずである。そのためには，目標記録と具体的なめあてをもち，その達成を促すための学習環境の工夫が必要不可欠となる。

　そこでここでは，学習資料と学習の場を工夫した実践について述べ，これらを工夫した学習により大きく変容したA君の姿を紹介する。

■ 学習資料の活用

(1) 目標記録を設定するためのノモグラムの活用

　走り高跳びは，リズミカルな助走から踏み切り，バーを跳び越すことに楽しさがある。また，仲間と高さを競いながら楽しく運動することもできる。そのために，児童に目標記録をもたせることが必要である。目標があるからこそ，「達成した時の喜び」「失敗した時の悔しさ」などを感じることができるのであり，次への意欲が生まれてくるからである。

　右に示すのは目標記録を設定するための「ノモグラム」である。ノモグラムの計算式は，「0.5 ×（身長）－10 ×（50m 走のタイム）＋ 120 ＝目標記録」であり，これを用いて学習することで，個人の目標を正確に設定することができ，その達成に向けて意欲的に取り組むことができる。また，右に示した得点表を用い，目標記録との差を得点化することで，仲間との競争心が芽生える。技能の差があっても得点を競い合うことが可能となり，さらに意欲的に学習することが期待できる。

ノモグラム

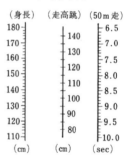

出所）品田龍吉・池田延行，
　　　1987：p.252

得点表

得点	目標記録との差		
10	20	以上	
9	15	～	19
8	10	～	14
7	5	～	9
6	0	～	4
5	－ 5	～	－ 1
4	－10	～	－ 6
3	－15	～	－11
2	－20	～	－16
1	－21	以下	

(cm)

出所）前掲に同じ

(2) 掲示資料の活用

　目標記録をもったら，それを達成するために活用する資料を示す必要がある。技術ポイントが示された資料を拡大印刷し，体育館の壁に掲示した。踏み切り，空中動作，着地までの一連の動きの具体的なイメージをもたせるために，技術ポイントを示した掲示資料を用いることは欠かせない。また，各自の学習カードの裏面にも印刷し，いつでも技術ポイントを確認できるようにした。この学習カードの図に，個人や仲間で見つけた技術ポイントを書き込み，自分が大切にすべきことを整理するように指導した。

■ 学習の場の工夫

(1) ねらい①の学習

　本実践は下に示した単元計画で進め，まずは，ねらい①「自分がきめた記録に挑戦しよう！」を中心に学習を展開した。授業のはじめに目標記録をもたせ，仲間と教え合いながら目標記録に挑戦することがねらいである。

第6学年　単元計画（5時間扱い）

時	1	2	3	4	5
学習内容	学習計画を立てる	ねらい① 自分がきめた記録に挑戦しよう！ ・目標記録に挑戦する ・グループの仲間と教え合う			記録会をする
		ねらい② 工夫した場で練習し，課題を克服しよう！ ・個の課題をはっきりさせて練習を行う ・同じめあての仲間と教え合う			学習をふり返る

　ねらい①の学習の場で，グループの仲間と教え合いながら，今もっている力でくり返し挑戦する姿がみられた。グループで活動をする際は，挑戦するバーの高さが異なる児童が混在する。そのため，児童が跳ぶたびにバーの高さを調節しなくてはならない。しかし，次頁の写真のような5cm刻みで調節できる支柱を準備することで短時間の内に高さを変更できた。また，バーを調節する児童，マットの位置を直す児童など，役割を決めておくとスムーズに学習が進み，限られた時間内で自分の目標記録を達成するために何度も挑戦することができた。

　場の配置は次頁の図のように放射状にして，外側から内側に向かって跳ぶようにし

体育館の配置図

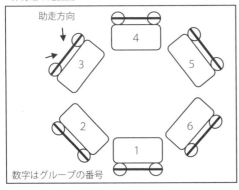

ねらい ① の学習の場

高さを調節する器具

た。これにより，跳ぶのを待っている児童は，すべてのグループの練習の様子を見ることができる。上手な児童の跳ぶ姿から跳び方のヒントを得たり，技術ポイントを思い出したりしながら高さに挑戦することができた。

(2) ねらい ② の学習

活動が進むにしたがって，目標記録をなかなか超えられなくなり，それぞれの児童に課題が生まれてくる。そこで，ねらい ② では工夫した多様な場を設定した。下の配置図が活動の一例である。

ねらい ②　学習の場　工夫した場所

一部の児童は，恐怖心からバーを越すことができず悔しい思いをしている。そこで，児童が自分の苦手克服のために，「ゴムバー」「二重のゴムバー」などを自由に設置でき，安心して練習できる場所を設けた（ねらい ② 学習の場の網掛け部分）。個に応じた練習環境を柔軟に整え，教師が一対一でかかわる場を設けることで児童が苦手を克服し，「跳べた」「楽しい」という思いをもたせることができた。

ゴムのバーを使った練習の場　　　　　二重のゴムバーを使った練習の場

　ねらい②では，グループの練習から自分の課題にあった場を選択しての練習へと変化する。たとえば，助走のリズムが合わない児童に対しては，助走する場所に輪っかを置き，リズムをつかませた。3歩のリズムから確実に行い，5歩，7歩と自分にあった助走ができるように段階的に練習した。踏み切り足に課題がある児童に対しては，踏み切り板を用いて，力強く踏み切る感覚を獲得する練習を行った。課題に応じた練習内容で活動することで，課題を追究していくことができた。同じ場所で練習する仲間の課題は似ているため，児童間の声かけも具体的になり，より技術の習得につながった。

■ A 君の変容

　多くの児童は，体育の授業は好きであるが，苦手な種目になるとやる気をなくしたり，その運動を避けたりする傾向もある。この走り高跳びもそのひとつかもしれない。まず，バーへの恐怖心がある。助走してもバーの手前で何度も立ち止まってしまう姿を見ることはよくある。しかし，本実践のように多様な場を設定することで，個

輪っかを使った練習の場　　　　　　　　踏み切り板を使った練習の場

に応じた指導が可能となる。たとえばゴムバー
を用いることで恐怖心をなくし、恐がっていた
児童も最後には竹のバーで跳ぶことができた。

A君が挑戦する様子

　本実践の過程で、教師の学習資料の準備や
工夫した場の設定、そして個に応じた指導に
よって、児童は大きく変わることができると感
じた。それは、A君の姿からである。A君は、
踏み切り足がいつも逆になり跳ぶことができな
かった。何度も何度も助走を繰り返すが、踏み
切り足が合わずにベリーロールのようになり、着地ではマットにとび込んでしまう。
泣きながら助走を繰り返す姿に、彼の必死さを感じた。

　個別に練習場所（輪っか）を設定して3歩のリズムで繰り返し助走の練習を行った。
熱心に取り組むことでリズムをつかみ、踏み切り足が決まった。着地も正しくするこ
とができ、彼の表情にも笑顔が見え始めた。徐々に、5歩7歩と自分に合った助走の
リズムを体で覚えることができたようである。単元の後半では、目標記録をめざし意
欲的に練習に励み、最終的には105cmの高さを跳び、ガッツポーズする姿を見せて
くれた。改めて、学習資料の提示、多様な場の設定、個に応じた指導が必要であるこ
とを認識した瞬間であった。

■ 実践をふり返って

　学習資料や学習の場といった学習環境を整えるのは、教師の責任である。今回の
成果を活かし、さまざまな単元において児童が使いやすい学習カードや掲示資料の作
成、多様な学習の場の工夫などを心がけて実践し、児童が意欲的に学習できるように
したい。一方で忘れてならないのは、学習環境を整えることで教師の役割は終わらな
いということである。それらをどう活用するのかを指導し、そして個に応じて適切な
技術指導や励ましの声がなければ、児童の成長は期待できないのである。

【さらに学習を深めるために】

川城健「走り高跳びの実践例」鈴木秀人他（編著）『中学校・高校の体育授業づくり入門』学
　文社、2015年、pp.238-244
　　中高生を対象としたものだが、工夫した場で行われる練習の様子が写真でわかりやすく示
　　されている。

4.7 今もっている力で踊ることから始まる ダンスの授業づくりを考える

■ 解　説

　ダンスの授業は難しい……とよく言われる。スポーツ種目のように，ボールをパスしてゴールに入れればよい，といった具体的なイメージをもつことが難しく，「自由に踊ってごらん」と言われてもどう動けばよいのかわからない。しかも，そこに「恥ずかしい」というダンス特有の阻害要因も立ちはだかる。

　ここで実践を紹介する二人の先生は，そういった難しさがあるダンスの授業で，子どもたちが夢中になって踊る授業をつくってきた。そこでの子どもの姿は，まさにダンスの楽しさ・面白さを十分に味わっている姿であり，そういった授業をつくっていくうえで行われている工夫から学ぶべきことは多い。

　模倣表現運動では，「いろいろな動物のまねをして」というところからスタートし，「好きな動物のお話をつくって」という学習へ発展させる。そして，それが子どもにとってやさしい活動になるような手だてを用意している。リズムダンスでは，動きの要素とリズムに着目し，やさしい動きとやさしいリズムへの対応から学習をスタートさせ，それを徐々に発展させている。

　ここからまず学ぶべきことは，「今もっている力で楽しむ」という，現在の体育学習が大切にしている学習過程を子どもの学習活動として具体化していくうえで，具体的に何に着目してダンスの学習をどの子も「今もっている力で楽しむ」やさしい活動にしたのかという点である。「今もっている力で自由に踊ってみよう」では，子どもにとってやさしい活動にはならないのである。

　そして，こういった点に注目してこの実践をみるならば，そこから学べることはダンスの授業づくりの工夫に止まるものではない。どの運動を取り上げる授業においても，「今もっている力で楽しむ」という学習活動を具体的に導いていくためには，ここでの実践にみられるような，それぞれの運動の学習を「今もっている力で楽しむ」やさしい活動にしていく教師の工夫が必要である。そしてそれは，教師にとって研究のひとつの焦点になるのである。

① 模倣表現運動の実践例

押領司なおみ(鹿児島県鹿児島市立大龍小学校における実践)

■ 子どもの思いや願いを大切に

子どもの興味・関心が高まり，子ども一人ひとりが自分でつくった動きで楽しく踊れる，個の思いや願いを大切にした授業を日々めざしている。

子どもたちの本単元における思いや願いとしては，いろいろな動物に変身してみたい，恥ずかしがらずに踊れるようになりたい，友達とも一緒に踊りたい，お話を作って踊りたい，といったものが多かった。

そこで，これらの子どもたちの願いや思いに対応できるよう，「オリエンテーション段階」における活動の工夫および動きの深まりに応じる学習過程の工夫という観点から，1年生を対象とした授業を実践してみた。

■ 子どもたちの意識に沿った単元計画

これまでは，単元を前半と後半に分け，前半のめあてを，めあて①「いろいろな動物のまねをして楽しく遊ぶ」，後半のめあてを，めあて②「好きな動物のお話をつくって，まねして楽しむ」とし，めあて②の活動を深めていくための準備的な場としてめあて①を位置づけていた。ところが，子どもたちはめあて①でも自分の好きな動物になって自由に踊りたいという願いをもっていたことが実態調査からわかった。

それをふまえて，本単元では，子どもたちが毎時間踊る楽しさを味わい，踊る喜びを体感できるように，めあて①ではめあて②にとらわれず，子どもたちが表現したい動きを大切にした。なお，学習前にオリエンテーション活動を明確に位置づけ，子どもたちが学習に興味をもてるようにした。

■ 授業の実際

(1) 学習に対する興味・関心を高めるオリエンテーションの工夫(第1時)

ここでは，子どもたちの早くまねしてみたいという欲求を大切にして，めあて①とめあて②の活動を実際に体験しつつ，単元全体の学習の進め方について理解させた。

① めあて①の活動(単元全体の学習については右表参照)

活動1では，「通り抜けループ」(テレビのアニメに出てくる道具)を使って，動物の世界に自由に行く体験をした。

単元計画（6時間扱い）

	主な学習活動	指　導
はじめ	学習のねらい・道すじ・学習の進め方についての見通しをもつ。 いろいろな動物を見つける。	学習の順序について知らせる。 イメージバスケットに記入させる。
な か	**めあて ①　いろいろな動物のまねをして楽しく遊ぶ。** 活動1　めあてを確かめる。 　　　　通り抜けループを使って動物の世界へ行く。 活動2　いろいろな動物になって踊る 　　　　樹木や池，岩などがある「動物の国」で踊る。 活動3　自分の動きで踊る。 活動4　まねたい動きができたら，学習ノートにシールをはって記録する。 **めあて ②　好きな動物のお話をつくってまねして楽しむ。** 活動5　好きな動物のお話を作る。 　　　・めあてを確かめる。 　　　・お話にそって踊る。 活動6　友達と見せ合い，お話をあてっこする。 　　　・繰り返し踊る。 　　　・学習ノートにシールをはって記録する。	・なりたい動物の名前を出させる。 ・意欲的に踊っているか観察する ・全身を使ってまねしているか。 ・動きを繰り返し踊っているか。 ・動き言葉を使って動いているか。 ・うまく動けない子どもへの指導。 ・いろいろな動きをまねしている。 ・動きの特徴をつかめているか。 ・学習ノートに記入させる。 動きにつながる言葉かけをする。 (例)ぞうがドシンドシンと歩いて大きな鼻をグルングルン回しながら水遊びをしているよ。 つまずいている子どもへの指導。 ・動きにつながる言葉かけ。 ・友達の動きを見てまねをさせる。 ・言葉のプレゼントをさせる。 次の時間にどんな動物のまねをするか決めさせる。
まとめ	学習のまとめをする。	学習ノートにまとめさせる。 ・楽しかったか。 ・どんな動物のまねができたか。 ・仲良くできたか。

　活動2では，樹木や池，岩など子どもたちが希望する場を設定することによって，自分たちでよりよい環境づくりをしていく体験をした。

　活動3では，「ウホウホ」「ドンドン」など，たとえばゴリラを表す動き言葉を使うことによって，動物になりきって動いたり，大きく動いたりする体験をした。

　活動4では，これまで模倣した動物を想起し，学習ノートに記入する方法を理解するとともに，めあて②で模倣したい動物を選択する活動を体験した。

② めあて②の活動

　活動5では，教師が作ったお話に合わせて踊ることによって，お話づくりの方法や

子どもたちの思いや願いに沿った学習の道すじ

		単元の流れ（6時間）			
1時間の流れ	めあて	**めあて ①** **いろいろな動物のまねをして楽しく遊ぶ。**			
	子どもの意識	**ア** 早く動きたい（題材）	**イ** 自由に踊りたい		**ウ** 体 いっぱい 使って踊りたい
	学習活動	・自分の表したいイメージをもち，広げる。 ・動物のいろいろな様子を見つけて，自由に踊って楽しむ。 ・動物の特徴をとらえ思いついた動きを踊る。 ・動物のどうしているところかとらえて踊る。動き言葉を言いながら踊る。 ・友達と見せ合ったり，まねし合ったりする。学習ノートに記入させる。			
	指導	・絵，写真等を見させてイメージをもたせる。（イメージバスケットに書かせる） ・子どものどんな動きも認め，一人ひとりが違う感じをもっていることを活かす。 ・子どものイメージがはっきりするような言葉かけをする。			
	めあて	**めあて ②** **好きな動物のお話をつくって楽しく遊ぶ。**			
	子どもの意識	**エ** 好きな動物のお話をつくりたい	**オ** お話にそって踊りたい お友達と一緒に踊りたい	**カ** もっと工夫して踊りたい	**キ** きょうは楽しかった。 次は何をするか楽しみだ
	学習活動	・好きな動物のお話をつくって，工夫して踊って楽しむ。 ・今までに踊った好きな様子を大切にしながら，お話をつないで踊って楽しむ。 ・友達と関わりながら，一緒に踊ったりする。 ・友達と見せ合って，言葉のプレゼントを交換し合う。			
	指導	・動きにつながる言葉を中心にお話をつくらせる。 ・今までにつくった動きをつないでお話をつくらせる。 ・自然発生でできたグループを認める。 ・繰り返すことで，踊りたいことがはっきりすることを知らせる。 ・どんな工夫がよかったか見つけさせる。			

お話に合わせて踊る体験をした。

　活動６では，グループで見せ合いをしたり言葉のプレゼントをすることで，友達の動きのよさや特徴的な動きに気づく体験をした。

(2) 子どもの活動の深まりに対応する指導の工夫

　めあて① では，今もっている力で，まねしたい動物を自由に選択して踊ったり，なりたい動物に次々と変身して踊ったりする楽しさを味わうことができるようにした。

その際，友達と一緒に踊ってみたいという子どもたちの願いに対応するために，一人で踊る活動だけではなく数人で踊る活動も承認した。

めあて ② では，めあて ① でいろいろな動物になりきって楽しんだ子どもたちがさらに楽しさを深めるために，踊ってみたい動物ごとにグループを作り，お話を作って踊る楽しさを味わうことができるようにした。

なお，めあて ① ・めあて ② とも単元計画の中に示した「ア・イ・ウ」「エ・オ・カ」の活動を毎時繰り返すことによって，子どもたちの動きの深まりを期待した。子どもたちの毎時における活動の様子は次の通りである。

○ 第 2 時の活動

H 君は，事前調査では表現リズム遊びに対して消極的で，授業が始まっても恥ずかしがってほとんど踊っていなかった。しかし，顔はゴリラのまねをしていたので，すかさず，「H君のゴリラの顔は本物みたいだね」と称賛した。その後H君は，腰を落としたり，手を曲げたりしてゴリラのまねをし始めた。また，周囲の友達から，「強そうなゴリラだね」と言葉のプレゼントをもらい，ますます足を強くならして歩き始めるようになった。

○ 第 3 時の活動

めあて②のお話づくりをした後，どう動いていいかわからない子もいたが，「どんな動物になりたいの」「今，何をしているところなの」等，子どものイメージがはっきりするような言葉かけをしたことにより，心の中のイメージを具体的な動きにつなげることができた。

○ 第 4・5 時の活動

めあて ① では，ほとんどの子どもが動き言葉を作ることができるようになり，動き言葉に合わせて踊る姿が見られるようになった。

めあて ② では，好きな動物を選びお話を作って動きを工夫して踊るとき顔の表情まで変えてなりきっていた。友達との見せ合いの後，よかったところをお互いに発表する言葉のプレゼントにより，顔までねこの表情になって，毛づくろいをしたり，悲しげな声を出して母親ねこを探したりし，子ねこになりきった子もいた。

○ 第 6 時の活動

本時は，単元のまとめとしてこれまで変身した動物を思い出しながら，自分の一番好きな動物になりきって踊った。どの子どもも表情まで変え，「ブラーン，ブラーン」「ペロペロ，ペローリ」などの動き言葉を使って精一杯踊っていた。

■ 実践をふりかえって

　子どもたちの思いや願いに対応し,「踊ることが楽しい授業」「全身で踊る喜びを体感しながら学習していける授業」をめざし,以下のような工夫をしてみた。

　オリエンテーションでは,めあて ① ・めあて ② の活動を体験させるとともに,途中途中で学習の進め方や学習のマナー等について理解させることによって,子どもの本学習に対する興味を高めることに努めた。次時からの活動では,子どもたちはオリエンテーションでの体験を生かし,自発的に活動を行い,表現運動の特性に触れることができたようである。

　教師の指導を子ども全員を対象としたものから,一人ひとりを対象としたものに変えていった。一人ひとりのめあてを具現化できるように言葉かけしたり,一緒に踊ってあげたりすることによって,いっそう楽しく活動できたようである。ただ,言葉かけが多くなってしまい,子どもの主体性を損ねたときもあったことが反省点である。

　子ども一人ひとりの思いや願いを汲み取り,心と体いっぱいで踊る表現運動をめざして今回の授業を行った。子どもたちは,「先生踊ることは楽しいね」「ゴリラになって大暴れしたよ」「踊るのは恥ずかしかったけど,今は大好きになったよ」等,目を輝かせながら話してくれた。この笑顔が何よりもうれしい姿である。また,子どもたちはこの学習の発展として,鹿児島県ダンス発表会に参加した。どの子も多くの観衆の前で踊る楽しさも体験できたように感じた。本実践の成果と課題をもとに,今後も踊ることが楽しい授業に迫っていきたい。

【さらに学習を深めるために】
浜崎順子「表現運動の学習指導」全国体育学習研究会編『「楽しい体育」の豊かな可能性を拓く』明和出版,2008 年,pp.150-153
　6 年生の表現運動の実践が紹介されている。本書で取り上げた低学年とはまた異なる,さまざまな工夫が理解できる。

② リズムダンス(ロックのリズムの踊り)の実践例

島田左一郎(長野県長野市立山王小学校における実践)

■ ダンスの授業づくりの難しさ

　小学校低学年の子どもは,さほど抵抗なくリズムダンスに取り組める。しかし高学

年になって初めてリズムダンスを行う子どもたちに実態調査をしたら，人に見られるととても恥ずかしいと感じている者が多く，最初にこれを取り除く必要があった。

　この恥ずかしさを取り除くために，教師には具体的な手立てがいろいろと求められる。以下は，それらを探った6年生を対象とした実践である。

■ 授業の実際

(1) 学習経験や年齢と恥ずかしさ

　まず子どもたちに「自己表現をすることは，経験が浅い者ほど恥ずかしいものである。リズムダンスは全身を使っての自己表現だから，人に見られると恥ずかしいのは当然である。しかし慣れてきたり，技能が身についてくると，人に見て貰うことが楽しさへとつながる。」ことを説明した。

(2) 学習の仲間

　「恥ずかしさ」と「学習の仲間のあり方」の関連は深い。お互いの良さを認め合い，安心して活動できる集団になるために，技能のまずい点を指摘し合うことよりも，仲間の変わった動きなどを "受け入れ合う" ことの重要さを子どもたちに訴えた。

　単元「はじめ」の段階で，自己解放をして踊っている昨年度のリズムダンス学習のVTRを見せて，子どもたちの雰囲気を盛り上げ，学習意欲を高めることに配慮した。また，子どもが動き始めたらできるだけ早い時期に，見合うことの大切さを指導し，それ以降，毎時間見合う活動を取り入れた。

(3) 技　能

　経験がなく，リズムダンスの特性を知らない子どもには，自発性・自主性を引き出すための指導活動が必要になる。具体的な動きの要素（下表）の中からいくつか提示して，動けるようにしてあげることが必要である。第1時間目から全く動けなくて苦痛の連続であったならば，それ以降の自発的な活動は期待できないからである。

　以前失敗したことであるが，動きの要素を提示する場合に，教師が動いてみせてその真似をさせたり，市販のVTRを模倣させたり，あるいは，踊るパターンを細かく

作って（作らせて）それを踊らせることからスタートさせると，それ以降も子どもたちはそのようにしてあげないと動かない。つまり，非定形の特性をもつリズムダンスでは，「決まった形を踊る」ことから「自由に踊る」ことへ移行するときに，再び時間と労力を費やさなければならなかったのである。

　今回はその反省をいかし，最初から子どもに工夫させたり考えさせたり，創造させる余地を残しながら動きの要素を提示するように心がけた。

　はじめに提示した動きの要素は，「① 歩く」である。実技の最初の時に音楽をかけても，子どもたちは全く動こうとしなかった。そこで「歩く」要素を提示する。音楽に合わせて歩くことは容易なのですぐに歩き出した。スピード（テンポ）を変えたりしながら，ストップ（ポーズ）や方向（後，横，斜など）については，子どもたちが自分自身で工夫できる余地を残しながら指示を出した。自分自身で音楽（拍）に合わせて「歩」けるようになったら，特性をより深く味わえるように，「動きの要素」の全体を提示した。子どもたち個々のめあてに応じ，色々な動き，動きの組み合わせ，場所や空間の使い方（高－低，広－狭），指先や視線（雰囲気，気分）などについて助言を行った。

　子どもたちは，より興味・関心を示し，意欲的に取り組むようになってきたので，以下に提示するリズムとの対応のしかたを紹介した。

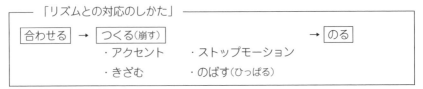

──「リズムとの対応のしかた」──
合わせる → つくる（崩す）　　　　　　　　　→ のる
　　　　　・アクセント　　・ストップモーション
　　　　　・きざむ　　　　・のばす（ひっぱる）

　音楽に合わせるのが精一杯だった子どもも，慣れるとすぐにリズムのとりかたを工夫するようになってきた。リズムに合わせるだけの時は動きが体操的であったものが，リズムを崩し出すと急にダンスらしくなってくる。

　もっと追求したいという子ども，希望する子どもには，以下の資料を紹介した。

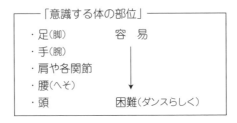

──「意識する体の部位」──
・足（脚）　　　容　易
・手（腕）
・肩や各関節
・腰（へそ）
・頭　　　　　困難（ダンスらしく）

これらを意識して踊れる子どもは，いわゆる格好良い踊りになる。さらに，顔の表情，視線の置き場所，手足の指の先，腕や首の使い方などにも意識を行き届かせるよう助言すると，ますます格好の良いリズムダンスになってきた。

(4) 単元「なか」の段階の間接的指導（カードと視聴覚機器の利用）

学級全体がある程度リズムダンスの特性に触れ，自発的に活動し出すと，驚くほど活動内容が豊かになってきた。この段階ではさらに自発性を助長させるために，各自のめあてがリズムの取りかたや動きに関わっているか，そのめあてが適切かどうかをカードに書かせることで自覚させた。

また，よい動きを見させたり，自分の動きを見返させたりするのにＶＴＲは大変に有効である。音楽機器だけでなく，VTR も子どもたちが操作できるようにした。

(5) 単元「なか」の段階の直接的指導（賞賛）

全体的に指示を控え，動きや形にもあまりこだわらず，賞賛することを中心におく指導活動を心がけた。形だけなく，感動できるダンスや活動を見つける（見抜く）ことに気を配った。

■ この授業実践でとくに心がけたこと

(1) 自己表現

即興的リズムダンスは，もともと自己表現である。したがって個人で楽しめるものである。もちろん集団で楽しむことはあるが，その場合でも，個人で楽しめなくては特性に触れた楽しみを味わったとはいえない。

以前，やはり高学年で初めてリズムダンスを行ったクラスで，グループになって人と顔を見合わせて踊りたがり，それを放任したら，輪になって話を始めたり，顔を見合わせてにやにやし，リズムダンスの特性に触れるどころか，何をしているのか疑いたくなってしまうことがあった。今回の第１時間目には，グループは作らずに，一人ひとりにして，一人で動けるようになるまで全員同じ方向を向かせて踊らせた。

(2) 教師の信念（自信）

「リズムダンスは絶対に楽しい。」動けない子がいても，「特性に触れた経験がない（乏しい）からだ。」と自分自身に言い聞かせ，「全ての子どもがリズムダンスを楽しめるんだ」という信念をもち，「どうやってその特性に触れさせようか」と考えた。

(3) 場づくり

体育館をできるだけ明るくして，はじめからお互いの動きが見えるようにし，明る

い雰囲気の中での学習を心がけた。

　音楽の音量は，他教室の学習に配慮しつつも，大きめに鳴らすようにした。子どもたちに指導の声（賞賛や助言）が通らなければいけないので，マイクを使用した。このマイクは，場の雰囲気を盛り上げることにも効果的であった。

　「ロックのリズムの踊り」という単元なので，はじめはロック調のテレビ主題歌を使用した。しかし子どもたちの興味がリズムよりメロディーや歌詞にいってしまったので，幼稚園で使う幼児向け曲集の中から選曲したら子どもたちは馬鹿にしきってしまった。そこで，ユーロビートを使用したら，動くようになった。

　原則として扱う曲（リズム）は，軽快なテンポの明るい感じで，アクセントがはっきりしているものが踊りやすい。教師が事前に選んだ中から，子どもたちに選択させた。子どもに好きな曲を持ってこさせた時も，のれる曲かどうかを学習前に確認した。

(4) スペシャリストを作らない

　単元「なか」の段階以降，個人差が大変に大きくなる。以前，上手に踊れる子をほめたら，踊れる子はますます踊り，そうでない子は全く踊らなくなった。そこで今回は，学級内の個人差が原因で自発性が乏しくなってきた時に，いったんグループ学習をやめ，実技1時間目の学習形態に戻し，「②曲げ・伸ばし」の指示を出して，全員が楽しく踊れる状況を確認してから，再びグループ学習に戻すような配慮をした。

(5) 単元学習の後半で

　子どもたちがのってくると，「もっと仲間と関わって踊りたい。」「テレビで歌手と一緒に踊っているような踊りをしたい。」「曲への振り付けをして踊りたい。」「芸能人のようにカッコよく歌いながら踊りたい。」などさまざまな欲求が出てきた。その都度振りまわされないように，単元のはじめに行った一般的特性の再確認をした。

【さらに学習を深めるために】

三浦弓枝『ダンスの学習指導』光文書院，1994年
　踊る楽しさを教えるという立場から，小学校のダンス教育の考え方がまとめられている。
島田左一郎「リズムダンスの実践例」鈴木秀人ほか編『中学校・高校の体育授業づくり入門』学文社，2015年，pp.273-277
　今もっている力で楽しむリズムダンスの実践が紹介されている。
武山有香・島田左一郎「楽しい郡上踊りの学習を創る」『体育科教育』64巻3号，2016年，pp.40-43
　これまで表現運動で多くは扱われてこなかった民舞型（郡上踊り）を取り上げており参考になる。歌詞の意味（文化性）を学びながら，その文化性をイメージして踊る学習が展開された。

4.8 新しい運動の授業づくりを考える

■ 解　説

　近年，ボールゲームを中心に，これまでの体育授業では取り上げられてこなかった新しい運動種目の授業研究が盛んに行われるようになった。ここで実践が報告されるタグラグビーはその代表的なものであり，これに加えてテニピンの実践も紹介しよう。

　こういった新しい運動を取り上げる意味には，それまであった運動では問題があったり，新しい運動によりよい学習を導く可能性が期待できるということが考えられる。タグラグビーの実践は，これまでのボールゲームではゲームに参加できない子も活躍しやすいやさしいゲームという視点，テニピンの実践も，ネット型ゲームで広く行われているソフトバレーボールのような仲間との連携が必要となるものよりも，ルールや用具の工夫によって一人ひとりが活躍できる可能性があるという視点から取り組まれたものである。

　新しい運動を取り上げる授業づくりは，こういった明確な教師の考えを前提にして行われるべきである。けれども，限られた体育授業の時間数なのに，カリキュラムに取り上げる意味が十分に検討されないままの実践も少なくない。ただ目新しいものへ挑戦するといったものではなく，その運動を授業としてつくっていく意味が問われなければならない。

　また，そういった視点をもって授業づくりを考えるということは，これまでに教えられてきた運動についても，それらをカリキュラムに取り上げる運動として絶対視するのではなく，子どもにとってよりよい学習経験をつくっていくという大きな方向に照らして，その運動での学習がはたして今後も継承されていくべきなのかを考える作業も要求することになる。とくにボールゲームについては，二大種目と言われるバスケットボールとサッカーに体育授業の経験が量的に偏ってきた面があるので，その辺りを改めて検討しつつ，新しい運動の可能性を探っていく研究が期待される領域のひとつと言えそうである。

大庭紀之（山口県山口市立阿知須小学校における実践）

■ なぜタグラグビーなのか

なぜ，タグラグビーは全国で注目されるゲームになったのであろうか。タグラグビーに期待されていることとは何であろうか。その魅力と価値を考えてみる。

(1) やさしい

タグラグビーで行うことは，ボールを持ったしっぽ取り鬼ごっこである。低学年で行ったしっぽ取り鬼の延長だとすれば，児童にとってやさしいのは当然である。

これまでのボールゲームの多くは，運動が得意な児童が得点し，苦手な児童は得点を上げることができず，ボールにもあまり触れないまま単元が終わってしまうことも少なくなかった。タグラグビーはパスを前に投げてはいけないので，パスは後ろへ後ろへと回ってくる。初めは運動が得意な児童がボールをもって走るかもしれないが，その子がタグを取られパスをし，タグを返してもらって付けている間にもゲームは進行している。この流れの中で，後ろにいることが多い運動が苦手な児童にもボールが自然と回って来ることが多く，ボールを手にする機会が他の種目に比べ多い。

さらに，タグラグビーはドリブルではなく，パスされたボールを抱えて走るだけなので誰にでもでき，得点の仕方もサッカーやバスケットのように狭いゴールにボールを入れるのではなく，広いゴールゾーンのどこでもいいから走りこめばよく，得点の仕方が簡単で特別な技能を必要としない。その結果得点場面に参加しやすくなり，運動が得意でない児童も得点を上げる機会が何度も訪れる。本学級の実践でも，これまで得点を上げていない児童は一人もいない。

作戦を遂行するのにパスやドリブルをしながら行わなくてもよく，ボールを抱えて走りながら作戦は行われるため，自分たちが考えた作戦も遂行しやすい。

(2) 男女差や個人差が少ない

これまでのボールゲームは，スポーツ少年団で経験している子とそうでない子や男子と女子では，技能差が始めからありすぎて，上手な児童や男子だけが活躍して他の児童や女子は楽しめていないことも多かった。

それに対してタグラグビーは，多くの児童にとって初めて体験するものである。経験者も少なくスタートラインが同じであるため，個人差や男女差も他のボールゲームに比べ少ないゲームであり，みんなが楽しめるゲームである。また，パスも近いとこ

ろから後ろへのパスがほとんどなので痛くなく，女子や運動が得意でない児童も不安感がなく参加できる。

(3) 結果的に得られる豊かな運動の質と量

タグラグビーでは，敵をかわすために，ステップを踏む，チェンジオブペースを行う，止まってまた走り出すといった，サッカーやバスケットボールなど他のボールゲームにもつながる価値のある動きを自然に，しかも数多く経験することができる。さらに，パスを後ろでもらうために味方の動きをよく見て動きを予測したり，味方の動きにあわせてポジションを変えたりすることを自然に行うようにもなる。

タグラグビーはボールをもったしっぽ取り鬼ごっこなので，プレイの連続と継続が特徴である。攻めではボールを持ったら走り，また守りではボールを持っている相手を追いかけるので，運動が得意な子だけでなく，どの子も結果として非常に豊かな運動量を得られる。運動が苦手な児童も知らず知らずのうちに走り，汗びっしょりになる。

(4) ルールの工夫をしやすい

タグラグビーは目の前にいる児童の実態に合わせてルールを柔軟に変更できる。たとえば，ボールを前に落とす「ノックオン」という反則は，ボールの扱いになれていないはじめの時期は緩和して行うことでゲームが途切れず，スムーズにゲームが進行する。タグをとった回数による攻守交代もはじめは行わないことで多くの得点が期待でき，その後取るタグの回数を決めると，スリリングな展開にもなっていくのである。

ルール変更の際に大切なことは，目の前にいる児童の実態にあわせることと，タグラグビーのゲームの特性を壊さないことの2点である。「児童がボールを前に投げてしまうから，初めのうちは前パスあり」というルールにしてしまうと，タグを取るというディフェンスの意味がなくなり，タグラグビーの特性は崩れてしまう。

■ 授業の実際

(1) 学習のねらい

　　○ ルールや作戦を工夫しながら，今もっている力でタグラグビーを楽しむ。

　　○ 安全に気を付け，マナーを守り，チームの仲間と協力したり教え合ったりしながら学習を進める。

(2) 学習の道すじ

　　ねらい①　みんなが楽しめるルールを工夫しながら，今できる動き方でいろいろなチームに挑戦し，リーグ戦のゲームを楽しむ。

ねらい② チームが強くなるように，攻め方や守り方を工夫しながら，同じくらい
の力のチームと対抗戦を楽しむ。

(3) 単元の計画 (8時間扱い)

時間	学習活動	教師の支援□と評価■
1 2	**オリエンテーション** ◇ボールやタグに慣れよう ・ねらいや学習の道すじを知る。 ・チーム(チーム間等質，チーム内異質)を作り，役割，準備物を確認する。 ・基本のルールや学習の進め方について話し合う。 ・ボールやタグを使った準備運動になれる。 ・試しのゲームをする。	□DVDを使って，学習の進め方やゲームの仕方を説明し，次時から自分たちで学習が進められるように，計画や役割を確認する。 ■タグラグビーに意欲をもち，学習の進め方やゲームの仕方がわかる。
3 4 5	**ねらい①** ◇今もっている力で簡単なルールでタグラグビーを楽しもう(リーグ戦) ・準備運動をする。 ・ゲーム1をする。 ・作戦タイムをする。 　ゲーム1をふり返り，ゲーム2につながるように話し合いをする。 ・ゲーム2をする。 ・チームでの反省 　次時にどのようなプレイがしたいか，今日のルールはどうであったかなどについてふり返る。 　学習カードに記入する。 ・まとめ 　全体でみんなが楽しめるためのルールの変更や確認をする。	□準備表，対戦表やゲーム計画を掲示し，スムーズに準備やゲームが進行できるようにする。 □今もっている力でゲームが楽しめるように，ボールをもったらパスをせずまず前に走る。タグを取られたらパスし，ボールの後ろ(ボールをもっている人のおしりが見える位置)に回ることを意識できるように声かけをする。 □みんなが楽しめるように，ルールを毎時間確認し，子どもの実態に即したルールを作る。 ■今もっている力で，ゲームを楽しむことができる。
6 7 8	**ねらい②** ◇攻め方や守り方を工夫しながら，ゲームを楽しもう。(対抗戦) ・チームタイム(作戦会議・練習)をする。 　チームのめあてと個人のめあての確認をする。 　チームの作戦や課題に合わせて，練習をする。 　例：1対1トライ合戦，クロス攻撃，ロングパス&キャッチ， ・ゲーム1をする。 　同じぐらいの力のチームや対戦してみたいチームとゲーム1(前半)，ゲーム2(後半)を行う。	□ねらい①でつかんだ自分のチームの特徴をもとに作戦を立てることができるように助言する。 □作戦や，練習方法の参考になるように，いくつかの作戦例や練習例を示しておく。 □よい動きがつかめていないチームは指差ししながらよい動きを教えたり助言したりすることで，よい動きのイメージをつかむことができるようにする。 □話し合い活動が停滞しているチームには，有効だった作戦やよかった動

6 7 8 つづき	・作戦タイムをする。 　作戦を考え直したり，アドバイスをしあっ 　たりする。 ・ゲーム2をする。 ・チームでの反省をする。 　作戦のふり返り（有効性，修正，次時にむけ 　て）を行う。 　学習カードに記入する。 ・まとめ 　作戦が成功したチームやいいプレーを紹介 　し，クラスの財産とする。	き，改善点などの話題を提供し，活 発な話し合いができるようにする。 □同じ相手とゲームをすることで，自 　分たちの作戦のよかった点，相手の 　作戦のよかった点をふり返り，次の 　ゲームに生かす。 □チームの作戦に名前をつけたり，う 　まくいった作戦には○をつけて自分 　たちのチームのよい作戦としてカー 　ドに記録を蓄積したりすることで， 　作戦に対する意識を高める。 ■チームの作戦をもとに，進んで楽し 　く練習やゲームに取り組んでいる。

(4) 学習指導

① オリエンテーション（2時間）

　子どもたちにとって初めての経験となるので，事前にDVDを見せたり黒板を使ったりして，ゲームの仕方や様相を詳しく説明した。タグラグビーを見たことがない子どもにも，タグラグビーのイメージをつかませやすくし，誰もが基本のルールや学習の進め方を理解できるようにし，ゲームに対する興味をもつことができるようにした。ルールを説明する中で，特にタグの扱いについて，前方へのパスの禁止について，安全についての理解を深めた。

　チーム作りは，ゲームにおいて大切な要素のひとつである。チーム力を高めるためにもチームは最後まで変えないことを子どもたちに告げ，一緒にチーム作りを行った。1チーム6人で，勝敗の未確定性を保てるように，チーム間は力が同じに（等質），チーム内は男女が混じるように（異質）作った。そして，チームごとに役割を決め，仕事内容，準備について確認した。

　その後，学習のねらいや進め方，学習カードの記入の仕方を話し合った。

　そして，準備運動で行うタグ取り鬼，円陣パス，ボール集め競争を行った。ボールに触れた子どもたちは慣れない楕円形のボールを楽しそうに触り，パスをしたり，ボールを持って走ったりしていた。

　2時間目は，1時間目に行ったタグ取り鬼等を準備運動で行い，三角パス，1対1トライ合戦を行った。その後まずは歩きながらゲームの仕方を確認し，試しのゲームを行った。

　授業後のアンケートではボールに触れなかった子どもはおらず，全員が「楽しかっ

た」、「次が楽しみ」の項目に〇をつけていた。これより以前に行ったバスケットボールの授業での同様な調査では，ボールに触れなかった子どもが6人，「楽しかったか」の質問に対して，「普通」「あまり」と答えた子どもがいたのとは対照的であった。タグラグビーのもつ魅力を実感した場面であった。

1対1トライ合戦

② **ねらい①（3時間）**

　子どもの今もっている力で，総当たり戦のゲームを行った。ボールを持って前に走る，誰にでもできるやさしいゲームを楽しむことから学習をスタートした。本学級の子どもたちの実態に合わせ，ノックオン，オフサイドなどのルールを緩和することで，反則によるゲームの中断を少なくしたり，心理的な不安を軽減したりして，だれもが積極的にゲームに参加し，ボール運動の楽しさを味わうことができた。

　授業後のアンケートでトライをとった子どもは，ねらい①の1時間目で21人（55%），3時間目までで34人（89%）となった。バスケットボールやサッカーでは単元全体を通じても得点をあげることができない子どもが多い中，タグラグビーはどの子も得点場面に参加しやすいことを物語る結果となった。

　また，毎時間ルールについてふり返り，話し合ってみんながより楽しめるルールへと変更していった。

③ **ねらい②（3時間）**

　ゲームになれた子どもたちは，自分たちでできそうな攻め方や守り方の作戦を選んだり，考えたりして対抗戦を行った。空き缶のフタを利用した作戦ボードを活用し，自分のチームの特徴を生かした作戦を考えようとしていた。その際，動き方や作戦の例を示し，試行錯誤の中でも自分たちに合った作戦を見つけていけるようにした。

　作戦が成功すると，ゲームに出ていないチームメイトも跳び上がって喜び，作戦に名前をつけてチームの宝物にしていった。

　ねらい②の時点（6/8）でトライをとれていない子どもが4人いた。子どもたちは何とかその子たちにもトライを取らせたいと作

作戦ボードの活用

ゲームの様子

戦を考え，試合に臨む姿が見られた。教師もそのチームや子どもに積極的に関わり，
（7/8）の時点で全員トライをあげることができた。運動が苦手で最後までトライができ
なかった男児も，ボールの後ろを一生懸命に走り，何度もボールに触り，何とかト
ライを取ろうとする姿に，トライ後には相手チームからも「やったー」「おめでとう」
の歓声があがった。授業を通して人間関係作りもできた場面であった。

■ 実践をふりかえって

　審判をセルフジャッジにすることで，子どもたちがゲームに出場する機会をできる
だけ確保し，自分で自分のプレーを判断してフェアプレーでゲームを楽しめた。

　ルールの変更や今までの作戦を常に掲示し，子どもたちが学級全体の財産として共
有できるようにするとともに，それらを工夫するときの参考になるようにした。

　教師はゲームや練習に積極的に関わり，子どもたちに身に付けさせたいことや，広
めたいよい動きなどを賞賛し価値づけていくような形成的評価を重視し，適時性のあ
る指導を心がけた。

　今回の実践は，はじめてタグラグビーを経験する5年生のものである。中学年で経
験しておくと，よりスムーズに導入でき，ルールや作戦を工夫したさらに高いレベル
のゲームを展開していくことが可能である。扱う学年によって，ルール作りや作戦な
ど重きを置く学習内容を変えることで，複数学年での実施も意味をもってくると考え
られる。

【さらに学習を深めるために】

鈴木秀人編著『だれでもできるタグラグビー』小学館，2009 年
　タグラグビーに焦点を当てつつ，小学校のボールゲームの授業をめぐる問題やボールゲー
　ムの分類論などが解説されている。

② テニピンの実践例

今井茂樹（東京学芸大学附属小金井小学校における実践）

■ なぜテニピンか

小学校のボールゲームは「ゴール型」「ネット型」「ベースボール型」に分類され，「ネット型」はさらに「攻守一体プレイ（テニスや卓球など）」と「連携プレイ（ソフトバレーボールなど）」に分けられる。これまでの学習指導要領解説体育編では，「攻守一体プレイ」のゲームは例示として取り上げられていなかった。それは，「① 打具を使う技術の難しさ，② 運動量の確保の難しさ，③ 場や用具の新たな準備の負担，④ 学習内容が不明瞭」などの理由から，小学校段階において難しいと考えられていたためであろう。しかしながら，「難しい」とされる攻守一体プレイに関する学術研究や実践研究は少なく，「難しさ」はこれまでの教師の印象から表出した思いともいえる。

ネット型ゲームで一般化している連携プレイのソフトバレーボールは，2008 年の学習指導要領解説体育編によれば，中学年では「ラリーを続ける」，高学年では「チームの連係による攻防」が目標とされている。けれども，実際には特定の子しかボールに触れていなくて，単発で得点が決まりラリーが続かないゲーム，一発返しや上手な子だけで返球する連係による攻防には程遠いゲームが展開されていることも少なくない。

個人でのプレイを基本とする攻守一体プレイのゲームは，特定の子どもたちだけが活躍するのではなく，一人ひとりが活躍し，個が輝ける学習の可能性があるのではないか。そのような思いで研究をしてきたのが「テニピン」である。

■ テニピンとは

テニピンとは，バドミントンコートとほぼ同じ大きさ(5m × 10m)で「手作り段ボールラケット(20cm × 20cm)」や「てのひらけっと」を手にはめ込み，ネットを挟んでスポンジボールを打ち合う，テニスとピンポンを合わせたようなゲームである。

ゲームはダブルスで行い，合計点で勝敗を競う。ペアで交互に打たなくてはいけな

いため，すべての子どもが平等にボールに触れる機会が保障されている。また，4回ラリーをして，その後の5球目以降からの攻撃を得点としているため，1得点が入るまでに全員がボールに触れることが可能となる。このルールによってゲーム中に技術
練習の要素ももたせることができ，子どもにとっては，「失敗しても大丈夫」という安心感をもちながら打ち合うことができ，技術の向上につながっている。その他，主なゲームの仕方および，はじめのルールは以下の通りである。

- ・1チームの人数は3～4人の10チームを作る（40人学級対応）。
- ・ゲーム1（前後半3分ずつ）→作戦タイム（3分）→ゲーム2（前後半3分ずつ）の流れで進め，1時間内に2回ゲームを行えるようにする。
- ・ツーバウンドまでバウンドさせてもよい。
- ・ノーバウンドのボールを打つのは単元の始めはなしにする。
- ・サービスは交互に打つようにする。
- ※子どもたちが楽しめるよう，その他ルールについて毎時間話し合い，工夫していく。

　このようなテニピンでは，直接相手に邪魔されることなく，全員均等にボールに触れる機会，同じだけ得点できる機会が保障されていることで個が輝く場面が多く見られるとともに，「返せるか」「返せないか」の攻防の結果，ラリーが続いたり，ラリーを断ち切ったりして得点する面白さを味わうことができるゲームが導きやすい。

■ 授業の実際

(1) ねらい

○ ラリーをつなげたり，ねらったところにコントロールしたりするコツを理解し，実践しながらゲームをすることができる。（知識・技能）

○ ルールを工夫しながら，自分たちにあったゲーム作りをしたり，自分の動きや相手の動きを考えた作戦を考えたりしたことを，身体や言語で表現することができる。（思考力・判断力・表現力）

○ ルールを守り，他者と対話しながら協働的に学び合うことができる。（学びに向かう力・人間性）

(2) 単元計画（第4学年　全8時間）

回	1	2	3・4・5	6・7・8
ねらい	テニピンを知る		・みんなが楽しめるルールを作る ・来たボールを打ち返し，ラリーを楽しむ	・勝つための作戦を考えてゲームをする ・状況判断のもと打ち返し，ラリーを断ち切る
主な学習活動	【オリエンテーション】 ☆テニピンについて知る ☆キャプテンを決める ☆キャプテン会議でチームを作る	1. ボール慣れ 2. 学習の進め方を知る 3. 試しのゲームをする ・10チームにわけて5コートでゲームする	1. 学習の準備・ラリーゲーム 2. 学習ポイントの確認 3. 個のめあてに応じた練習 4. ゲーム1（前後半3分） ☆個人のめあてを意識しながらゲームをしよう 5. チームの時間（作戦を考えながら） 6. ゲーム2（前後半3分） ☆チームの課題を意識しながらゲームをしよう 7. 振り返り	1. 学習の準備・ラリーゲーム 2. 学習ポイントの確認 3. 個のめあてに応じた練習 4. チームの時間（作戦を意識して） 5. ゲーム ☆状況判断をして，ボールをかえせるようにする 「ゲーム1（前後半3分）ーチームの時間（3分）ーゲーム2（前後半3分）」 6. 振り返り
ルール・作戦の変容	☆はじめのルール ・ツーバウンド以内に打つ（ノーバウンドは禁止） ・2人で交互に打つ ・サーブは自陣コートのどこから打ってもよい ・サーブは両チーム交互に行う ・4回続いたら攻撃してもよい ※ゲーム出場2人，記録1人，得点1人		〈ルールについて〉 ワンバウンドで打とう　ノーバウンドもありにしよう　サーブは上から打つのもありにしよう　最初の得点は2点にしよう 〈ゲームの様相〉 ○打つことについて（ボールを打つ時の動き） 　ふわっと山なりに打とう　深く打つには強く，浅く打つには弱く　前後左右ねらった（空いている）ところに打とう　回転 ○打点・ポジションについて（ボールを打たない時の動き） 　ボールが来たところに素早く動きキャッチORショットしよう　相手が体勢が崩れていたら前へ行こう　止まって打とう 　打った後の動きを考えよう　打った後はどうしたらよいか考えよう ○作戦（状況判断や空間認識）について 　自分が得意な打ち方で打てるようにしよう　相手の苦手なところはどこか見つけよう 　空いているスペースを創り出す・攻めるための組み立てを考えよう（前後左右のスペース，ボレーの活用） 　状況判断をして，ラリーを続けたり，断ち切ったりしよう（浅いボールは強く打って，ラリーを断ち切るなど） ※タブレット端末や学習カードを通しての分析 　作戦を考えたい（作戦カード）　止まって打てているか（打点分析）　作戦を生かしてスペースをうまく使えているか（空間分析）	
教師の支援	・最小限のルールを提示し，子どもたちで楽しいゲームをつくりあげていく視点を伝える ・テニピンの面白さに触れさせる	・みんなが楽しめるルールを考えるよう促す ・テニピンに必要な技能は何か気づかせ，定着を図る ・正確に返すためにどうするか打点の重要性に気づかせる（上手に打てる子の見本などから） ・相手コート内にボールを打ち返すことを意識させる	・ねらったところに打つ技能の必要感をもたせる ・状況に応じた簡単な作戦を考えさせる ・タブレット端末等を活用し，客観的に自分の動きや友達の動きをみて，作戦や今後のプレーにつなげさせる	

(3) 学習指導の工夫

　単元の始めは，まずやってみることを重視し，個の課題意識をもち練習に取り組むことができるように工夫した。単元後半は，個の課題に取り組みつつ，チームの作戦や状況判断に応じた動きや技能を高めていけるよう単元を構成した。

　1時間の流れは，① 個の課題に取り組む【めあて別練習】，② チームの時間，③ ゲーム，④ 振り返りとして，子どもたちの必要感に応じたシンプルな学習内容を以下のように提示した。

○ 打つ力(つなげる→強弱をつけたり，ねらったりして打つ)

　「ボールを操作する動き」：ふんわりやさしく打つ，強く打つ，ねらった所に打つ

○ 打ちやすい打点に入る力(すばやく移動する→とまって打つ)

　「ボールを持たない動き」：打ちやすい位置にすばやく移動し構え，止まって打つ

○ 状況判断力(空いているスペースを見つける→スペースを創り出す・攻める)

　前後左右のどこへ打つか，強弱をつけて打つ等の状況判断を行う

○ ルールを工夫する力(ルールや場を工夫し自分たちが楽しめるルールを創造する)

　上記の学習内容は教師の学ばせたい内容，身につけさせたい力である。こうした力を教師側が教えるのではなく，子どもたちが必要感をもって主体的に学び合い，身につけていくようにするには，学びを支える教師の手立てが不可欠となる。

　毎時間，学習課題の提示場面において，前時までに話し合われた子どもたちの学びを紹介し，全体で共有することが大切である。そして振り返りにおいても視点を明確にして話し合うことで，個々の学びが全体に共有され，学びが深まっていく。

(4) 子どもたちの学びを支える教師の手立て
① 個が輝ける魅力的な運動・教具・場の工夫

　子どもたちにとって魅力的で，興味深く，個が輝ける運動であれば，「やってみたい」と感じるのは自然なことである。そこから始まる学びは，自分の動きを知ったり，もっと上手くなりたいと思考を働かせたりする原動力となる。

　攻守一体プレイは，全員がボールに触れる機会や得点できる機会が保障される一方，個のミスが目立つ，上手い子が強く返球して得点に

なってしまう，それらの結果，ラリーが続かないといった難しさがある。テニピンの良さを活かしつつ，難しさを克服するルールの提示および，みんなが楽しめるルール作りの工夫が必要である。

② 主体性を保障する児童の必要感に応じた課題別練習

　子どもたちは，学習において個々のめあてをもっている。その個々のめあてに応じた練習の場が保障されなければ，力を高めることができず，ゲームを楽しむことはできない。ボールゲームでありがちな，全員に共通の学習課題を与えて技能を高めるド

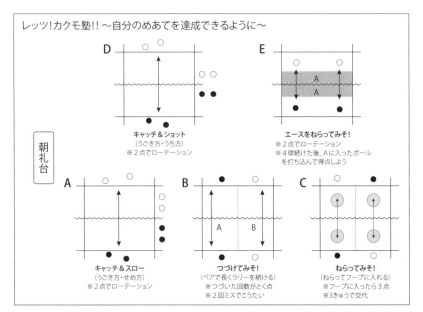

課題別練習の場

リルゲームや戦術能を高めるタスクゲーム，また一見，子どもたちの主体性を保障しているかのように見えるチームの時間は，教師が与えている学習課題であり，主体的な学びとはなりにくい。上手くなるかもしれないが，そこに面白さを味わえたと感じる子は少ないのではないだろうか。

　毎時間，子どもたちの動きや学びを振り返り，個々のめあてに応じた練習の場が保障されることで，必要感をもって学習課題に取り組むことができる。このような練習の場で技能や戦術能を高めることができれば，チームの時間においてもチームの課題に応じた練習が選択され，考えた作戦の実現が可能になる。主体的な学びを保障し，テニピンの真の面白さを子どもたちに味わわせたい。

③ 学び合いの保障

　学習課題提示の工夫「子どもたちにとって必要感のある打ち方・返し方や状況判断を中心に考える」，学習内容の明確化「打ち方・返し方，状況判断（空間認識），ルールの工夫」，カードの工夫「個人カード（個のめあて設定と振り返り），チームカード（作戦について振り返り）」，振り返りの工夫「振り返りの視点の明確化」をすることによって，学び合いが生まれるように学習環境をデザインする。

■ 実践を振り返って－テニピンの面白さとは何か－

授業を積み重ねると児童の振り返りや教師の児童の見取りから，両者の「面白さ」の考え方やとらえ方に「ズレ」が生じていることを実感することがある。その「ズレ」を重ね合わせることが，その運動に固有の「面白さ」に迫る必要条件である。

「テニピン」の実践を具体的に振り返ってみる。攻守一体プレイの面白さを「ラリーを続ける・断ち切る」と教師はとらえていたが，振り返

速いボールの打ち方「横からビュン」

りや児童の姿から児童が欲している面白さは「返せるか・返せないか」であった。このことを重点化し，学習課題「ボールを相手コートに返し，得点しよう」と設定したことにより，「つなげる時は手の平を上に向けてやさしくポン，速く打ちたい時は横からピュンと打つといいよ」「コートの真ん中に立っていると，深いボールは打ちにくいから，最初から後ろに下がっていると打ちやすいよ」「バウンド，1，2やバウンド，1，2，3のリズムを決めて打てるように，見ている人がリズムを言ってあげよう」など「ボールを返す」ことに話し合いが焦点化されていった。学びが一層深まったことで，ゲーム中に得点する喜びを味わうことができる子が増えた。

子どもたちとともに作るルールの工夫は，体育授業において重要である。しかし，運動の特性のとらえ方を教師が誤ってしまうと，本来の運動の面白さを味わわせることができなくなってしまう。たとえば，練習ゲームをメインゲームにしてしまうことなどである。運動の特性を崩さないよう教師がきちんと特性を把握し，そのうえで子どもたちとルールを工夫し，ゲーム作りをしていくことが大切である。

2017年学習指導要領解説体育編では，「バドミントンやテニスを基にした易しいゲーム」が中・高学年に記載されるようになった。今後，攻守一体プレイのネット型ゲームの授業実践が盛んになることを期待している。

【さらに学習を深めるために】

今井茂樹「攻守一体プレイゲームの系統性を探る」『体育科教育』63巻10号，大修館書店，
　2015年，pp22-25

今井茂樹『個が輝く！「テニピン」の授業づくり』東洋館出版社，2021年
　本書で紹介された実践のもととなる研究が詳しく報告されている。

【第Ⅲ章・引用文献】

秋田喜代美「教師が発達する道筋」藤岡完治・澤本和子編『授業で成長する教師』ぎょうせい，1999年，pp.27-39.

稲垣良介・岸俊行「地域河川を利用した水難事故防止学習が生徒の河川に対する認識に及ぼす影響」『安全教育学研究』第15巻1号，2015年，pp.21-26

宇土正彦『体育学習評価ハンドブック』大修館書店，1981年

宇土正彦編『体育の学習：指導の研究』光文書院，1986年

警察庁生活安全局地域課『平成28年における水難の概況』2017年

国立教育政策研究所『「指導と評価の一体化」のための学習評価に関する参考資料【小学校体育】』東洋館出版社，2020年

小林寛道「幼児期における運動の意義」日本発育発達学会『幼児期運動指針実践ガイド』杏林書院，2014年

佐藤徹「指導ポイントをどうとらえるか」金子明友監修，吉田茂・三木四郎編『教師のための運動学—運動指導の実践理論』大修館書店，1996年，pp.134-140

品田龍吉・池田延行「陸上運動」宇土正彦編『小学校　新しい体育の考え方・進め方』大修館書店，1987年

清水紀宏「外生的変革に対する学校体育経営組織の対応過程：2つの公立小学校の事例研究」『体育学研究』46巻2号，2001年，pp.163-178

杉原隆『運動指導の心理学—運動学習とモチベーションからの接近』大修館書店，2003年

杉山哲司「スポーツにおける目標志向性と攻撃性との関係」日本心理学会発表論文集，2005年

鈴木聡(2010)「小学校教師の成長における体育科授業研究の機能に関する研究—体育科授業研究会に参加する小学校教師の意識調査を手がかりとして」『体育科教育学研究』26巻2号，2010年，pp.1-16

鈴木秀人ほか編著『小学校の体育授業づくり入門』学文社，2011年

鈴木秀人・米川浩司「ラジオ体操の授業を構想する」『体育科教育』大修館書店，62巻11号，2014年

全国ラジオ体操連盟・編『ラジオ体操／みんなの体操 理論と実践』全国ラジオ体操連盟，2011年

高島稔「体育の学習(指導)の形態」宇土正彦編著『体育科教育法入門』大修館書店，1983年，pp.76-87

武田泰信『游泳童論』石原光瑋出版，1878年

竹之下休蔵ほか「計画の立て方とその考え方」『こどもと体育』33号，1980年，pp.7-15

團琢磨「バレーボール」宇土正彦編著『体育科教育法入門』大修館書店，1983年，pp.260-269

永島惇正「体育の学習と指導(自発的学習と指導)」宇土正彦・高島稔ほか編『新訂体育科教育法講義』大修館書店，2000年，pp.60-68

永島惇正「研究委員会問題提起」沖縄県大会実行委員会編『第35回全国体育学習研究協議会つみかさね』1991年，pp.9-22

中村有希(2016)「小学校教師の体育授業における安全配慮をめぐる力量についての研究」(2016(平成28)年度 東京学芸大学大学院教育学研究科修士論文，2017年

中村有希・鈴木秀人・鈴木聡(2017)「小学校教師の体育授業における安全配慮をめぐる力量に関する研究—研究教科の違いに着目して」日本体育学会第68回大会予稿集，2017年，p.256.

中村有希・鈴木直樹「小学校教師の体育授業における安全配慮の特徴：教師の発達段階に着目して」『東京学芸大学紀要芸術スポーツ科学系』(68)，2016年，pp.165-173.

日本スポーツ協会「JSPO-ACP(アクティブチャイルドプログラム)ガイドブック」2020年

(独立行政法人)日本スポーツ振興センター「学校の管理下の災害」各年版．

(独立行政法人)日本スポーツ振興センター「体育活動における事故の傾向」『平成28年度スポーツ庁委託事業スポーツ事故防止対策推進事業　学校でのスポーツ事故を防ぐために　成果報告書』2017年

長谷川悦示「体育嫌いを生まないための教師の心得と方策」『体育科教育』50巻3号，2002年，pp.22 －27

細江文利「体育授業の方法」宇土正彦監修『学校体育授業事典』大修館書店，1995年，pp.150－158

宮本美沙子編著『達成動機の心理学』金子書房，1979年

文部科学省『水泳指導の手引き（三訂版）』2014年

文部科学省『小学校学習指導要領』2017年

文部科学省『小学校学習指導要領解説　体育編』2017年

文部科学省『幼稚園教育要領』2017年

Ames, C., Achievement goals, motivational climate and motivational processes. In G.C. Robert（Ed.）, *Motivation in sport and exercise*. Human Kinetics, 1992, pp.161－176.

Ames, C. & Archer, J., Achievement goals in the classroom: Students' learning strategies and motivation processes. *Journal of Educational Psychology*, 80, 1988, pp.260－267.

Biddle, S.J.H. Enhancing Motivation in Physical Education. In Robert, G.C.（Ed.）, *Advances in motivation in sport and exercise*. Human Kinetics, 2001, pp.101－127.

Csikszentmihalyi, M., *Beyond Boredom and Anxiety*, Jossey-Bass, Inc., Publishers, 1975.（チクセントミハイ，M., 今村浩明訳『楽しみの社会学』思索社，1979年）

Epstein, J., Effective schools or effective students? Dealing with diversity. In Haskins, R & Macrae, D.（Eds.）, *Policies for America's Public Schools: Teachers, Equity, and Indicators*. Ablex Publishing corporation, 1988, pp.89 －107.

Mageau, G.A. & Vallerand, R.J., The coach-athlete relationship: a motivational model. *Journal of Sports Science*, 21, 2003, pp.883－904.

Nicholls, J.G., The General and the Specific in the Development and Expression of Achievement Motivation. In Robert, G.C.（Ed.）, *Motivation in sport and exercise*. Human Kinetics, 1992, pp.31－56.

Ryan, R.M & Deci, E.L., 1：Overview of Self-Determination Theory：An Organismic Dialectical Perspective. In Deci, E.L. & Ryan, R.M.（Eds.）, *Handbook of Self-Determination Research*. Rochester, NY：The University of Rochester Press, 2002, pp.3－33.

Pelletier L. G., Fortier M. S., Tuson K. M., Briere, N. M. & Blasis, M.R. , *Journal of Sport & Exercise Psychology*, 17,1995, pp.35－53.

Schmidt, R.A., *Motor learning and performance:from principle to practice*. Human Kinetics, 1991.（シュミット，R. A., 調枝孝治監訳『運動学習とパフォーマンス―理論から実践へ』大修館書店，1994年）

小学校学習指導要領(抄)

平成 29 年
文部科学省

第1章　総　則
第1　小学校教育の基本と教育課程の役割

1　各学校においては，教育基本法及び学校教育法その他の法令並びにこの章以下に示すところに従い，児童の人間として調和のとれた育成を目指し，児童の心身の発達の段階や特性及び学校や地域の実態を十分考慮して，適切な教育課程を編成するものとし，これらに掲げる目標を達成するよう教育を行うものとする。

2　学校の教育活動を進めるに当たっては，各学校において，第3の1に示す主体的・対話的で深い学びの実現に向けた授業改善を通して，創意工夫を生かした特色ある教育活動を展開する中で，次の(1)から(3)までに掲げる事項の実現を図り，児童に生きる力を育むことを目指すものとする。(1) 基礎的・基本的な知識及び技能を確実に習得させ，これらを活用して課題を解決するために必要な思考力，判断力，表現力等を育むとともに，主体的に学習に取り組む態度を養い，個性を生かし多様な人々との協働を促す教育の充実に努めること。その際，児童の発達の段階を考慮して，児童の言語活動など，学習の基盤をつくる活動を充実するとともに，家庭との連携を図りながら，児童の学習習慣が確立するよう配慮すること。

(2) 道徳教育や体験活動，多様な表現や鑑賞の活動等を通して，豊かな心や創造性の涵養を目指した教育の充実に努めること。

　学校における道徳教育は，特別の教科である道徳(以下「道徳科」という。)を要として学校の教育活動全体を通じて行うものであり，道徳科はもとより，各教科，外国語活動，総合的な学習の時間及び特別活動のそれぞれの特質に応じて，児童の発達の段階を考慮して，適切な指導を行うこと。

　道徳教育は，教育基本法及び学校教育法に定められた教育の根本精神に基づき，自己の生き方を考え，主体的な判断の下に行動し，自立した人間として他者と共によりよく生きるための基盤となる道徳性を養うことを目標とすること。

　道徳教育を進めるに当たっては，人間尊重の精神と生命に対する畏敬の念を家庭，学校，その他社会における具体的な生活の中に生かし，豊かな心をもち，伝統と文化を尊重し，それらを育んできた我が国と郷土を愛し，個性豊かな文化の創造を図るとともに，平和で民主的な国家及び社会の形成者として，公共の精神を尊び，社会及び国家の発展に努め，他国を尊重し，国際社会の平和と発展や環境の保全に貢献し未来を拓く主体性のある日本人の育成に資することとなるよう特に留意すること。

(3) 学校における体育・健康に関する指導を，児童の発達の段階を考慮して，学校の教育活動全体を通じて適切に行うことにより，健康で安全な生活と豊かなスポーツライフの実現を目指した教育の充実に努めること。特に，学校における食育の推進並びに体力の向上に関する指導，安全に関する指導及び心身の健康の保持増進に関する指導については，体育科，家庭科及び特別活動の時間はもとより，各教科，道徳科，外国語活動及び総合的な学習の時間などにおいてもそれぞれの特質に応じて適切に行うよう努めること。また，それらの指導を通して，家庭や地域社会との連携を図りながら，日常生活において適切な体育・健康に関する活動の実践を促し，生涯を通じて健康・安全で活力ある生活を送るための基礎が培われるよう配慮すること。

3　2の(1)から(3)までに掲げる事項の実現を図り，豊かな創造性を備え持続可能な社会の創り手となることが期待される児童に，生きる力を育むことを目指すに当たっては，学校教育全体並びに各教科，道徳科，外国語活動，総合的な学習の時間及び特別活動(以下「各教科等」という。)において，特別活動については学級活動(学校給食に係るものを除く。)

に限る。)の指導を通してどのような資質・能力の育成を目指すのかを明確にしながら，教育活動の充実を図るものとする。その際，児童の発達の段階や特性等を踏まえつつ，次に掲げることが偏りなく実現できるようにするものとする。

(1) 知識及び技能が習得されるようにすること。

(2) 思考力，判断力，表現力等を育成すること。

(3) 学びに向かう力，人間性等を涵養すること。

4　各学校においては，児童や学校，地域の実態を適切に把握し，教育の目的や目標の実現に必要な教育の内容等を教科等横断的な視点で組み立てていくこと，教育課程の実施状況を評価してその改善を図っていくこと，教育課程の実施に必要な人的又は物的な体制を確保するとともにその改善を図っていくことなどを通して，教育課程に基づき組織的かつ計画的に各学校の教育活動の質の向上を図っていくこと(以下「カリキュラム・マネジメント」という。)に努めるものとする。

(中略)

第9節　体　育

第1　目　標

　体育や保健の見方・考え方を働かせ，課題を見付け，その解決に向けた学習過程を通して，心と体を一体として捉え，生涯にわたって心身の健康を保持増進し豊かなスポーツライフを実現するための資質・能力を次のとおり育成することを目指す。

(1) その特性に応じた各種の運動の行い方及び身近な生活における健康・安全について理解するとともに，基本的な動きや技能を身に付けるようにする。

(2) 運動や健康についての自己の課題を見付け，その解決に向けて思考し判断するとともに，他者に伝える力を養う。

(3) 運動に親しむとともに健康の保持増進と体力の向上を目指し，楽しく明るい生活を営む態度を養う。

第2　各学年の目標及び内容

〔第1学年及び第2学年〕

1　目　標

(1) 各種の運動遊びの楽しさに触れ，その行い方を知るとともに，基本的な動きを身に付けるようにする。

(2) 各種の運動遊びの行い方を工夫するとともに，考えたことを他者に伝える力を養う。

(3) 各種の運動遊びに進んで取り組み，きまりを守り誰とでも仲よく運動をしたり，健康・安全に留意したりし，意欲的に運動をする態度を養う。

2　内　容

A　体つくりの運動遊び

体つくりの運動遊びについて，次の事項を身に付けることができるよう指導する。

(1) 次の運動遊びの楽しさに触れ，その行い方を知るとともに，体を動かす心地よさを味わったり，基本的な動きを身に付けたりすること。

ア体ほぐしの運動遊びでは，手軽な運動遊びを行い，心と体の変化に気付いたり，みんなで関わり合ったりすること。

イ多様な動きをつくる運動遊びでは，体のバランスをとる動き，体を移動する動き，用具を操作する動き，力試しの動きをすること。

(2) 体をほぐしたり多様な動きをつくったりする遊び方を工夫するとともに，考えたことを友達に伝えること。

(3) 運動遊びに進んで取り組み，きまりを守り誰とでも仲よく運動をしたり，場の安全に気を付けたりすること。

B　器械・器具を使っての運動遊び

器械・器具を使っての運動遊びについて，次の事項を身に付けることができるよう指導する。

(1) 次の運動遊びの楽しさに触れ，その行い方を知るとともに，その動きを身に付けること。

ア　固定施設を使った運動遊びでは，登り下りや懸垂移行，渡り歩きや跳び下りをすること。

イ　マットを使った運動遊びでは，いろいろな方向への転がり，手で支えての体の保持や回転をすること。

ウ　鉄棒を使った運動遊びでは，支持しての揺れや上がり下り，ぶら下がりや易しい回転をすること。

エ　跳び箱を使った運動遊びでは，跳び乗りや跳び下り，手を着いてのまたぎ乗りやまたぎ下りをすること。

(2) 器械・器具を用いた簡単な遊び方を工夫するとともに，考えたことを友達に伝えること。

(3) 運動遊びに進んで取り組み，順番やきまりを守り誰とでも仲よく運動をしたり，場や器械・器具の安全に気を付けたりすること。

C　走・跳の運動遊び

走・跳の運動遊びについて，次の事項を身に付けることができるよう指導する。

(1) 次の運動遊びの楽しさに触れ，その行い方を知るとともに，その動きを身に付けること。

ア　走の運動遊びでは，いろいろな方向に走ったり，低い障害物を走り越えたりすること。

イ　跳の運動遊びでは，前方や上方に跳んだり，連続して跳んだりすること。

(2) 走ったり跳んだりする簡単な遊び方を工夫するとともに，考えたことを友達に伝えること。

(3) 運動遊びに進んで取り組み，順番やきまりを守り誰とでも仲よく運動をしたり，勝敗を受け入れたり，場の安全に気を付けたりすること。

D　水遊び

水遊びについて，次の事項を身に付けることができるよう指導する。

(1) 次の運動遊びの楽しさに触れ，その行い方を知るとともに，その動きを身に付けること。

ア　水の中を移動する運動遊びでは，水につかって歩いたり走ったりすること。

イ　もぐる・浮く運動遊びでは，息を止めたり吐いたりしながら，水にもぐったり浮いたりすること。

(2) 水の中を移動したり，もぐったり浮いたりする簡単な遊び方を工夫するとともに，考えたことを友達に伝えること。

(3) 運動遊びに進んで取り組み，順番やきまりを守り誰とでも仲よく運動をしたり，水遊びの心得を守って安全に気を付けたりすること。

E　ゲーム

ゲームについて，次の事項を身に付けることができるよう指導する。

(1) 次の運動遊びの楽しさに触れ，その行い方を知るとともに，易しいゲームをすること。

ア　ボールゲームでは，簡単なボール操作と攻めや守りの動きによって，易しいゲームをすること。

イ　鬼遊びでは，一定の区域で，逃げる，追いかける，陣地を取り合うなどをすること。

(2) 簡単な規則を工夫したり，攻め方を選んだりするとともに，考えたことを友達に伝えること。

と。

(3) 運動遊びに進んで取り組み，規則を守り誰とでも仲よく運動をしたり，勝敗を受け入れたり，場や用具の安全に気を付けたりすること。

F　表現リズム遊び

表現リズム遊びについて，次の事項を身に付けることができるよう指導する。

(1) 次の運動遊びの楽しさに触れ，その行い方を知るとともに，題材になりきったりリズムに乗ったりして踊ること。

ア　表現遊びでは，身近な題材の特徴を捉え，全身で踊ること。

イ　リズム遊びでは，軽快なリズムに乗って踊ること。

(2) 身近な題材の特徴を捉えて踊ったり，軽快なリズムに乗って踊ったりする簡単な踊り方を工夫するとともに，考えたことを友達に伝えること。

(3) 運動遊びに進んで取り組み，誰とでも仲よく踊ったり，場の安全に気を付けたりすること。

3　内容の取扱い

(1) 内容の「A体つくりの運動遊び」については，2学年間にわたって指導するものとする。

(2) 内容の「C走・跳の運動遊び」については，児童の実態に応じて投の運動遊びを加えて指導することができる。

(3) 内容の「F表現リズム遊び」の(1)のイについては，簡単なフォークダンスを含めて指導することができる。

(4) 学校や地域の実態に応じて歌や運動を伴う伝承遊び及び自然の中での運動遊びを加えて指導することができる。

(5) 各領域の各内容については，運動と健康が関わっていることについての具体的な考えがもてるよう指導すること。

〔第3学年及び第4学年〕

1　目　標

(1) 各種の運動の楽しさや喜びに触れ，その行い方及び健康で安全な生活や体の発育・発達について理解するとともに，基本的な動きや技能を身に付けるようにする。

(2) 自己の運動や身近な生活における健康の課題を見付け，その解決のための方法や活動を工夫するとともに，考えたことを他者に伝える力を養う。

(3) 各種の運動に進んで取り組み，きまりを守

り誰とでも仲よく運動をしたり，友達の考えを認めたり，場や用具の安全に留意したりし，最後まで努力して運動をする態度を養う。また，健康の大切さに気付き，自己の健康の保持増進に進んで取り組む態度を養う。

2 内 容

A 体つくり運動

体つくり運動について，次の事項を身に付けることができるよう指導する。

(1) 次の運動の楽しさや喜びに触れ，その行い方を知るとともに，体を動かす心地よさを味わったり，基本的な動きを身に付けたりすること。

ア 体ほぐしの運動では，手軽な運動を行い，心と体の変化に気付いたり，みんなで関わり合ったりすること。

イ 多様な動きをつくる運動では，体のバランスをとる動き，体を移動する動き，用具を操作する動き，力試しの動きをし，それらを組み合わせること。

(2) 自己の課題を見付け，その解決のための活動を工夫するとともに，考えたことを友達に伝えること。

(3) 運動に進んで取り組み，きまりを守り誰とでも仲よく運動をしたり，友達の考えを認めたり，場や用具の安全に気を付けたりすること。

B 器械運動

器械運動について，次の事項を身に付けることができるよう指導する。

(1) 次の運動の楽しさや喜びに触れ，その行い方を知るとともに，その技を身に付けること。

ア マット運動では，回転系や巧技系の基本的な技をすること。

イ 鉄棒運動では，支持系の基本的な技をすること。

ウ 跳び箱運動では，切り返し系や回転系の基本的な技をすること。

(2) 自己の能力に適した課題を見付け，技ができるようになるための活動を工夫するとともに，考えたことを友達に伝えること。

(3) 運動に進んで取り組み，きまりを守り誰とでも仲よく運動をしたり，友達の考えを認めたり，場や器械・器具の安全に気を付けたりすること。

C 走・跳の運動

走・跳の運動について，次の事項を身に付けることができるよう指導する。

(1) 次の運動の楽しさや喜びに触れ，その行い方を知るとともに，その動きを身に付けること。

ア かけっこ・リレーでは，調子よく走ったりバトンの受渡しをしたりすること。

イ 小型ハードル走では，小型ハードルを調子よく走り越えること。

ウ 幅跳びでは，短い助走から踏み切って跳ぶこと。

エ 高跳びでは，短い助走から踏み切って跳ぶこと。

(2) 自己の能力に適した課題を見付け，動きを身に付けるための活動や競争の仕方を工夫するとともに，考えたことを友達に伝えること。

(3) 運動に進んで取り組み，きまりを守り誰とでも仲よく運動をしたり，勝敗を受け入れたり，友達の考えを認めたり，場や用具の安全に気を付けたりすること。

D 水泳運動

水泳運動について，次の事項を身に付けることができるよう指導する。

(1) 次の運動の楽しさや喜びに触れ，その行い方を知るとともに，その動きを身に付けること。

ア 浮いて進む運動では，け伸びや初歩的な泳ぎをすること。

イ もぐる・浮く運動では，息を止めたり吐いたりしながら，いろいろなもぐり方や浮き方をすること。

(2) 自己の能力に適した課題を見付け，水の中での動きを身に付けるための活動を工夫するとともに，考えたことを友達に伝えること。

(3) 運動に進んで取り組み，きまりを守り誰とでも仲よく運動をしたり，友達の考えを認めたり，水泳運動の心得を守って安全に気を付けたりすること。

E ゲーム

ゲームについて，次の事項を身に付けることができるよう指導する。

(1) 次の運動の楽しさや喜びに触れ，その行い方を知るとともに，易しいゲームをすること。

ア ゴール型ゲームでは，基本的なボール操作とボールを持たないときの動きによって，易しいゲームをすること。

イ ネット型ゲームでは，基本的なボール操作とボールを操作できる位置に体を移動する動きによって，易しいゲームをすること。

ウ ベースボール型ゲームでは，蹴る，打つ，捕る，投げるなどのボール操作と得点をとったり防いだりする動きによって，易しいゲームをすること。
(2) 規則を工夫したり，ゲームの型に応じた簡単な作戦を選んだりするとともに，考えたことを友達に伝えること。
(3) 運動に進んで取り組み，規則を守り誰とでも仲よく運動をしたり，勝敗を受け入れたり，友達の考えを認めたり，場や用具の安全に気を付けたりすること。

F 表現運動
表現運動について，次の事項を身に付けることができるよう指導する。
(1) 次の運動の楽しさや喜びに触れ，その行い方を知るとともに，表したい感じを表現したりリズムに乗ったりして踊ること。
ア 表現では，身近な生活などの題材からその主な特徴を捉え，表したい感じをひと流れの動きで踊ること。
イ リズムダンスでは，軽快なリズムに乗って全身で踊ること。
(2) 自己の能力に適した課題を見付け，題材やリズムの特徴を捉えた踊り方や交流の仕方を工夫するとともに，考えたことを友達に伝えること。
(3) 運動に進んで取り組み，誰とでも仲よく踊ったり，友達の動きや考えを認めたり，場の安全に気を付けたりすること。

G 保健
(1) 健康な生活について，課題を見付け，その解決を目指した活動を通して，次の事項を身に付けることができるよう指導する。
ア 健康な生活について理解すること。
(ア) 心や体の調子がよいなどの健康の状態は，主体の要因や周囲の環境の要因が関わっていること。
(イ) 毎日を健康に過ごすには，運動，食事，休養及び睡眠の調和のとれた生活を続けること，また，体の清潔を保つことなどが必要であること。
(ウ) 毎日を健康に過ごすには，明るさの調節，換気などの生活環境を整えることなどが必要であること。
イ 健康な生活について課題を見付け，その解決に向けて考え，それを表現すること。
(2) 体の発育・発達について，課題を見付け，

その解決を目指した活動を通して，次の事項を身に付けることができるよう指導する。
ア 体の発育・発達について理解すること。
(ア) 体は，年齢に伴って変化すること。また，体の発育・発達には，個人差があること。
(イ) 体は，思春期になると次第に大人の体に近づき，体つきが変わったり，初経，精通などが起こったりすること。また，異性への関心が芽生えること。
(ウ) 体をよりよく発育・発達させるには，適切な運動，食事，休養及び睡眠が必要であること。
イ 体がよりよく発育・発達するために，課題を見付け，その解決に向けて考え，それを表現すること。

3 内容の取扱い
(1) 内容の「A 体つくり運動」については，2学年間にわたって指導するものとする。
(2) 内容の「C 走・跳の運動」については，児童の実態に応じて投の運動を加えて指導することができる。
(3) 内容の「E ゲーム」の(1)のアについては，味方チームと相手チームが入り交じって得点を取り合うゲーム及び陣地を取り合うゲームを取り扱うものとする。
(4) 内容の「F 表現運動」の(1)については，学校や地域の実態に応じてフォークダンスを加えて指導することができる。
(5) 内容の「G 保健」については，(1)を第3学年，(2)を第4学年で指導するものとする。
(6) 内容の「G 保健」の(1)については，学校でも，健康診断や学校給食など様々な活動が行われていることについて触れるものとする。
(7) 内容の「G 保健」の(2)については，自分と他の人では発育・発達などに違いがあることに気付き，それらを肯定的に受け止めることが大切であることについて触れるものとする。
(8) 各領域の各内容については，運動と健康が密接に関連していることについての具体的な考えがもてるよう指導すること。

〔第5学年及び第6学年〕
1 目標
(1) 各種の運動の楽しさや喜びを味わい，その行い方及び心の健康やけがの防止，病気の予防について理解するとともに，各種の運動の特性に応じた基本的な技能及び健康で安全な生活を営むための技能を身に付けるようにす

る。
(2) 自己やグループの運動の課題や身近な健康に関わる課題を見付け，その解決のための方法や活動を工夫するとともに，自己や仲間の考えたことを他者に伝える力を養う。
(3) 各種の運動に積極的に取り組み，約束を守り助け合って運動をしたり，仲間の考えや取組を認めたり，場や用具の安全に留意したりし，自己の最善を尽くして運動をする態度を養う。また，健康・安全の大切さに気付き，自己の健康の保持増進や回復に進んで取り組む態度を養う。

2　内　容

A　体つくり運動

体つくり運動について，次の事項を身に付けることができるよう指導する。
(1) 次の運動の楽しさや喜びを味わい，その行い方を理解するとともに，体を動かす心地よさを味わったり，体の動きを高めたりすること。
ア　体ほぐしの運動では，手軽な運動を行い，心と体との関係に気付いたり，仲間と関わり合ったりすること。
イ　体の動きを高める運動では，ねらいに応じて，体の柔らかさ，巧みな動き，力強い動き，動きを持続する能力を高めるための運動をすること。
(2) 自己の体の状態や体力に応じて，運動の行い方を工夫するとともに，自己や仲間の考えたことを他者に伝えること。
(3) 運動に積極的に取り組み，約束を守り助け合って運動をしたり，仲間の考えや取組を認めたり，場や用具の安全に気を配ったりすること。

B　器械運動

器械運動について，次の事項を身に付けることができるよう指導する。(1) 次の運動の楽しさや喜びを味わい，その行い方を理解するとともに，その技を身に付けること。
ア　マット運動では，回転系や巧技系の基本的な技を安定して行ったり，その発展技を行ったり，それらを繰り返したり組み合わせたりすること。
イ　鉄棒運動では，支持系の基本的な技を安定して行ったり，その発展技を行ったり，それらを繰り返したり組み合わせたりすること。
ウ　跳び箱運動では，切り返し系や回転系の基本的な技を安定して行ったり，その発展技を

行ったりすること。
(2) 自己の能力に適した課題の解決の仕方や技の組み合わせ方を工夫するとともに，自己や仲間の考えたことを他者に伝えること。
(3) 運動に積極的に取り組み，約束を守り助け合って運動をしたり，仲間の考えや取組を認めたり，場や器械・器具の安全に気を配ったりすること。

C　陸上運動

陸上運動について，次の事項を身に付けることができるよう指導する。
(1) 次の運動の楽しさや喜びを味わい，その行い方を理解するとともに，その技能を身に付けること。
ア　短距離走・リレーでは，一定の距離を全力で走ったり，滑らかなバトンの受渡しをしたりすること。
イ　ハードル走では，ハードルをリズミカルに走り越えること。
ウ　走り幅跳びでは，リズミカルな助走から踏み切って跳ぶこと。
エ　走り高跳びでは，リズミカルな助走から踏み切って跳ぶこと。
(2) 自己の能力に適した課題の解決の仕方，競争や記録への挑戦の仕方を工夫するとともに，自己や仲間の考えたことを他者に伝えること。
(3) 運動に積極的に取り組み，約束を守り助け合って運動をしたり，勝敗を受け入れたり，仲間の考えや取組を認めたり，場や用具の安全に気を配ったりすること。

D　水泳運動

水泳運動について，次の事項を身に付けることができるよう指導する。
(1) 次の運動の楽しさや喜びを味わい，その行い方を理解するとともに，その技能を身に付けること。
ア　クロールでは，手や足の動きに呼吸を合わせて続けて長く泳ぐこと。
イ　平泳ぎでは，手や足の動きに呼吸を合わせて続けて長く泳ぐこと。
ウ　安全確保につながる運動では，背浮きや浮き沈みをしながら続けて長く浮くこと。
(2) 自己の能力に適した課題の解決の仕方や記録への挑戦の仕方を工夫するとともに，自己や仲間の考えたことを他者に伝えること。
(3) 運動に積極的に取り組み，約束を守り助け

合って運動をしたり，仲間の考えや取組を認めたり，水泳運動の心得を守って安全に気を配ったりすること。

E　ボール運動

ボール運動について，次の事項を身に付けることができるよう指導する。

(1) 次の運動の楽しさや喜びを味わい，その行い方を理解するとともに，その技能を身に付け，簡易化されたゲームをすること。

ア　ゴール型では，ボール操作とボールを持たないときの動きによって，簡易化されたゲームをすること。

イ　ネット型では，個人やチームによる攻撃と守備によって，簡易化されたゲームをすること。

ウ　ベースボール型では，ボールを打つ攻撃と隊形をとった守備によって，簡易化されたゲームをすること。

(2) ルールを工夫したり，自己やチームの特徴に応じた作戦を選んだりするとともに，自己や仲間の考えたことを他者に伝えること。

(3) 運動に積極的に取り組み，ルールを守り助け合って運動をしたり，勝敗を受け入れたり，仲間の考えや取組を認めたり，場や用具の安全に気を配ったりすること。

F　表現運動

表現運動について，次の事項を身に付けることができるよう指導する。

(1) 次の運動の楽しさや喜びを味わい，その行い方を理解するとともに，表したい感じを表現したり踊りで交流したりすること。

ア　表現では，いろいろな題材からそれらの主な特徴を捉え，表したい感じをひと流れの動きで即興的に踊ったり，簡単なひとまとまりの動きにして踊ったりすること。

イ　フォークダンスでは，日本の民踊や外国の踊りから，それらの踊り方の特徴を捉え，音楽に合わせて簡単なステップや動きで踊ること。

(2) 自己やグループの課題の解決に向けて，表したい内容や踊りの特徴を捉えた練習や発表・交流の仕方を工夫するとともに，自己や仲間の考えたことを他者に伝えること。

(3) 運動に積極的に取り組み，互いのよさを認め合い助け合って踊ったり，場の安全に気を配ったりすること。

G　保　健

(1) 心の健康について，課題を見付け，その解決を目指した活動を通して，次の事項を身に付けることができるよう指導する。

ア　心の発達及び不安や悩みへの対処について理解するとともに，簡単な対処をすること。

(ア) 心は，いろいろな生活経験を通して，年齢に伴って発達すること。

(イ) 心と体には，密接な関係があること。

(ウ) 不安や悩みへの対処には，大人や友達に相談する，仲間と遊ぶ，運動をするなどいろいろな方法があること。

イ　心の健康について，課題を見付け，その解決に向けて思考し判断するとともに，それらを表現すること。

(2) けがの防止について，課題を見付け，その解決を目指した活動を通して，次の事項を身に付けることができるよう指導する。

ア　けがの防止に関する次の事項を理解するとともに，けがなどの簡単な手当をすること。

(ア) 交通事故や身の回りの生活の危険が原因となって起こるけがの防止には，周囲の危険に気付くこと，的確な判断の下に安全に行動すること，環境を安全に整えることが必要であること。

(イ) けがなどの簡単な手当は，速やかに行う必要があること。

イ　けがを防止するために，危険の予測や回避の方法を考え，それらを表現すること。

(3) 病気の予防について，課題を見付け，その解決を目指した活動を通して，次の事項を身に付けることができるよう指導する。

ア　病気の予防について理解すること。

(ア) 病気は，病原体，体の抵抗力，生活行動，環境が関わりあって起こること。

(イ) 病原体が主な要因となって起こる病気の予防には，病原体が体に入るのを防ぐことや病原体に対する体の抵抗力を高めることが必要であること。

(ウ) 生活習慣病など生活行動が主な要因となって起こる病気の予防には，適切な運動，栄養の偏りのない食事をとること，口腔の衛生を保つことなど，望ましい生活習慣を身に付ける必要があること。

(エ) 喫煙，飲酒，薬物乱用などの行為は，健康を損なう原因となること。

(オ) 地域では，保健に関わる様々な活動が行われていること。

イ　病気を予防するために，課題を見付け，そ

の解決に向けて思考し判断
するとともに，それらを表現すること。
3　内容の取扱い
(1) 内容の「A体つくり運動」については，2
学年間にわたって指導するものとする。また，
(1)のイについては，体の柔らかさ及び巧みな
動きを高めることに重点を置いて指導するもの
とする。その際，音楽に合わせて運動をする
などの工夫を図ること。
(2) 内容の「A体つくり運動」の(1)のアと「G
保健」の(1)のアの(ウ)については，相互の関連
を図って指導するものとする。
(3) 内容の「C陸上運動」については，児童の
実態に応じて，投の運動を加えて指導するこ
とができる。
(4) 内容の「D水泳運動」の(1)のア及びイに
ついては，水中からのスタートを指導するもの
とする。また，学校の実態に応じて背泳ぎを
加えて指導することができる。
(5) 内容の「Eボール運動」の(1)については，
アはバスケットボール及びサッカーを，イはソ
フトバレーボールを，ウはソフトボールを主と
して取り扱うものとするが，これらに替えて
ハンドボール，タグラグビー，フラッグフット
ボールなどア，イ及びウの型に応じたその他
のボール運動を指導することもできるものとす
る。なお，学校の実態に応じてウは取り扱わ
ないことができる。
(6) 内容の「F表現運動」の(1)については，
学校や地域の実態に応じてリズムダンスを加
えて指導することができる。
(7) 内容の「G保健」については，(1)及び(2)
を第5学年，(3)を第6学年で指導するものと
する。また，けがや病気からの回復について
も触れるものとする。
(8) 内容の「G保健」の(3)のアの(エ)の薬物に
ついては，有機溶剤の心身への影響を中心に
取り扱うものとする。また，覚醒剤等について
も触れるものとする。
(9) 各領域の各内容については，運動領域と保
健領域との関連を図る指導に留意すること。

第3　指導計画の作成と内容の取扱い
1　指導計画の作成に当たっては，次の事項に
配慮するものとする。
(1) 単元など内容や時間のまとまりを見通し
て，その中で育む資質・能力の育成に向け

て，児童の主体的・対話的で深い学びの実現
を図るようにすること。その際，体育や保健の
見方・考え方を働かせ，運動や健康について
の自己の課題を見付け，その解決のための活
動を選んだり工夫したりする活動の充実を図
ること。また，運動の楽しさや喜びを味わった
り，健康の大切さを実感したりすることができ
るよう留意すること。
(2) 一部の領域の指導に偏ることのないよう授
業時数を配当すること。
(3) 第2の第3学年及び第4学年の内容の「G
保健」に配当する授業時数は，2学年間で8単
位時間程度，また，第2の第5学年及び第6
学年の内容の「G保健」に配当する授業時数
は，2学年間で16単位時間程度とすること。
(4) 第2の第3学年及び第4学年の内容の「G
保健」並びに第5学年及び第6学年の内容の
「G保健」(以下「保健」という。)については，
効果的な学習が行われるよう適切な時期に，
ある程度まとまった時間を配当すること。
(5) 低学年においては，第1章総則の第2の4
の(1)を踏まえ，他教科等との関連を積極的に
図り，指導の効果を高めるようにするととも
に，幼稚園教育要領等に示す幼児期の終わり
までに育ってほしい姿との関連を考慮するこ
と。特に，小学校入学当初においては，生活
科を中心とした合科的・関連的な指導や，弾
力的な時間割の設定を行うなどの工夫をする
こと。
(6) 障害のある児童などについては，学習活動
を行う場合に生じる困難さに応じた指導内容
や指導方法の工夫を計画的，組織的に行うこ
と。
(7) 第1章総則の第1の2の(2)に示す道徳教
育の目標に基づき，道徳科などとの関連を考
慮しながら，第3章特別の教科道徳の第2に
示す内容について，体育科の特質に応じて適
切な指導をすること。
2　第2の内容の取扱いについては，次の事項
に配慮するものとする。
(1)学校や地域の実態を考慮するとともに，
個々の児童の運動経験や技能の程度などに応
じた指導や児童自らが運動の課題の解決を目
指す活動を行えるよう工夫すること。特に，
運動を苦手と感じている児童や，運動に意欲
的に取り組まない児童への指導を工夫すると
ともに，障害のある児童などへの指導の際に

は，周りの児童が様々な特性を尊重するよう指導すること。

(2) 筋道を立てて練習や作戦について話し合うことや，身近な健康の保持増進について話し合うことなど，コミュニケーション能力や論理的な思考力の育成を促すための言語活動を積極的に行うことに留意すること。

(3) 第2の内容の指導に当たっては，コンピュータや情報通信ネットワークなどの情報手段を積極的に活用し，各領域の特質に応じた学習活動を行うことができるように工夫すること。その際，情報機器の基本的な操作についても，内容に応じて取り扱うこと。

(4) 運動領域におけるスポーツとの多様な関わり方や保健領域の指導については，具体的な体験を伴う学習を取り入れるよう工夫すること。

(5) 第2の内容の「A体つくりの運動遊び」及び「A体つくり運動」の(1)のアについては，各学年の各領域においてもその趣旨を生かした指導ができること。

(6) 第2の内容の「D水遊び」及び「D水泳運動」の指導については，適切な水泳場の確保が困難な場合にはこれらを取り扱わないことができるが，これらの心得については，必ず取り上げること。

(7) オリンピック・パラリンピックに関する指導として，フェアなプレイを大切にするなど，児童の発達の段階に応じて，各種の運動を通してスポーツの意義や価値等に触れることができるようにすること。

(8) 集合，整頓，列の増減などの行動の仕方を身に付け，能率的で安全な集団としての行動ができるようにするための指導については，第2の内容の「A体つくりの運動遊び」及び「A体つくり運動」をはじめとして，各学年の各領域（保健を除く。）において適切に行うこと。

(9) 自然との関わりの深い雪遊び，氷上遊び，スキー，スケート，水辺活動などの指導については，学校や地域の実態に応じて積極的に行うことに留意すること。

(10) 保健の内容のうち運動，食事，休養及び睡眠については，食育の観点も踏まえつつ，健康的な生活習慣の形成に結び付くよう配慮するとともに，保健を除く第3学年以上の各領域及び学校給食に関する指導においても関連した指導を行うようにすること。

(11) 保健の指導に当たっては，健康に関心をもてるようにし，健康に関する課題を解決する学習活動を取り入れるなどの指導方法の工夫を行うこと。

小学校における体育科の領域構成及び内容

1年	2年	3年	4年	5年	6年
【体つくりの運動遊び】		**【体つくり運動】**			
体ほぐしの運動遊び	体ほぐしの運動遊び	体ほぐしの運動	体ほぐしの運動	体ほぐしの運動	体ほぐしの運動
多様な動きをつくる運動遊び	多様な動きをつくる運動遊び	多様な動きをつくる運動	多様な動きをつくる運動	体の動きを高める運動	体の動きを高める運動
【器械・器具を使っての運動遊び】		**【器械運動】**			
固定施設を使った運動遊び					
マットを使った運動遊び		マット運動		マット運動	
鉄棒を使った運動遊び		鉄棒運動		鉄棒運動	
跳び箱を使った運動遊び		跳び箱運動		跳び箱運動	
【走・跳の運動遊び】		**【走・跳の運動】**		**【陸上運動】**	
走の運動遊び		かけっこ・リレー		短距離走・リレー	
		小型ハードル走		ハードル走	
跳の運動遊び		幅跳び		走り幅跳び	
		高跳び		走り高跳び	
【水遊び】		**【水泳運動】**			
水の中を移動する運動遊び もぐる・浮く運動遊び		浮いて進む運動 もぐる・浮く運動		クロール	
				平泳ぎ	
				安全確保につながる運動	
【ゲーム】				**【ボール運動】**	
ボールゲーム 鬼遊び		ゴール型ゲーム		ゴール型	
		ネット型ゲーム		ネット型	
		ベースボール型ゲーム		ベースボール型	
【表現リズム遊び】		**【表現運動】**			
表現遊び		表現		表現	
リズム遊び		リズムダンス			
				フォークダンス	
		【保健】			
		健康な生活	体の発育・発達	心の健康 けがの防止	病気の予防

出所）文部科学省「小学校学習指導要領解説　体育編」2017 年より

中学校における体育分野の領域及び内容の取扱い

領域及び領域の内容	1年	2年	内容の取扱い	領域及び領域の内容	3年	内容の取扱い
【A体つくり運動】 ア 体ほぐしの運動 イ 体の動きを高める運動	必修	必修	ア，イ 必修 （各学年7単位 時間以上）	【A体つくり運動】 ア 体ほぐしの運動 イ 実生活に生かす運動の計画	必修	ア，イ 必修 （7単位時間 以上）
【B 器械運動】 ア マット運動 イ 鉄棒運動 ウ 平均台運動 エ 跳び箱運動		必修	2年間で アを含む ②選択	【B 器械運動】 ア マット運動 イ 鉄棒運動 ウ 平均台運動 エ 跳び箱運動	B，C， D，G， から ①以上 選択	ア〜エから 選択
【C 陸上競技】 ア 短距離走・リレー，長距 離走又はハードル走 イ 走り幅跳び又は 走り高跳び		必修	2年間で ア及びイの それぞれの 中から選択	【C 陸上競技】 ア 短距離走・リレー，長距 離走又はハードル走 イ 走り幅跳び又は 走り高跳び		ア及びイの それぞれの 中から選択
【D 水泳】 ア クロール イ 平泳ぎ ウ 背泳ぎ エ バタフライ		必修	2年間で ア又はイを 含む②選択	【D 水泳】 ア クロール イ 平泳ぎ ウ 背泳ぎ エ バタフライ オ 複数の泳法で泳ぐ又はリレー		ア〜オから 選択
【E 球技】 ア ゴール型 イ ネット型 ウ ベースボール型		必修	2年間で ア〜ウの 全てを選択	【E 球技】 ア ゴール型 イ ネット型 ウ ベースボール型	E，F，か ら ①以上選 択	ア〜ウから ②選択
【F 武道】 ア 柔道 イ 剣道 ウ 相撲		必修	2年間で ア〜ウから ①選択	【F 武道】 ア 柔道 イ 剣道 ウ 相撲		ア〜ウから ①選択
【G ダンス】 ア 創作ダンス イ フォークダンス ウ 現代的なリズムのダンス		必修	2年間で ア〜ウ から選択	【G ダンス】 ア 創作ダンス イ フォークダンス ウ 現代的なリズムのダンス	B，C，D， G，から ①以上選 択	ア〜ウから 選択
【H 体育理論】 (1) 運動やスポーツの多様性 (2) 運動やスポーツの意 義や効果と学び方や安 全な行い方	必修	必修	(1) 第1学年必修 (2) 第2学年必修 （各学年3単位 時間以上）	【H 体育理論】 (1) 文化としてのスポー ツの意義	必修	(1) 第3学年必修 （3単位時間 以上）

出所）文部科学省「中学校学習指導要領解説 保健体育編」2017年 より

保健分野の領域及び内容の取扱い

1年	2年		3年	内容の取扱い
(1) 健康な生活と 疾病の予防	(2) 心身の機能の発達 と心の健康	(3) 傷害の防止	(4) 健康と環境	3年間で48時間程度

324 参考資料

索　引

あ行

アゴーン　80-82
遊び　52-55, 57-62, 78, 80, 238
アーノルド, P. J.　68, 69
アレア　80
一斉学習　167, 172
一斉指導　20, 22
一般的特性　156, 161, 279, 298
イリンクス　80
運動における教育　68
運動についての教育　68
運動による教育　23-25, 27, 34-37, 68, 75,
　76, 145, 147
運動の特性　75-79, 104, 156
運動の分類　79-81, 83
運動技能　141, 142
運動嫌い　30-32, 38, 137, 149, 174
運動手段論　37, 38
運動需要　66, 79
運動能力　54, 59, 61, 70
運動目的・内容論　94
面白さ　53, 76, 80-84, 90, 97, 99, 100, 152,
　154, 191-195

か行

外発的動機づけ　134-136
カイヨワ, R.　52, 53, 76, 80
学習過程　148-152, 206, 239, 252, 270
学習環境　167, 278
学習形態　141, 167
学習指導案　146, 153, 154, 161, 216
学習資料　177-179, 278
学習内容　22, 85, 93-97, 104, 114
学習の場　173-175, 278
カリキュラム　102-107, 111, 122-127,
　229, 299
間接的指導　164-166, 297
観点別評価　193
機能的特性　75-79, 81-84, 88, 99,
　104, 117, 133, 147, 150, 151, 156

組体操　39, 181, 184
業間体育　26, 201, 205
教材　93-97, 101
教材研究　93
享受能力　65, 82, 107, 117, 149, 163
競争型　81, 83, 151, 156, 205
グループ学習　24, 34, 35, 169-173
グルーペ, O.　50, 51, 56, 71, 108
経験主義　26
形成的評価　196, 305
効果的特性　75, 77
構造的特性　75, 77, 156
克服型　81, 151
個人内評価　197
個別学習　171-173
ゴール型　84, 87, 88, 253

さ行

災害共済給付　181
産業社会　17, 30, 65
シークエンス　103, 104
自己効力感　138
自己評価　31, 192, 250
自己目的的　50, 51, 54, 77, 79, 146, 163
シーデントップ, D.　15, 16, 29, 40, 71
指導性　163-166
社会的動機　134, 139
集団行動　33, 35, 39, 51
周辺的目標　69, 117
準備運動　192, 216, 217, 222, 224, 226, 241,
　299
生涯学習　44-46, 65, 111
生涯スポーツ　43-48, 55, 94, 96, 122-124,
　132, 167, 170, 172, 191, 192, 195, 200, 205,
　246
心身二元論　22, 46, 125
新体育　23, 24
身体の教育　19, 22-24, 27, 34, 36, 39, 41,
　145
診断的評価　196
陣取り型　119

水難事故　185, 188, 189
スコープ　103, 104
スポーツにおける教育　67, 68
スポーツによる教育　65
絶対評価　196, 199
潜在的カリキュラム　125-127
戦術　85, 87, 91, 95, 96, 98, 99, 108, 154
全人的発達　23
選択制授業　173
総括的評価　196
相対評価　196

た行

体操　17, 20, 22, 24, 34, 35, 79, 201, 210
体力　37, 54, 61, 77, 94, 141
体力づくり　26, 37, 77, 82, 200, 201
竹之下休蔵　17, 28, 76, 79, 91, 156
他者評価　192
脱工業社会　19, 29, 42, 43, 65, 67
達成型　81, 83, 151, 156, 205
達成動機づけ　139
楽しさ　54, 80, 83, 97-100, 109, 110, 112, 152, 156, 200, 229, 278
単元　22, 24, 145-147, 153, 195, 196, 198
単元計画　145-148, 153-157, 161, 162, 202, 211, 219, 254, 256, 260, 267, 285, 290, 291, 308
知覚　142
着衣泳　186, 187, 189
中心的目標　69, 117
直接的指導　164-166, 297
動因　134
動機づけ　133-137, 138-140
特性　75-78, 264, 278
　　子どもの立場からみた――　156, 161, 162

な行

内在的価値　44, 45
内発的動機づけ　134-137, 139
二極化　115, 223
ネット型　84, 88

年間指導計画　102, 113-121, 127, 153
能力別学習　169

は行

場づくり　173, 207-209, 240, 245, 297
ハッチンス，R. M.　44
班別学習　168, 169, 172
必要充足　82
評価基準　193
評価規準　190, 194-199
評定　190, 193, 194, 196-199
プレイ　52-55, 65, 77, 78, 80, 83, 123, 146, 157, 163
プレイ論　52-54, 65, 76, 82, 123, 146
フロー　98, 101, 137, 138, 141
文化　42-52, 54, 62, 65, 78, 97-99, 104, 107-112, 119, 125-127, 163
文化的享受　66, 82, 98, 122
文化論　48
ベースボール型　84
ホイジンガ，J.　52-54, 76, 78
ホモ・ルーデンス（遊ぶ人）　52, 54, 56
ボールゲームの分類論　83, 85-89, 91

ま行

マッキントッシュ，P. C.　55
マナー　74, 76, 87, 94, 150, 151
学び　109, 123-125
ミミクリー　80-82
無力感　31, 135
めあて　148, 176, 249-252, 272, 290-293
目標論　11

や行

誘因　134
有能さ　31, 135, 139
欲求　78, 79, 134, 136, 156
欲求充足　81

ら行

ルール　74, 76, 87, 90, 91, 94, 98, 99, 108, 150, 151, 264

【編著者紹介】

鈴木秀人 (すずき ひでと)

1961 年　東京都生まれ
1988 年　東京学芸大学大学院教育学研究科修士課程修了
現在，東京学芸大学教育学部教授
主な著書　『中学校・高校の体育授業づくり入門』学文社，2015 年（編著）
　　　　　『だれでもできるタグラグビー』小学館，2009 年（編著）
　　　　　『「楽しい体育」の豊かな可能性を拓く』明和出版，2008 年（編著）
　　　　　『変貌する英国パブリック・スクール』世界思想社，2002 年（単著）
日本体育学会奨励賞受賞（1996 年）

山本理人 (やまもと りひと)

1962 年　東京都生まれ
1989 年　東京学芸大学大学院教育学研究科修士課程修了
現在，北海道教育大学教育学部岩見沢校教授
主な著書　『体育科教育』一藝社，2016 年（共著）
　　　　　『障害児者の教育と余暇・スポーツ』明石書店，2012 年（共著）
　　　　　『スポーツプロモーション論』明和出版，2006 年（共著）
　　　　　『スポーツ指導《新論》』道和書院，2003 年（編著）
秩父宮記念スポーツ医・科学賞奨励賞受賞（2004 年）

杉山哲司 (すぎやま てつじ)

1964 年　静岡県生まれ
1989 年　東京学芸大学大学院教育学研究科修士課程修了
2003 年　東京学芸大学大学院連合学校教育学研究科博士課程単位取得満期退学
現在，日本女子大学家政学部准教授
主な著書　『スポーツモチベーション　スポーツ行動の秘密に迫る！』大修館書店，2013 年（共著）
　　　　　『現場で活きるスポーツ心理学』杏林書院，2012 年（共著）
　　　　　『スポーツ心理学の世界』福村出版，2003 年（共著）

佐藤善人 (さとう よしひと)

1972 年　神奈川県生まれ
2008 年　東京学芸大学大学院教育学研究科修士課程修了
現在，東京学芸大学教育学部教授
主な著書　『スポーツと君たち　10 代のためのスポーツ教養』大修館書店，2019 年（編著）
　　　　　『子どもがやる気になる！！スポーツ指導』学文社，2018 年（編著）
　　　　　『ACP　子どもの心と体を育む楽しいあそび』ベースボール・マガジン社，2015 年
　　　　　（編著）
秩父宮記念スポーツ医・科学賞奨励賞受賞（2016 年）
ランニング学会　学会賞受賞（2021 年，2017 年）

第六版　小学校の体育授業づくり入門

2009 年 3 月 30 日	第一版第一刷発行
2011 年 1 月 31 日	第二版第一刷発行
2014 年 4 月 10 日	第三版第一刷発行
2016 年 3 月 30 日	第四版第一刷発行
2018 年 3 月 30 日	第五版第一刷発行
2021 年 3 月 10 日	第六版第一刷発行
2023 年 10 月 10 日	第六版第四刷発行

編著者　鈴　木　秀　人
　　　　山　本　理　人
　　　　杉　山　哲　司
　　　　佐　藤　善　人

発行者　田中　千津子

発行所　㈱学文社

〒153-0064　東京都目黒区下目黒 3-6-1
電話 03（3715）1501 ㈹
FAX 03（3715）2012
https://www.gakubunsha.com

印刷所　新灯印刷

ISBN978-4-7620-3071-0